EUROPAVERLAG

RÜDIGER SÜNNER

WILDES DENKEN

Europa im Dialog
mit spirituellen Kulturen der Welt

EUROPAVERLAG

MIX
Papier aus verantwortungsvollen Quellen
FSC® C014889

Umschlaggestaltung: Hauptmann & Kompanie Werbeagentur, Zürich,
nach einer Idee von © Rüdiger Sünner
Bildnachweis: Anita Albus S. 13; Bildagentur für Kunst, Kultur und Geschichte (bpk), S. 10, 75; Thomas Fischermann (»Der letzte Herr des Waldes«, C.H. Beck-Verlag), S. 52, 53; Erich Kasten, S. 56; Godula Kosack S. 94; Landesamt für Denkmalpflege und Archäologie Sachsen-Anhalt, Karol Schauer S. 131; Michael Oppitz S. 108/109; Rüdiger Sünner S. 9, 60 (Papua Museum Gelnhausen, Dr. Werner Weiglein), 69, 86 (Grassi-Museum, Leipzig), 101 (Papua Museum Gelnhausen, Dr. Werner Weiglein), 103 (Papua Museum Gelnhausen, Dr. Werner Weiglein), 129 (Fotocollage), 134, 135, 138, 143 (Fotocollage), 155, 158, 164, 168, 175, 188, 200, 204, 205, 208 (Fotocollage), 216, 218, 222; Wikimedia Commons S. 82, 84, 116, 129, 148, 185, 192, 229
Layout & Satz: Buchhaus Robert Gigler, München
Gesetzt aus der Adobe Garamond LT und der Dreamwalker
Redaktion: Franz Leipold
Lektorat: Annette Barth
Druck und Bindung: Pustet, Regensburg
ISBN 978-3-95890-313-5

www.europa-verlag.com

INHALT

IM PALAST DER MYTHEN

Vor ein paar Jahren besuchte ich ein letztes Mal das Ethnologische Museum in Berlin-Dahlem, bevor es für immer seine Pforten schloss, um ins Humboldt Forum in die Mitte der Stadt umzuziehen, wo seine Sammlungen ab Mitte 2021 gezeigt werden sollen. Viele Male schon hatte ich dieses riesige Ausstellungsgebäude aufgesucht, in dessen Depots über 500 000 ethnographische und kulturhistorische Sammlerstücke aus aller Welt lagern. Während meiner Studienzeit an der Freien Universität Berlin in den 1980er-

Das ehemalige Ethnologische Museum in Berlin Dahlem

Jahren war es zu einer zweiten geistigen Heimat für mich geworden. Ich besuchte damals häufig Seminare und Vorlesungen in der »Rostlaube«, einer Zweigstelle der Freien Universität. In längeren Pausen zwischen Lehrveranstaltungen ging ich manchmal hinüber zum Museum, das nur fünf Minuten Fußweg entfernt lag.

Dort empfing mich eine andere Welt. Während in den kahlen Seminarräumen der FU die auf Logik und Empirie beruhende wissenschaftliche Methodik gelehrt wurde, öffnete sich im Dämmerlicht des Ethnologischen Museums ein Reich der Bilder und Träume. Rätselhafte Masken von indianischen und afrikanischen Kulturen waren dort zu bewundern, Ahnenpfähle aus der Südsee und religiöse Skulpturen aus Indien, Tibet und China. Es wimmelte von Göttern, Geistern und Dämonen aus allen Teilen der Welt, die in mir zunächst nur grenzenloses Staunen hervorriefen. Bei meinem letzten Besuch las ich in einer Vitrine den Hinweis, dass für bestimmte Völker Asiens selbst in einem Reiskorn eine Seele wohnt, und ein doppelköpfiges afrikanisches »Krafttier« wurde so gedeutet, dass das eine Antlitz zum Dorf und das andere zur

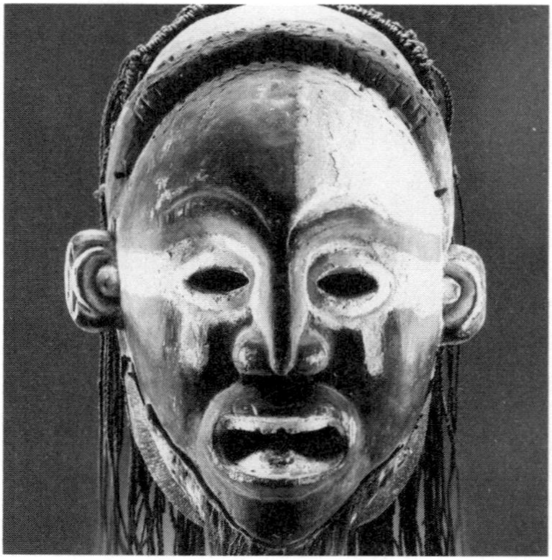

Gesichtsmaske aus der Republik Kongo, mit deren Hilfe der Träger in die Geisterwelt schauen kann

Welt der Toten schaut. Alles war in diesen mythologischen Kulturen beseelt, und das Leben der Seele endete auch nicht mit dem physiologischen Sterben des Körpers.

Einem ganz anderen Geist begegnete ich, wenn ich nach solchen Erlebnissen wieder zur Universität zurückkehrte, um an Vorlesungen oder Seminaren teilzunehmen. An der FU war kein Platz für mythologische oder gar spirituelle Vorstellungen, hier herrschte der kühle Geist der wissenschaftlichen Vernunft. Es ging nicht um Götter oder Geister, sondern alles musste mithilfe von Fakten und logischen Verknüpfungen erklärt werden. Hier dominierte die Wissenschaft als Erbe der Aufklärung, die vor knapp 400 Jahren in Europa begonnen hatte, sich von allen metaphysischen Gedanken zu befreien, damit der Mensch sich seines »eigenen Verstandes ohne Anleitung eines anderen« (Immanuel Kant) bediente.

Es gab durchaus spannende Veranstaltungen für mich an der Universität, etwa über Theodor W. Adorno, Martin Heidegger, Paul Celan oder die deutsche Romantik. Aber als spirituell Suchender fand ich an der FU keine Antworten. Das Wort »Spiritualität« tauchte während meines gesamten Studiums nicht ein einziges Mal auf, und der Begriff »Mythos« war an der Universität in der Regel mit einem negativen Beigeschmack versehen. Meistens wurde er synonym für Schein, Lüge, Verschleierung und Illusion eingesetzt, bedeutete also das genaue Gegenteil der auf »Wahrheit« hin orientierten Wissenschaft.

Im benachbarten Ethnologischen Museum dagegen regierte die Welt der Mythen in unumschränkter und nicht infrage gestellter Pracht. In diesen Hallen wurden meine künstlerischen Seiten aktiviert, die an der Universität meistens brachlagen: Fähigkeiten des intuitiven, imaginativen und assoziativen Denkens, die in den Seminarräumen eher störten. Oft hatte ich den Eindruck gehabt, dass ich diese für mich so wertvollen Eigenschaften mit meinem Mantel an der Garderobe abgeben musste, um sie nicht in die Hörsäle zu tragen, wo nur »klares« und »logisches« Denken gefragt war. Meine subjektiven Gedanken und Assoziationen interessierten dort nicht, aber in der Mythenwelt des benachbarten Museums wurden sie stimuliert und halfen mir, mich besser in die verschiedenen Objekte einzufühlen. Ich war oft erstaunt darüber, welch hohes ästhetisches Niveau diese Sammlerstücke besaßen, egal ob sie aus Indien, Japan oder Papua-Neuguinea stammten. Alle Objekte hatten eine enorme Kraft, die nichts mit ornamentaler Ästhetik zu tun hatte, sondern in tiefste Schichten der menschlichen Existenz reichte, was mich im Innersten berührte. Auch abgründige Bereiche des Todes, der Sexualität und des Dämonischen wurden dabei gestreift. Ich erlebte Momente der Verzauberung, aber auch des Schreckens, und manche Objekte lösten Empfindungen aus, für die sich gar keine Worte fanden. Ich war hier mit Kulturen konfrontiert, die meinen europäischen Horizont weit überstiegen und mir zeigten, wie unterschiedlich man über Tiere und Pflanzen, Bäume und Flüsse, Gut und Böse sowie das Sterben denken konnte. Mir wurde klar, wie viele Formen der »Gottesverehrung« es gab und wie viele verschiedene Ansichten über Krankheit und Medizin. All das geschah aber nicht in abstrakten Begriffen wie nebenan an der Universität, sondern in großen Bildern, Symbolen und Metaphern, die niemals auf eine abschließende Bedeutung gebracht werden konnten.

Lange existierten diese beiden Welten in mir wie unversöhnt nebeneinander her: der schillernde »Palast der Mythen« und die nüchternen Hallen der wissenschaftlichen Rationalität, bis ich eines Tages einen Buchtitel entdeckte, der wie ein Donnerschlag auf mich wirkte: »Das wilde Denken« (1968) des französischen Ethnologen Claude Lévi-Strauss.

Dieses Buch war nicht nur spannend zu lesen, weil es über die indigene Bevölkerung in Brasilien berichtete, sondern weil es deren »wildes Denken« leidenschaftlich gegenüber der westlichen Rationalität verteidigte. Lévi-Strauss war weit davon entfernt, die

Der französische Ethnologe Claude Lévi-Strauss (1908–2009)

Mythenwelt indigener Völker als kindlich zurückgebliebene Stufe der menschlichen Evolution zu betrachten. Vielmehr betonte er, dass ihr magisch-bildhaftes Denken nur eine andere Form von Erkenntnis darstellte; keine bloße Vorform von Wissenschaft, sondern ein hochkomplexes Gedankensystem, mit dem diese Völker ihr Leben immer gut gemeistert hatten.[1]
Seitdem übt »Das wilde Denken« eine starke Anziehungskraft auf mich aus, und die folgenden Ausführungen sowie der parallel dazu entstandene Film versuchen, seine Tiefe in immer neuen Umkreisungen auszuloten. Für die Ethnologen ist Lévi-Strauss' Haltung inzwischen selbstverständlich: Mythische Weltbilder vor allem von außereuropäischen Völkern werden nicht als rückständig oder defizitär angesehen, sondern als Systeme alternativer Lebensformen respektiert. Aber in unserem Alltag sieht es doch ganz anders aus: Begriffe wie »Mythos«, »übersinnlich«, »Geister«, »Magie« sind –

vor allem in Deutschland – mit einer zwielichtigen Aura versehen und werden eigentlich nur in esoterischen Privatnischen geduldet. Die »Leitmedien« und die meisten Vertreter der Wissenschaft fassen sie, wenn überhaupt, nur mit spitzen Fingern an. In unserer Gesellschaft ist ein tiefes Misstrauen gegenüber dem »Übernatürlichen« und »Spirituellen« weit verbreitet, selbst in der sonst so offenen Kunst- und Kulturszene. Künstler wie Joseph Beuys[2] oder Anselm Kiefer, die sich mit mythischen oder magischen Weltbildern auseinandergesetzt haben, wurden deshalb sehr skeptisch betrachtet – und wenn manchmal vom »Schamanen Beuys« die Rede ist, so schwingt auch immer ein negativer Unterton in Richtung »Scharlatan« mit. In unserem »aufgeklärten« Zeitalter gibt es keinen wirklichen Platz für Mythos und Magie. Und sicher spielen hierzulande auch die Erfahrungen mit der pseudoreligiösen Inszenierung des NS-Regimes eine Rolle, die dazu führten, dass solche wissenschaftlich nicht erfassbaren Bereiche als »irrational« aus dem Diskurs der Moderne verbannt wurden.

Diese verkrampfte Haltung lockert sich immer dann ein wenig, wenn spirituelle Leitfiguren aus außereuropäischen Kulturen zu uns kommen. Der 14. Dalai Lama beispielsweise ist jederzeit hochwillkommen als geschätztes religiöses Oberhaupt Tibets und darf über alle Themen – auch über Karma und Wiedergeburt – reden, so viel er möchte. Würden sich aber etwa Anthroposophen, die Anhänger Rudolf Steiners, in die Debatte einmischen, blinkten gleich alle möglichen Alarmlampen auf und warnten vor »Okkultismus« und »voraufklärerischem« Denken. So ist hierzulande eine große, von der »offiziellen« Welt abgespaltene Esoterikszene entstanden, die sich des Internets und privat organisierter Kongresse bedient, um ihrem Interesse für das »Übersinnliche« nachzugehen. Dort können sich Neo-Schamanen, alternative Heiler, Neu-Heiden, »Hexen« und naturreligiöse Gruppen tummeln, solange sie keine justiziablen Taten begehen oder völkische Ideologien verbreiten.

Ernstgenommen wird diese immer größer werdende Szene von Politikern, Intellektuellen, Publizisten und Kirchenvertretern in unserem Land nicht. Ihr wird ein Freiraum in unserer pluralistischen Gesellschaft zugestanden, den man zwangsläufig zu tolerieren hat, aber auf den auch stets ein wachsames Auge geworfen werden muss: Magische Rituale, die Anbetung von Naturgeistern, Astralreisen und schamanische Zeremonien haben, so der offizielle Tenor, eigentlich nichts mehr in unserer Welt zu suchen, aber als Träumereien von Schwärmern sollen sie doch ein (überwachtes) Plätzchen behalten. Man will ja tolerant und großzügig sein. Ich selbst bin für eine kritische Auseinandersetzung mit Esoterik und Spiritualität und habe mit meinem Film- und Buchprojekt »Schwarze Sonne« auch einiges dazu beigetragen.[3] Aber ich bin immer wieder verwundert über die starke Spaltung, die in unserer Gesellschaft häufig zwischen Vertretern der »aufgeklärten Vernunft« und spirituell interessierten Menschen zu beobachten ist, zwischen der Welt des »Rationalen« und scheinbar »Irrationalen«, Ratio und Mythos, Wissenschaft und Magie.

Dass diese Spannung mitten ins Ethnologische Museum hineinreicht, verdeutlichte eine ZDF-Reportage, die 2014 vom Besuch einiger Vertreter der Kogi, eines indigenen Volkes aus Kolumbien, berichtete.[4] Hermann Parzinger, der Präsident der Stiftung Preußischer Kulturbesitz und damals noch einer der drei Gründungsintendanten des Humboldt Forums, begrüßte die Kogi und führte sie in die Depots, wo »Sonnenmasken« ihres Volkes lagern. Während die offiziellen Vertreter in ihren Anzügen etwas hilflos herumstanden, rasselte der in indigener Tracht gekleidete Schamane andächtig mit einem Schwirrholz vor der Vitrine mit den Masken. Doch der Funke wollte nicht überspringen, zu fremd und künstlich war das Ambiente, als dass die Kogi mit den in den Objekten verkörperten Ahnengeistern kommunizieren konnten. Die Zeremonie wurde abgebrochen, und der politische Sprecher der

Kogi erklärte, dass die Masken zurückgegeben werden müssten, da sie in das lebendige Umfeld der Sierra Nevada gehörten, aus dem sie ursprünglich stammten. Dort könne man ungestört mit ihnen reden und die Geister bitten, den Kogi bei ihrer Aufgabe zu helfen, das Wasser und die Erde vor weiterer Verunreinigung zu beschützen. Die Vertreter des Museums reagierten eher verlegen, und am Ende beschloss man, diese Masken nun doch nicht im künftigen Humboldt Forum auszustellen. Auf die Rückgabeforderung hin angesprochen, sagte Hermann Parzinger, die Indianer hätten dieses Anliegen nicht korrekt an die Stiftung Preußischer Kulturbesitz gerichtet und daher sei ihre Bitte gegenstandslos. Bei Bedarf könne man jedoch über eine temporäre Ausleihe reden, wenn entsprechende konservatorische Auflagen gewährleistet seien.

Ein kleines Ereignis am Rande, das jedoch zeigt, welche tiefe Kluft zwischen der Welt der Wissenschaftler und jener der indigenen Vertreter besteht. Auf der einen Seite die Schamanen, für die die Holzmasken eine echte »Seele« haben und lebendige Personen sind, auf der anderen die Funktionäre und Restauratoren, für die die Objekte wissenschaftlich analysierbare Objekte darstellen, deren Besitzstatus nicht eindeutig ist. Eine spirituelle Atmosphäre jedenfalls kam bei diesem Treffen nicht auf. Zwei vollkommen unterschiedliche Welten prallten aufeinander, die auch durch respektvolle Gesten vonseiten der Gastgeber nicht zu vermitteln waren.

Solche Gedanken begleiteten mich auch während meines letzten Besuches im Berliner Ethnologischen Museum, da ich ja wusste, dass 30 000 Objekte aus dessen Beständen in das Humboldt Forum umziehen sollten. Nach der »Wende« hatte man das Dahlemer Museum immer mehr vernachlässigt, wohl weil es in den Augen der Verantwortlichen zu wenig geeignet war, glanzvolle repräsentativen Aufgaben zu erfüllen, die Deutschland ja so liebt. Man hatte sich entschieden, die entlegene »Schmuddelecke« im

Süden Berlins zu verlassen und in das für 600 Millionen wiedererbaute Berliner Schloss umzusiedeln, in der Überzeugung, dass dies für die Augen der Welt attraktiver sein würde. Ich hatte diese Ansichten nie ganz teilen können. Weder verstand ich, warum der Dahlemer Standort »entlegen« war, die U-Bahnfahrt vom Zentrum dorthin dauerte nur 20 Minuten, noch stellte ich mir die Mythenwelt des alten Museums gerne in einem Barockschloss vor, auf dessen Dach ein christliches Kreuz thronen sollte.

Viele Diskussionen sind inzwischen darüber entbrannt, ob das Stadtschloss der ehemaligen Kolonialmacht der Hohenzollern der geeignete Ausstellungsort für ethnographische Objekte sei, von denen einige unter das Verdikt der »Raubkunst« fielen. Die medialen Präsentationen des zukünftigen Humboldt Forums hatten für mich oft einen etwas zu selbstherrlichen Ton. Etwas von einem millionenschweren Staatsprojekt haftete dem Bau an, mit dem man im Geiste der Humboldtbrüder »Weltoffenheit« praktizieren wollte, als sei dies in den alten Dahlemer Räumen nie möglich gewesen. Für mich war eher das Gegenteil der Fall. Ich mochte den etwas abgeschabten Charme des alten Museums, seine labyrinthischen und leicht abgedunkelten Gänge, die für mich der verschlungenen Rätselwelt der Mythen entsprachen. Hier war noch das freie Träumen möglich gewesen, man konnte durch einen Meditationsort wandeln, der gerade abseits der Großstadthektik Ruhe und selbstverlorene Kontemplation ermöglichte.

Immerhin ermöglichten mir die Besuche im alten Ethnologischen Museum, eine völlig neue Welt kennenzulernen, die seither mein Leben nachhaltig mitbestimmt hat – und ich hoffe, dass diese Erlebnisse im künftigen Humboldt Forum fortgesetzt werden können. Für die Vorbereitung zu diesem Film- und Buchprojekt besuchte ich auch andere große Ethnologische Museen in Deutschland, etwa in Hamburg, Leipzig und Köln. Daneben vertiefte ich meine Kenntnisse durch Bücher, Kataloge und Gespräche mit Ethnologen und Sammlern der Kunst indigener Kulturen. Immer mehr kristallisierte sich heraus, dass es mir vor allem um die Vertiefung von Lévi-Strauss' Begriff des »wilden Denkens« ging, der für mich als Filmemacher eine zentrale Rolle spielt. Denn ich arbeite – ähnlich wie Lévi-Strauss die Mythen beschreibt – ebenso mit Metaphern und Symbolen, aus denen ich eine komplexe Bildersprache herzustellen versuche, die Erkenntnisse jenseits des rein Begrifflichen vermitteln soll. Darüber hinaus wirkt der Terminus des »wilden Denkens« befreiend auf mich als spirituell suchenden Menschen, weil er das Fantastische, Spielerische und Geheimnisvolle unseres Geistes hervorhebt. Imagination und Rationalität, Fühlen und Denken, Bild und Begriff, Fantasie und Vernunft müssen hier keine Gegensätze sein, sondern können befruchtend zusammenwirken. Das »wilde Denken« muss auch keine endgültige Trennmauern zwischen Mensch und Natur sowie zwischen der Welt der Lebenden und Toten ziehen: Was wissen wir Europäer schon über das, was alles zwischen Himmel und Erde möglich ist und was – laut Shakespeare – unsere »Schulweisheit« übersteigt? Unsere Kultur besitzt nur einen von vielen möglichen Zugängen zu den Geheimnissen des Kosmos und der Natur. Daher will ich in diesem Projekt erkunden, wie andere Perspektiven aussehen und was wir davon lernen können.

REHABILITIERUNG DES MYTHOS: PIONIERE DES ›WILDEN DENKENS‹

Wir stellten schon fest, dass Begriffe wie »Mythos« oder »mythisch« in unserer Gesellschaft keinen hohen Stellenwert mehr haben, während sie in spirituell geprägten Kulturen Amerikas, Afrikas oder Asiens mit hoher Wertschätzung betrachtet werden. Doch es hat in der europäischen und auch deutschen Geistesgeschichte immer auch Denker gegeben, die das anders gesehen haben. Schon im 19. Jahrhundert brachen Philosophen wie Friedrich Wilhelm Schelling oder Friedrich Nietzsche eine Lanze für den Mythos, später dann so verschiedene einflussreiche Persönlichkeiten wie Rudolf Steiner, C. G. Jung, Karl Kerényi, Jean Gebser oder Hans Blumenberg. In diesem Buch sollen vier Forscher zurate gezogen werden, die ohne metaphysische Überhöhung über die Kraft und Berechtigung symbolischen Denkens sprechen. Vielleicht können ihre Gedanken einer zu schnellen Polarisierung in »aufgeklärt« und »mythisch«, wie sie hierzulande üblich ist, etwas entgegensetzen. Ernst Cassirer, Aby Warburg, Ludwig Wittgenstein und Claude Lévi-Strauss stammen aus jüdischen Familien, Cassirer und Lévi-Strauss mussten vor den Nazis fliehen und in die USA emigrieren. Doch trotz des perfiden Missbrauchs, den die Nationalsozialisten mit Mythen aller Art betrieben, scheuten die Forscher sich nicht, ihrer Begeisterung für das »wilde Denken« weiter nachzugehen.

Ihre scharfsinnigen Gedanken zum Wert des Mythos sollen uns weiterhelfen, die in Ethnologischen Museen empfangenen Inspirationen zu vertiefen und für einen aktuellen Dialog mit spirituellen Kulturen der Welt fruchtbar zu machen.

1 | »Animal symbolicum«: Ernst Cassirer

»Der Begriff der Vernunft«, so schrieb der Philosoph Ernst Cassirer (1874–1945) 1944 im New Yorker Exil, »ist höchst ungeeignet, die Formen der Kultur in ihrer Fülle und Mannigfaltigkeit zu erfassen. Alle diese Formen sind symbolische Formen. Deshalb sollten wir den Menschen nicht als animal rationale, sondern als animal symbolicum definieren.«[5]

In diesem eindrücklichen Satz ist Cassirers gesamte Philosophie im Keim enthalten: Der Weltzugang von uns Menschen war und ist immer symbolisch, egal ob in Wissenschaft, Kunst, Religion oder im Mythos. Wir dringen nie ganz zum Eigentlichen vor ohne die mediale Vermittlung von Bildern, Zeichen und Symbolen – und das war wohl von Anbeginn der Menschheit nie anders. Es gehört zu unserem Wesen, symbolisch, also auch in Mythen, zu denken, und vermutlich ist dies ein Hauptmerkmal, mit dem wir uns vom Tier unterscheiden. Die Höhlenkunst der Altsteinzeit, die bis zu 40 000 Jahre zurückreicht, legt dafür schon ein beredtes Zeugnis ab. Doch nicht nur Kunst, Religion und Mythologie denken in Symbolen, wie häufig geglaubt wird. Auch die Physik etwa wirft der Natur das »symbolische Kleid« der Mathematik über und benutzt Begriffe wie »Kraft« und »Energie«. Die Geometrie arbeitet mit abstrakten Formen, die es so in der Natur genauso wenig gibt wie die Metaphern eines Dichters. Alle unsere Zeichensysteme bilden nicht eine schon objektiv bestehende Welt ab, sondern erschaffen sie erst.

Ob ein Biologe eine Eiche durch »Moleküle« erklärt oder ein Schamane durch »Baumgeister«, sind nur zwei verschiedene und letztlich gleichberechtigte Perspektiven auf diesen Baum. Letztere als unsinnigen Aberglauben zu verurteilen ergibt keinen Sinn: Diese Sichtweise ist nicht nur älter als die erste, sondern bis heute bei vielen indigenen Kulturen üblich, die damit jahrhundertelang gut leben konnten – ohne eine solche Naturzerstörung anzurichten wie wir. Vielleicht besteht in nicht allzu ferner Zukunft die Chance eines fruchtbaren Zusammenwirkens so unterschiedlicher Symbolzugänge zur Wirklichkeit?

Cassirer, dem solche Gedanken 1917 beim Besteigen einer Berliner Straßenbahn kamen[6], betont immer wieder, dass alle Grundformen unserer Kultur dem mythischen Bewusstsein entstammen. Daher nütze es nichts, dieses zu verbannen, sondern man müsse es ernst nehmen und verstehen. Der Mythos sei keine bloße Erfindung oder Erdichtung; wer das glaube, sei nicht in der Lage, dessen »unvergleichliche Kraft« in der Geschichte zu verstehen. Daher komme ihm eine »eigene Weise der Realität« zu.[7] Jahrtausendelang habe der Mensch die Welt nicht analytisch aufgespalten und dabei Geist und Natur, Verstand und Gefühl, Logik und Fantasie getrennt, sondern er wollte immer die unauflösbare Gesamtheit des Seins verstehen, in der Innen und Außen, Seele und Natur nicht getrennt seien. Den flüchtig-chaotischen Sinneseindrücken, die ihn umfingen, stellte der Mensch schon im Paläolithikum eine selbstständige Bildwelt entgegen. Der Macht des »Eindrucks«, so Cassirer, trat allmählich immer deutlicher die tätige Kraft des »Ausdrucks« gegenüber:[8] ein ungeheures schöpferisches Vermögen des »wilden Denkens«, das mich bei den Objekten des Berliner Ethnologischen Museums jedes Mal neu in seinen Bann gezogen hatte.

Ich weiß nicht, ob Cassirer auch solche Museen besuchte, aber er fand diese kreative Fülle mythischer Ausdrucksformen sicherlich in der riesigen Hamburger Bibliothek des Kunsthistorikers Aby Warburg, den wir später noch genauer betrachten wollen. Beide waren befreundet, und der vermögende Warburg ließ für Cassirer selbst die entlegensten Buchwünsche erfüllen. Die Fußnoten von Cassirers Hauptwerk »Philosophie der symbolischen Formen« enthalten viele Verweise auf die reiche mythologische und religionsgeschichtliche Literatur aus Warburgs Bibliothek. Neben Büchern über chinesische, indische, römische, griechische, germanische und ägyptische Mythologie finden sich dort auch Studien zu entlegeneren Kulturen wie etwa jenen der Algonkin, Cherokee, Huichol, Zuni, Bororo, Yoruba, Aborigines und Polynesier, die Cassirers großes Interesse gerade auch für außereuropäische Weltbilder bezeugen.

»Wie von einem Zauberhauch schien mir dieser nicht abbrechende Zug der Bücher umwittert«, schrieb Cassirer, »wie ein magischer Bann lag es über ihnen.« Warburgs Bibliothek muss einen solchen Eindruck auf ihn gemacht haben, dass er sie sogar als »gefährlich« beschrieb: »Entweder ich muss sie ganz meiden oder mich für Jahre dort einsperren.«[9] Diese Sätze deuten darauf hin, dass Cassirers Begegnung mit dem tiefgründigen Denken indigener Völker ein äußerst beeindruckendes Erlebnis gewesen sein muss. Er war nicht – wie Warburg oder Lévi-Strauss – selbst in solche Kulturen gereist, aber durch die Lektüre über ihre Mythen und Bräuche sprang bei ihm der Funke über. Es zeichnet Cassirer aus, dass er bereits in den 1920er-Jahren auf jede Form eurozentrischer Überheblichkeit verzichtete und wie später Lévi-Strauss die Gleichwertigkeit von magischem und rationalem Denken betonte. Auch indigene Völker, so Cassirer, ordneten die Welt mithilfe von Raum- und Zeitbegriffen sowie mit Zahlen, aber auf eine andere Weise als wir. Für sie sei z. B. der Raum kein bloß »dinglicher Behälter«, sondern ein auch gefühlsmäßig erlebter »Ausdrucksraum«. Dies sei jedoch kein geometrischer Raum, sondern ein »konkretes Bewußtseinsgebilde«[10], in dem heilige Orte und geweihte Bezirke zur Ordnung der Welt beitrügen. So hatten etwa im alten Rom jedes Haus, jede Feldflur, jeder Acker und Weinberg einen eigenen

Gott, der diese Räume mit einer eigenen Aura versah. Bereits die Schwelle zu einem Tempel habe solche spirituellen Raumempfindungen ausgelöst, man fühlte Scheu vor dieser Stelle, die den sakralen Raum gegenüber der profanen Welt abgrenzte. Unser Wort »Schwellenangst« – so Cassirer – erinnere noch von ferne daran.[11] Ringförmige Heiligtümer machten durch ihre spezielle Form ebenfalls klar, dass das mythische Raumempfinden nichts mit Quantitäten zu tun hat, sondern mit dem Gespür des Besonderen und Herausgehobenen. Ähnliches habe für den mythischen Zeitbegriff gegolten, der etwa an Sonnenwendfesten die Kraft und den Zauber kosmisch-zyklischer Verläufe erlebbar machte.

Anders als unser Raumempfinden, so betonte Cassirer, verknüpfe das mythische auch Himmelsrichtungen mit Elementen, Jahreszeiten und Berufen. So stellten für die Zuni-Indianer in New Mexico die Begriffe für Norden, Luft, Winter und den Beruf des Kriegers eine ähnliche Einheit dar wie z. B. jene für Süden, Feuer, Sommer und Medizin. Raum werde so für indigene Kulturen »zu einem Zusammenschluss aller Differenzen in einem großen Ganzen, in einem mythischen Grundplan der Welt«.[12]

Das Argument, dies seien doch letztlich fantastische Konstruktionen, kann Cassirer nicht gelten lassen, da auch unser geometrischer Raum ein ersonnenes »Instrument der Welterklärung« darstelle, das sinnliche Inhalte in eine räumliche Form gieße, die aus Punkten, Flächen, Linien, Körpern bestehend gedacht werde: der »Funktionsraum« der Mathematik.

Der mythische Raum dagegen ruhe »auf einem ursprünglichen Gefühlsgrund« und deute die uns umgebende Welt häufig vom Leib-Erleben des Menschen her. So erzählt der indische Mythos, dass alles aus dem tausendköpfigen Urmenschen »Purusha« entstanden sei: Aus seinem Geist wurde der Mond geboren, aus seinen Augen die Sonne, aus dem Kopf der Himmel, aus dem Nabel der Luftraum und aus den Füßen die Erde.[13] Im Mythos hängen Makro- und

Mikrokosmos stets zusammen. Alles ist Ausdruck eines holistischen Daseinsgefühls, das keine starren Grenzen zwischen den verschiedenen Lebensbereichen zieht. Auch wenn wir heute weit von einem solchen Denken entfernt sind, könnte man die Frage stellen, ob angesichts der ökologischen Krise dieser Blick auf die Welt nicht etwas Beeindruckendes und Inspirierendes hat.

Auch in unserem eigenen Leben kennen wir ja Gefühle eines qualitativen Raum- und Zeiterlebens, das nichts mit Mathematik zu tun hat. Wenn wir auf unserer Lieblingsbank im Park sitzen oder im Urlaub die Weite von Meer und Gebirge genießen, erleben wir keine Messdaten, sondern den Zauber vielfältiger Naturformen. Es ist schmerzhaft zu sehen, dass in unserer Kultur solche Empfindungen oft in den Privatbereich abgedrängt werden, ins bloß »Subjektive«, während die Außenwelt in den Zustandsbereich »objektivierender« Wissenschaft fällt. Solche Trennungen kennt der Mythos nicht. Cassirer weist uns darauf hin, dass im mythischen Denken gar keine festen Begriffe von »Seele« und »Wirklichkeit« existieren, sondern dass sie tastend und in einem »stets schwankenden Übergang« erst gesucht werden.

Solche Gedanken bestärken mich in meiner künstlerischen Arbeit ungemein. Auch für mich als Filmemacher stellen Dreharbeiten immer Versuche dar, den Raum zwischen mir und der Außenwelt neu auszuloten, wobei sich die Grenzen zwischen meinem »subjektiven« Empfinden und der »buchstäblichen« Realität verschieben. Der Baum vor mir existiert ›objektiv‹ gar nicht. Erst das Licht und der jeweilige Kameraausschnitt geben ihm »Wirklichkeit«, erst mein Bild von ihm lässt ihn für mich – und für meine Zuschauer – entstehen.

Der Mythos ist für Cassirer also eine Erkundungsfahrt, um zu verstehen, was »Seele« und »Wirklichkeit« überhaupt sind und wo sie ineinander übergehen. Das ganze abendländische Modell, wonach nur in unserem Kopf eine Seele bzw. ein Bewusstsein wohnt, dem außerhalb des Körpers ein unbeseelter Objektraum gegenübersteht, wird hier auf den Kopf gestellt. Manche Völker, so Cassirer, glauben sogar, dass jeder Mensch mehr als nur eine Seele hat, verschiedene Seelenteile, die den Körper verlassen, umherfliegen und vorübergehend in einem Teich oder Baum wohnen können. Afrikaner und Malaien gehen von vier bzw. sieben verschiedenen Seelen aus, »bei den Yoruba besitzt jedes Individuum drei Seelen, von denen die eine im Kopf, die andere im Magen, die dritte in der großen Zehe wohnt«.[14]

Bei den alten Ägyptern ging man davon aus, dass im Menschen drei verschiedene Seelen existierten, die nach dem Tode weiterlebten: der Ka, ein geistiger Doppelgänger, der im Grab beim Toten bleibt und ihn beschützt, ferner der in Vogelgestalt umherwandernde Ba, der gelegentlich zur Mumie zurückkehrt, und Khu, der unsterbliche Teil, der vielleicht am ehesten unserem Begriff »Geist« entspricht. Mythische Kulturen, so Cassirer, arbeiteten noch kein Prinzip einer einheitlichen »Persönlichkeit« heraus, was für ihn kein intellektuelles Unvermögen darstellt, sondern ein anderes Lebensgefühl spiegelt: das »Phasengefühl«. Für das »wilde Denken« entsteht zu Beginn einer jeden Lebensphase ein neues Selbst, etwa bei den Initiationsriten, wo die alte Seele »getötet« wird, um eine Neubeseelung zu ermöglichen.

Ein solcher erweiterter Seelenbegriff führt auch zu Cassirers animistischem Weltverständnis, zum »Gefühl der Gemeinschaft alles Lebendigen«.[15] Mit vielen Beispielen beschreibt Cassirer das noch nicht gespaltene Verhältnis mythischer Kulturen etwa zur Tier- und Pflanzenwelt: »Von den Buschmännern wird noch heute berichtet, dass sie auf Befragen keinen einzigen Unterschied zwischen Mensch und Tier anzugeben vermochten. Bei den Malaien gilt der Glaube, dass die Tiger und Elefanten im Dschungel eine eigene Stadt haben, wo sie in Häusern wohnen und in jeder Hinsicht gleich menschlichen Wesen handeln.«[16] Das Verhältnis zwischen Mensch und Tier ist noch magisch, die Jagd dient nicht der reinen Fleischbeschaffung, sondern wird rituell vorbereitet, etwa beim Bisontanz nordamerikanischer Indigener, in dem mimisch die Gefangennahme und Tötung des Tieres dargestellt wird. Dies ist keine bloße Einübung von Fertigkeiten, sondern drückt auch tiefen Respekt vor den Tieren aus, von denen nur so viele gejagt werden, wie zum eigenen Überleben nötig ist.

Dasselbe animistische Gefühl der Anteilnahme wird im Mythos auch der Pflanzenwelt entgegengebracht. Cassirer beschreibt, wie bei den Dschagga in Tansania Mensch und Pflanze als Schicksalseinheit gedacht werden, die zu einer Gemeinschaft gestaltet werden muss. Man setzt unsere Lebensstufen eins mit denen der Banane, und Bananenstauden spielen eine wichtige Rolle bei Initiations- und Hochzeitsritualen.[17] Es wirkt anrührend auf mich, wie hier eine für uns eher unbedeutende Frucht aufgewertet und in den Zusammenhang mit existenziellen Fragen gestellt wird.

Cassirer weist darauf hin, dass es auch in Europa einst ein so tief mit der Vegetation verbundenes mythisches Denken gab: Der Attis-, Dionysos- und Osiriskult in der ägyptischen und griechischen Antike war mit Bräuchen verbunden, in denen das Werden und Verwelken der Pflanzenwelt miterlebt wurde. Man spielte das Drama des sterbenden und wiederauferstehenden Gottes in wilden orgiastischen Tänzen nach, in denen »die Identität mit dem Urquell allen Lebens wiederhergestellt« werden sollte: »So spricht sich im Mythos alles natürliche Sein in der Sprache des menschlich-sozialen Seins, alles menschlich-soziale in der Sprache des natürlichen aus.«[18]

Sind dies nun überholte Vorstellungen, die der aufgeklärte oder christliche Mensch der Neuzeit erfolgreich hinter sich gelassen hat? Cassirer verweist auch auf die Gewaltakte, die die monotheistischen Religionen und die wissenschaftliche Naturbetrachtung mit sich brachten. Kritisch beleuchtet er z. B. die Verdammung der alten heidnischen Kulte durch die Propheten des Alten Testaments, die darin nur »Trug« und »Götzendienst« sahen. Sie glaubten fälschlicherweise, dass die naturreligiösen Völker nur willkürliche Zeichen anstelle des »wirklich Göttlichen« setzten, wobei – so Cassirer – diese keine bloßen »Abbilder« verehrten, weil sie den Unterschied zwischen Abbild und Urbild gar nicht kannten. Die Propheten jedoch entwerteten in ihrem Furor alles, was nicht in ihr geistig-sittliches Ich/Du-Verhältnis von Gott und Mensch hineinpasste. Dadurch wurde – laut Cassirer – die Welt des naturhaften Daseins ihrer religiösen Dimension beraubt und zur seelenlosen, toten »Sache« erklärt:[19] eine Beschädigung, die manche Philosophen bis heute auch für die Zerstörung unserer Umwelt verantwortlich machen.

Das neue monotheistische Gottesbild versuchte zwar, die alten Götter und Mythen zu verbannen, aber die religionsgeschichtliche Entwicklung nahm einen anderen Weg:

»Immer wieder drängen sich hier die Bilder der mythischen Fantasie hinzu – auch nachdem sie ihr eigentliches Leben verloren haben, nachdem sie zu einer bloßen Traum- und Schattenwelt geworden sind. Wie im mythischen Seelenglauben der Tote als Schatten noch wirkt und ist, so beweist auch die mythische Bildwelt noch auf lange hinaus ihre alte Macht, obwohl ihr, namens der religiösen Wahrheit, ihr Sein und ihre Wesenheit bestritten werden. Auch hier gehören, wie in der Entwicklung aller symbolischen Formen, Licht und Schatten zusammen.«[20]

Cassirers Überlegungen zum Wert des Mythos gehören zu den großen philosophischen Würfen des 20. Jahrhunderts. Er plädierte für eine multiperspektivische Annäherung an die Welt, was auch die Anerkennung des mythischen Denkens als eine von vielen möglichen Symbolformen einschließt. Cassirer wollte kein Gegeneinander von Wissenschaft und Mythos, Begriff und Bild, sondern ein kreatives Miteinander, eine – wie sein Biograf Heinz Paetzold treffend formulierte – »Pluralität der Weltbezüge, die heute an die Stelle der Eindimensionalität des überkommenen Rationalismus zu treten hat.«[21]

2 | »Ewiggleiches Indianertum«: Aby Warburg

Aby Warburg (1866–1929) und Ernst Cassirer waren gut befreundet, obwohl sie sich nicht oft getroffen haben. Cassirer besuchte Warburg einmal während einer langwierigen psychischen Erkrankung in Kreuzlingen am Bodensee, was dem in Psychosen versunkenen Warburg eine große Hilfe war. Die Debatten mit dem Freund über symbolisches Denken ließen ihn wiederaufleben und ermöglichten eine neue kreative Arbeitsphase. Aby Warburgs legendäre, am Ende 60 000 Bände umfassende Bibliothek war dadurch zustande gekommen, dass er, der Spross einer reichen Hamburger Bankerfamilie, sein Erstgeburtsrecht an seine Brüder »verkauft« hatte, mit der Bedingung, ihm lebenslang jedes Buch zu finanzieren. Scherzhaft nannte Abys Bruder Max die Bibliothek eine »Zweigstelle des Bankhauses M.M. Warburg, die sich kosmischen statt irdischen Aufgaben widmen sollte«.[22]

Schon als Kind hatte Aby Warburg Indianerromane verschlungen, auch um sich angesichts der schweren Erkrankung der Mutter in ferne Welten zu entrücken, die sich in seiner Fantasie wie ein »Gärungspilz« weiterentwickelten.[23] Sein großes Interesse an Mythologie führte ihn in die Vorlesungen von Hermann Usener und auf eine Reise nach Amerika, wo er auf Rituale der Hopi- und Pueblo-Indianer traf, die ihn tief bewegten. Die abstoßende »Leerheit der Zivilisation« und ein »aufrichtiger Ekel« vor einer ästhetisierenden Kunstgeschichte hatten Warburg 1895 nach Arizona und New Mexico getrieben, wo er eine Kulturstufe anzutreffen glaubte, die jener der heidnisch-europäischen Antike entsprach.[24] Diese Reisen zum »wilden Denken« waren auch mit erheblichen

Strapazen verbunden, etwa bei Übernachtungen im Freien bei minus 20 Grad oder inmitten von heftigen Sandstürmen. Es war nicht die erbauliche Tour eines Kunsthistorikers, sondern »eine Reise zu den Ursprüngen der Bildschöpfung«, eine Erkundungsfahrt zu dem »kultischen Ursprung des Bildes«.[25]

Für Warburg waren Bilder nichts rein Ornamentales oder Ästhetisches, sondern tiefgründige Mittel des Menschen, sich mit auch beunruhigenden Grundfragen seines Daseins auseinanderzusetzen. Dabei interessierten ihn vor allem kultische Tänze der Hopi-, Zuni- und Pueblo-Indianer, die sich dabei in Antilopen und Schlangen zu verwandeln suchten. Ähnlich wie Cassirer zeigte auch Warburg ein starkes Interesse an der animistischen Weltsicht der Indigenen in Nordamerika, vor allem auch an ihrem Verhältnis zu Tieren, die als ebenbürtige Partner angesehen wurden. Den Forscher faszinierten insbesondere die berühmten Schlangentänze der Hopi, die er zwar nicht selbst gesehen hat, aber mittels Augenzeugenberichten, Fotos und zahlloser Bücher intensiv studierte. Gerade die Beschäftigung mit Zeremonien und Mythen rund um die Schlange ermöglichte Warburg tiefe Einblicke in das seit Urzeiten von Menschen praktizierte symbolische Denken.

Die Hopi fingen für bestimmte Rituale giftige Klapperschlangen im Busch und wuschen sie in unterirdischen Kulthöhlen, bevor sie dann in zum Teil lebensgefährlichen Schlangentänzen eingesetzt wurden. Anders als in der Bibel verkörperte dieses Tier für die Indigenen nicht das »Böse«, sondern eine ambivalente Urkraft der Natur, mit der man sich immer wieder ins richtige Verhältnis zu setzen hatte. Die Schlange entgleitet ja in ihrer unberechenbaren Vieldeutigkeit immer wieder unserem Zugriff: Sie kann mit ihren Giftzähnen den schnellen Tod bringen, verkörpert aber mit ihren Häutungen auch Kräfte der Umwandlung und Regeneration. Sie kann stundenlang ruhig daliegen, um dann ganz plötzlich zum Angriff hervorzuschnellen. In vorchristlichen Kulten der

Antike war man sich dieser Ambivalenz bewusst, ohne sie moralisch zu bewerten. Dem von den Göttern verdammten trojanischen Priester Laokoon bringt die Schlange den Tod durch Erwürgen, aber sie ringelt sich auch um den Stab des Gottes Asklepios als Symbol seiner Heilkunst. In unterirdischen Grotten seiner Tempelanlagen wurden Nattern gehalten, in denen man die Verkörperung von Erdkräften sah, die den Kranken bei ihrer Genesung helfen konnten. Die Mänaden wiederum, weibliche Begleiterinnen des Gottes Dionysos, tanzten mit Schlangen, die dann während ihrer wilden Rituale zerrissen wurden: blutige Opfer für Dionysos, der selbst zerstückelt wurde, aber in den Kultfeiern wieder seine Auferstehung feierte.[26]

Warburg kannte diese antiken Mythen und sah erstaunliche Parallelen zu den Schlangentänzen der Hopi, die ihn bis zu seinem Tode nachhaltig faszinierten. Es schien ihm, als wären hier mitten in der Wüste Arizonas Teile der paganen Mythenwelt Europas wieder emporgestiegen, archetypische Urempfindungen, die den Menschen über Jahrtausende in Bann halten konnten. Warburg hielt nach seiner Rückkehr aus den USA 1896 im Berliner Völkerkundemuseum, dem Vorläufer des Ethnologischen Museums, einen Vortrag über seine Reise und geriet dabei in Streit mit einigen Anthropologen. Während der Kunsthistoriker in den Ritualen der Hopi die Eröffnung eines besonnenen symbolischen »Denkraumes« sah, mit dem diese sich von Urgewalten der Natur distanzierten, ohne die Nähe zu diesen zu verlieren, diskreditierte der Ethnologe Karl Weule solche Kulte als »primitiv«.[27] Gegenüber dieser eurozentrischen Ethnologie vertrat Warburg schon damals – ähnlich wie Cassirer – liberalere Anschauungen, einmal sprach er sogar in sympathisierender Identifikation von seiner »indianischen Seele«.[28]

Doch Warburg war von eher zartem, fragilem Gemüt. Mehrere Erschütterungen in seinem Leben führten 1918 zu einem psychischen Zusammenbruch, der einen langjährigen Aufenthalt in einer psychiatrischen Klinik nötig machte. Über die Ursachen ist viel spekuliert worden: eine reizbare, überempfindliche Persönlichkeit, die Wirren und Bedrohungen des Ersten Weltkrieges, anwachsende antisemitische Strömungen, die dem Gelehrten wohl auch den Weg an die Hochschulen unmöglich machten. Nach schweren Wahnanfällen, in denen Warburg mit einer Pistole herumlief und Angehörige bedrohte, wurde er im April 1923 in die Klinik Belvedere am Bodensee eingeliefert, wo ihn der namhafte Psychiater Ludwig Binswanger betreute. Warburgs Krankenakte ist deshalb so erschütternd, weil sich in ihr auch das Doppelgesicht magisch-symbolischen Denkens ablesen lässt. Wenn er in der Klinik Tomatensauce und Wirsingkohl ablehnt, weil er darin das Blut und Gehirnteile seiner Angehörigen sieht, die von bösartigen Verfolgern getötet worden seien, liest sich das wie eine verdrehte Form von Animismus. Warburg war vorübergehend in dem Wahnglauben gefangen, dass jede Erbse und Bohne auf seinem Teller eine eigene Seele habe und er sie deshalb nicht essen könne.[29] Ein Fischgericht ließ er mit der Begründung zurückgehen, dass sein Sohn in dieses Tier verwandelt worden sei und er es nicht einfach so verspeisen könnte. Während heftiger Anfälle greift er sogar Krankenschwestern an und bringt sie durch Würgegriffe fast zu Tode, wobei er nach Zeugenberichten ungeheure körperliche Kräfte entwickelt haben soll. Andererseits studiert er mit großem Interesse das Buch des Psychiaters Hans Prinzhorn über die »Bildnerei von Geisteskranken« und spricht nachts mit kleinen Faltern, die in sein Zimmer geflogen kommen, nennt sie liebevoll seine »Seelentierchen«.[30] Binswanger, ein an Philosophie und Kunst interessierter Psychiater, setzt bei seiner Therapie auch auf die Aktivierung von Selbstheilungskräften durch schöpferische Arbeit. Daher erlaubt er Warburg, vor dem versammelten Klinikpersonal einen Vortrag über seine Erfahrungen mit den Hopi-Indianern zu halten, der auch tatsächlich zu einer psychischen Stabilisierung führt.

Was ist bei dieser geistigen Tätigkeit mit Warburg passiert? Interessant ist, dass gerade Warburgs Durcharbeitung von Aspekten des »wilden Denkens« zu einem besser ausbalancierten Umgang mit eigenen »wilden« Energien geführt hat. Er bewundere die animistischen Rituale der Hopi, so Warburg bei seinem Vortrag 1923 in der Klinik, wegen ihrer »schrankenlosen Beziehungsmöglichkeit zwischen Mensch und Umwelt« und ihres »andächtigen Selbstverlust(s) an ein fremdes Wesen«.[31] Die indianischen Maskentänzer verwandeln sich in Antilopen, Schlangen und »Korndämonen«, um mit starken Naturkräften zu verschmelzen, sich in ihre durchaus auch bedrohlichen Energien einzufühlen und sie für eigene Zwecke zu nutzen. Für die Hopi- und Pueblo-Indianer ist die erfolgreiche Maisernte lebenswichtig, die nur nach ausgiebigen Regenfällen in den sommerlichen Dürreperioden erfolgen kann. Dazu müssen Gewitter herbeigerufen werden, deren Blitzeinschläge die Wolken zum Abregnen bringen. Für die Indianer verkörpert die Schlange in ihrer Form und Kraft solche Blitze, und daher versucht man, sie in Ritualen zur Verbündeten zu machen. Indem man ohne Angst ganz mit ihr verschmilzt, glaubt man sich den elementaren Naturkräften nahe, die Gewitter und Regen hervorbringen. Daher nehmen die Hopi-Tänzer die Schlangen während der Rituale auch in den Mund, teilweise als Bündel, kleine Schlangen sogar als Ganzes, sodass nur ihr Kopf aus dem Mund herausschaut: ein für uns Europäer irritierendes Spektakel, auf das wir mit Angst, Abwehr, aber auch Faszination reagieren.

Nach den Tänzen warfen die Indianer die Schlangen auf sorgsam gemalte Sandmandalas, wobei die fragile Zeichnung zerstört wurde und die Schlangen sich mit dem farbigen Sand vermischten. Das gefährliche Reptil wurde damit zum Mitgestalter der Zeichnung, der menschliche Künstler ließ sie in einem rituellen Kunstwerk mitspielen. Nach der Zeremonie wurden die Reptilien freigelassen und in die Wüste ausgesandt, um – zu Botschaftern umgewandelt – in Blitzgestalt das Gewitter am Himmel zu erzeugen.[32] Sie sollten der »geistigen Welt« berichten, dass ihnen bei den Menschen nichts Schlechtes widerfahren war und dass diesen nun von höheren Mächten geholfen werden sollte.

Warburg erwähnt in seinem Vortrag auch die Parallelen zu den Schlangenkulten der griechischen Antike und arbeitet heraus, dass auch im Judentum und Christentum dieses ambivalente Tiersymbol unterschwellig weiterwirkte.[33] Wie Cassirer ist auch Warburg vom Fortleben heidnischer Symbolenergien innerhalb späterer Traditionen überzeugt. Er glaubt im Sinne von Freud an eine »Wiederkehr des Verdrängten« und zieht daraus eine wichtige Lehre: Es nützt nichts, das »Wilde« in der äußeren und inneren Natur zu verleugnen, man muss es vielmehr durcharbeiten und zu kreativer Energie umgestalten. Diese Anstrengung hat – laut Warburg – schon vor Urzeiten der Mythos übernommen, und sie bleibt auch für uns immer aktuell. Die Schlange ist für ihn eines der stärksten Symbole für das Rätselhaft-Ambivalente unseres Daseins, mit dem wir lieber einen »Tanz« aufführen sollen, als es moralisch zu verdammen und von unserer Zivilisation auszuschließen. Vermutlich hat der eigenwillige Forscher sich über solche Tiefenreflexionen auch von den eigenen Dämonen befreien können. Das Studium der Symbolgeschichte ermöglichte Warburg nicht nur Einsichten in grundlegende existenzielle Probleme, sondern gab ihm auch ein Mittel zur therapeutischen Arbeit an die Hand. Er gewann dabei die Erkenntnis des »ewiggleichen Indianertums in der hilflosen menschlichen Seele«, die sich immer wieder mit ihrem mythischen Erbe konfrontieren muss, weil dieses weder durch Wissenschaften noch durch »Hochreligionen« eliminiert werden kann. Man könne dieses Erbe – so Warburgs bahnbrechende Erkenntnis – nur sublimieren und transformieren, wie es die Indianer mit ihren magischen Praktiken bereits versucht hatten, die dadurch für ihn kein »Aberglauben« waren, sondern ein Stück echter Aufklärung.

Am Schluss seines Vortrages konnte sich Warburg eine zivilisationskritische Note nicht verkneifen. Er beklagte, dass das neue Zeitalter von Wissenschaft und Technik mit den alten Mythen aufgeräumt habe, aber bezweifelte, ob diese modernen Mittel auch halfen, »die Rätsel des Daseins ausreichend zu beantworten«.[34] Mit ambivalenten Gefühlen beobachtete er, wie die amerikanische Regierung die Indianerkinder mit »artigen Anzügen und Schulschürzen« in ihre neuen Bildungsanstalten schickte: »Gewiß mag dies ein Fortschritt sein. Aber ob die bildhaft denkende, wir wollen sagen, poetisch-mythologisch verankerte Seele der Indianer dabei zu ihrem Recht kommt, möchte ich nicht ohne weiteres bejahen.«[35]

3 | Mythos als Sprachspiel und Lebensform: Ludwig Wittgenstein

Vier Jahre nach Cassirers Veröffentlichung über »Das mythische Denken« beginnt sich der Philosoph Ludwig Wittgenstein (1889–1951) intensiv mit Mythologie zu beschäftigen. 1925 kommt er erstmals in Berührung mit dem zu seiner Zeit berühmten Werk »Der goldene Zweig« des schottischen Anthropologen James George Frazer. Darin wird in zwölf Bänden umfangreich über die heidnischen Kulte, Mythen und Bräuche der griechischen, römischen und nordeuropäischen Kulturen berichtet, und zwar im Sinne einer »Dreistadienlehre«, die von dem Fortschrittsschema »Magie-Religion-Wissenschaft« ausgeht. Frazer glaubt, dass die von ihm untersuchten Mythen einer überholten Phase der Vergangenheit angehörten, die später zu den Hochreligionen geführt habe, aber dann durch die Wissenschaft vollständig abgelöst wurde. Frühere Völker hätten noch nichts über die wirklichen Naturgesetze gewusst und daher ihre Umwelt als bedrohlichen Raum gefürchtet, den sie mit »magischen« Praktiken zu beeinflussen versuchten. Irgendwann hätten sie gemerkt, dass diese Methoden nichts nützten, woraufhin diese von selbst aus der Geschichte verschwunden seien.

Für uns ist diese Deutung deshalb interessant, weil die Menschen heute zu einem großen Teil so denken, allen voran Naturwissenschaftler und Atheisten. Das prominenteste Beispiel dafür ist etwa der britische Biologe und Wissenschaftspublizist Richard Dawkins, der in seinen Veröffentlichungen nicht nur gegen religiösen Fundamentalismus zu Felde zieht, sondern auch gegen jede Art von Mythos und Magie.

Ludwig Wittgenstein gilt als einer der wichtigsten Denker des 20. Jahrhunderts auf dem Gebiet der Logik und Sprachphilosophie, die Auseinandersetzung mit archaischen Mythen erwartet man daher bei ihm erst einmal nicht. Es ist das Verdienst des Philosophen Marco Brusotti, auf eine ganz andere Seite seines Denkens aufmerksam gemacht zu haben, die bei näherer Betrachtung doch viel mit dem bekannten Wittgenstein zu tun hat. Wittgenstein empört sich zunächst einmal über Frazers herablassende Bemerkungen gegenüber Kulturleistungen, die über Jahrtausende erfolgreich funktioniert haben. Ähnlich wie später Claude Lévi-Strauss benutzt Wittgenstein Worte wie »wild« oder »die Wilden« nicht abwertend, sondern schreibt vielmehr, dass Ethnologen wie Frazer die eigentlich »Wilden« seien: »Frazer ist viel mehr savage [wild, A. d. V.] als die meisten seiner savages, denn diese werden nicht so weit vom Verständnis einer geistigen Angelegenheit entfernt sein, wie ein Engländer des zwanzigsten Jahrhunderts. Seine Erklärungen der primitiven Bräuche sind viel roher als der Sinn dieser Gebräuche selbst.«[36]

Dann entfaltet Wittgenstein eine scharfsinnige Analyse von Frazers Missverständnissen und unsauberen Denkbewegungen, die am Ende – ähnlich wie bei Cassirer und Warburg – auf eine Rehabilitierung des mythischen Denkens hinausläuft. Zunächst einmal habe Frazer nicht verstanden, dass jeder Mythos, wie jede Grammatik, ein autonomes Zeichensystem darstelle, in dem die Bedeutung der Zeichen nur im ganzen Kontext zu verstehen sei. Würde ein indigenes Volk z. B. sagen, die Menschen stammten von einem Tier (z. B. einer Schlange) ab, so wäre es falsch, dies gleich als »Aberglauben« zu verurteilen. Man sollte lieber zunächst fragen: »Wie glauben sie es?« Wir müssten erst sorgfältig ihre ganzen Gebräuche und Mythen studieren, um zu zeigen, »in welchem Sinn ein solcher Glaube besteht«.[37] Dies sei eine angemessene holistische Betrachtungsweise, die berücksichtige, dass nur der Zusammenhang der Rituale und Symbole eine »Lebensform« darstelle, aus der heraus Bedeutungen zu verstehen seien. Dasselbe gelte etwa auch für unsere christlich-religiösen Überlieferungen. »Ein Apostel sein ist ein L e b e n«, schreibt Wittgenstein, »es äußert sich wohl zum Teil in dem, was er sagt, aber nicht darin, dass es wahr ist, sondern darin, dass er es sagt. Für die Idee leiden macht ihn aus, aber auch hier gilt es, daß der Sinn des Satzes ›dieser ist ein Apostel‹ die Art seiner Verification ist. Einen Apostel beschreiben heißt ein Leben beschreiben.«[38]

Nach dieser Auffassung ergibt es keinen Sinn, die Anschauungen eines Apostels (oder Schamanen) als »Irrtümer« zu diskreditieren, da es sich nicht um wissenschaftliche Theorien handelt. Der Leser müsse vielmehr prüfen, ob die Lebensbeschreibung eines Apostels sein eigenes Leben auflockert, ob sie ihn z. B. dazu anregt, wie jener Apostel zu leben. Erst die Praxis gebe den Worten in spirituellen oder religiösen Texten ihren Sinn. Anders als bei Theorien käme es hier nicht auf den Wahrheitswert an, sondern auf die Funktion im Zusammenhang religiösen Handelns.[39]

Aus demselben Grund ist Wittgenstein auch die häufige Verwendung des Wortes »Aberglauben« verdächtig, und er weist Frazer selbst mehrere »abergläubische« Voranname nach: etwa die Ansicht, dass »primitive« Völker alle Naturphänomene anstaunen mussten, weil sie sie noch nicht wissenschaftlich erklären konnten. Staunen und Verwunderung, so der Philosoph, seien kein Ausdruck eines Unvermögens, sondern zu ihnen müsse der Geist überhaupt erst »erwachen«. So sei der Blitz heute nicht alltäglicher oder weniger staunenswert als vor 2000 Jahren.[40] Möglicherweise sei die aktuelle Wissenschaft sogar ein Mittel, um ein solch natürliches Staunen wieder einzuschläfern, und vielleicht würden solche Gefühle immer mehr aus unserer Zivilisation verschwinden, weil hier generell eine ethisch-geistige Dimension erlösche.

Beim Lesen solcher Gedanken musste ich an die Dreharbeiten zu meinem Film »Das kreative Universum« in Island denken, wo ich angesichts all der Wasserfälle, Gletscher und Geysire nicht mehr aus dem Staunen herauskam, obwohl ich wissenschaftliche Erklärungen dazu kannte. Ich konnte plötzlich den in Island aufgezeichneten Schöpfungsmythos der »Edda« besser verstehen, der die Welt aus einem dramatischen Zusammenprall von Feuer und Eis hervorgehen lässt. Die überwältigende Kraft von Gletscherzungen und glühenden Lavafeldern behielt auch im Jahre 2010 ihre volle Magie für mich, und ich denke, dass dies auch bei Wissenschaftlern der Fall ist, die sich mit diesen Phänomenen beschäftigen. Wenn Wittgenstein sagt, »von der Magie müsste die Tiefe beibehalten werden«, so spricht er damit ähnliche Empfindungen aus.[41]

Bei der Entlarvung unserer eigenen, nicht zureichend erkannten »abergläubischen« Annahmen kommt der Philosoph auch auf die heimliche »Mythologie« unserer Grammatik zu sprechen, die alles andere als »rational« sei. Nicht nur enthalte unsere Sprache viele mythische Bilder wie »Geist«, »Kraft«, »Energie« und »Seele«, sondern auch Personifizierungen von Naturphänomenen, die uns im Alltag jedoch kaum auffallen. Ich musste dabei an die Namensgebung von Wirbelstürmen bei großen Naturkatastrophen denken, etwa an den berühmten Hurrikan »Katrina«, dem 2005 im Süden der USA ca. 2000 Menschen zum Opfer fielen und der einen Sachschaden von 108 Milliarden Dollar hinterließ. Bei solchen Katastrophen scheinen wir trotz aller Aufgeklärtheit so gebannt von der Übermacht der Phänomene zu sein, dass wir in ihnen Personen sehen, denen wir übermenschliche, vielleicht auch dämonische Kräfte zuschreiben: »Katrina« sucht uns heim, rollt auf eine Stadt zu, »Katrina« verschlingt ganze Häuserblocks, »Katrina« begräbt Hunderte von Menschen und Autos unter sich etc.

Doch der geniale Sprachanalytiker Wittgenstein gräbt noch tiefer. Schon die Form unserer Grammatik, die alles in Substantiv, Adjektiv und Verb ordne, sei ein einseitiger Blick auf die Welt, weil er in seiner Vergegenständlichung das Fließende und Flüchtige in Objekte »einfriere« und damit viele Nuancen und Relationen vernachlässige. »In unserer Sprache ist eine ganze Mythologie niedergelegt«, sagt Wittgenstein.[42] So suggeriere das Verb »denken«, dies sei eine Tätigkeit, und das Substantiv »Gedanke«, dass wir es hier mit einem festen Objekt zu tun hätten: Beides seien eher vage Vorannahmen, die andere Kulturen möglicherweise ganz anders deuteten.

Durch den offenen Blick auf andere Kulturen kommt der späte Wittgenstein auch auf seinen berühmten Begriff des »Sprachspiels«, zu dem die verschiedensten Ausdrucksformen gehören können. Ein wissenschaftliches Traktat ist ebenso ein Sprachspiel wie ein Abschnitt aus der Bibel, ein Gedicht, ein Gebet, ein Traum oder eben auch der Mythos eines fremden Volkes. Ähnlich wie Cassirer plädiert auch Wittgenstein für die Anerkennung der Pluralität von symbolischen Zeichensystemen, die immer nur aus ihrem Kontext zu verstehen seien, zu dem auch eine »Lebensform« gehöre.[43] »Du musst bedenken« schreibt der Philosoph, »dass das Sprachspiel (...) etwas Unvorhersehbares ist. Ich meine: Es ist nicht begründet. Nicht vernünftig (oder unvernünftig). Es steht da – wie unser Leben.« Wittgenstein fordert uns auf, es als »Urphänomen« zu nehmen und nicht weiter zu begründen: »Die Schwierigkeit ist, die Grundlosigkeit unseres Glaubens einzusehen.«[44]

Wie aber gehen wir mit anderen Weltbildern um, deren Werte wir nicht teilen können? Wo sich zwei Anschauungen treffen, die sich nicht miteinander aussöhnen können, so Wittgenstein, erkläre jeder »den Andern für einen Narren und Ketzer.«[45] Die heutige interkulturelle Hermeneutik, resümiert Marco Brusotti, plädiere aber für ein beiderseitiges Entgegenkommen, für eine Schlichtung: »Das Ergebnis muss nicht unbedingt ein von beiden geteiltes Weltbild sein, geschweige denn unseres.«[46] So könne zeitgemäße Philosophie, die sich eine »ethnologische Betrachtungsweise« zu eigen mache, zu einer ständigen produktiven »Arbeit an einem selbst« werden. Dabei ginge es vor allem darum, immer wieder einen Standpunkt weit draußen einzunehmen, um die Dinge objektiver sehen zu können. In den vorsichtigen Worten von Wittgenstein: »Wir können eventuell die Dinge objektiver sehen: objektiver, nicht: objektiv.«[47]

4 | Mythos als Denkform: Claude Lévi-Strauss

Vermutlich hat der französische Ethnologe Claude Lévi-Strauss (1908–2009) Wittgenstein oder Warburg nie gelesen, aber es gibt eine Bemerkung von ihm zu Ernst Cassirer. In einem Brief an den Kunsthistoriker Werner Hofmann erklärte er, dass bei ihm während der Lektüre eines Artikels von Cassirer der Eindruck entstanden sei, dieser entspreche »genau meinem eigenen Denken«.[48] Lévi-Strauss und Cassirer hielten sich auch zur gleichen Zeit, nämlich 1944, im New Yorker Exil auf; es ist also durchaus möglich, dass sie dort voneinander gehört oder sich sogar einmal getroffen haben.

Lévi-Strauss' Versuche, das »wilde Denken« zu rehabilitieren, wurden also bereits von Vorgängern betrieben, aber ihm kommt das Verdienst zu, diese Erkenntnisse durch eigene Feldforschung gewonnen zu haben. Sein berühmtes Buch »Das wilde Denken« basiert u. a. auf Expeditionen zu indigenen Völkern Brasiliens, die

Lévi-Strauss 1934 bis 1937 besucht hatte. In den Jahren 1973 und 1974 unternahm er eine »Pilgerfahrt« zu Indigenen in British Columbia und 1977 bis 1988 besuchte er mehrmals Japan, wo er Heiligtümer des Zen-Buddhismus und Shintoismus studierte.[49] Lévi-Strauss, der in einem künstlerischen Umfeld aufwuchs und zunächst Philosophie studierte, beschrieb seine Passion für außereuropäische Kulturen einmal als »Zuflucht vor einer Zivilisation, vor einem Jahrhundert, in dem man sich unbehaglich fühlt«.[50] Solche persönlichen Worte findet man in seinen Hauptwerken kaum, aber in entlegenen Interviews schimmern oft auch ganz andere Seiten des Forschers durch. Dort erfährt man intimere Details darüber, was Lévi-Strauss in den Mythen als Orte der »Zuflucht« gesucht und möglicherweise auch gefunden hat.

»Ich habe 1950 angefangen, mich mit der Mythologie vertraut zu machen und die Mythologica 1970 fertiggestellt«, sagte er einmal in einem Gespräch mit Didier Eribon: »Zwanzig Jahre lang habe ich, schon im Morgengrauen auf den Beinen und von den Mythen berauscht, wirklich in einer anderen Welt gelebt (...) Ich lebte mit allen diesen Völkern und ihren Mythen wie in einem Feenmärchen.«[51]

Lévi-Strauss, so rational er sich als Pariser Intellektueller in den 1970er-Jahren gab, hatte auch ein Gespür für das Magische und Geheimnisvolle, seine Biographin Emmanuelle Loyer wies darauf hin, wie oft der Begriff des »Wunderbaren« bei ihm vorkommt.[52] Lévi-Strauss selbst drückte es so aus:

»Obwohl ich für religiöse Losungen taub bleibe, bin ich doch mehr und mehr von dem Gefühl durchdrungen, dass der Kosmos und der Platz des Menschen im Universum unser Fassungsvermögen übersteigen und stets übersteigen werden. Es kommt vor, dass ich mich mit Gläubigen besser verstehe als mit eingefleischten Rationalisten. Immerhin besitzen jene ein Gespür für das Mysterium.«[53]

Gerade solche Zwischentöne des berühmten Ethnologen haben mich immer wieder fasziniert, und ich teile dieses »Gespür« mit ihm. Lévi-Strauss hatte nicht nur ein Sensorium für das Mysteriöse, sondern wies auch immer wieder darauf hin, dass das »wilde Denken« nicht nur zu einem bestimmten Typus von Zivilisation gehöre, sondern in uns allen fortbestehe:

»Ich wollte zeigen, dass sich zwischen dem Denken der sogenannten primitiven Völker und dem unsrigen kein Graben auftut. Als man in unseren eigenen Gesellschaften Bräuche und Glaubensinhalte, die fremd waren und den gesunden Menschenverstand irritierten, aufzuzeichnen begann, erklärte man sie als Spurenelemente oder Überreste von Formen archaischen Denkens. Für mich hatte es im Gegenteil den Anschein, dass diese Denkformen bei uns noch immer gegenwärtig, lebendig sind. Wir lassen ihnen häufig freien Lauf. Sie koexistieren mit anderen Denkformen, die sich auf die Wissenschaft berufen; sie sind mit gleichem Recht zeitgemäß.«[54]

Lévi-Strauss' Forschung kommt zu ähnlichen Schlüssen wie Cassirer, Warburg und Wittgenstein: Das »archaische Denken« besteht nicht aus bloßen Fantasien, sondern aus echten »Denkformen«, die jenen der Wissenschaft nicht unterlegen sind und bis in unsere Gegenwart reichen. Als ich Mitte der 1970er-Jahre an der Freien Universität Berlin erstmals auf diese Gedanken stieß, erregten sie viel Aufsehen. Überall herrschte damals der Geist marxistisch-kommunistischer Gruppen, die allergisch auf alles reagierten, was mit Religion, Mythologie oder Magie zu tun hatte. Sie stürmten sogar Vorlesungen über die deutsche Romantik und riefen erregt in den Hörsaal, dass keine Zeit für solche »bourgeoisen« Träumereien sei, bevor wir nicht die Arbeiterklasse befreit hätten. Wie sehr litten viele Studenten unter diesem dogmatischen Rationalismus und wie befreiend wirkte daher das Diktum eines anerkannten Intellektuellen wie Lévi-Strauss, dass Mythologie auch eine »Denkform« sei: »Das magische Denken ist nicht ein erster Versuch, ein Anfang, eine Skizze, der Teil eines noch nicht verwirklichten Ganzen; es bildet ein genau artikuliertes System und ist in dieser Hinsicht unabhängig von dem anderen System, das die Wissenschaft später begründen wird.« Lévi-Strauss plädierte dafür, Magie und Wissenschaft nicht als Gegensätze zu behandeln, sondern als »zwei Arten der Erkenntnis«.[55]

In unserer Gesellschaft ist dieser Gedanke bis heute ein Tabu, immer noch lauert hinter allem, was mit Mythos, Spiritualität, Magie und auch Romantik zu tun hat, der Irrationalismusverdacht. Deshalb kann die Ethnologie dazu beitragen, auf ganz andere Sichtweisen in der Welt aufmerksam zu machen, gegenüber denen unser oft eurozentrischer Blick nur ein kleiner Ausschnitt ist.

Das »wilde Denken«, so klärt uns Lévi-Strauss auf, fängt schon damit an, wie genau indigene Völker Tiere und Pflanzen klassifizieren, um eine Ordnung in die überwältigende Fülle ihrer Umgebung zu bringen. Der Ethnologe weist in vielen Beispielen auf die geschärfte Wahrnehmung sogenannter »primitiver« Kulturen hin, mit der sie etwa auf Wind, Licht, Wetter, Wellen und Strömungen achten. Lévi-Strauss berichtet z. B. von einem Pygmäenstamm, der die Lebensgewohnheiten von 15 Arten von Fledermäusen genau kennt. Ferner können alle Männer dieser Ethnie »mit größter Leichtigkeit die (…) Namen von mindestens 450 Pflanzen, 75 Vögeln, fast aller Schlangen, Fische, Insekten und Säugetiere und sogar 20 Arten von Ameisen aufzählen.« Von den japanischen Riukiu-Inseln berichtet Lévi-Strauss, dass dort sogar ein Kind jede Baumart aufgrund eines winzigen Holzsplitters bestimmen könne.[56]

Interessant ist dabei der Hinweis, dass all diese Kenntnisse von Tieren und Pflanzen nicht nur erworben werden, um Nahrung zu beschaffen, sondern vor allem aus Neugier und Lust an einer Ordnung der Welt. Bestimmte Indigene z. B. wissen sehr viel über Reptilien, obwohl diese gar nicht zu ihrem Speiseplan gehören.[57] Indigene Völker streifen nicht träumend durch den Urwald, sondern kennen genauso präzise Klassifikationssysteme von Pflanzen wie wir, die nur aus einem anderen Blickwinkel erfolgen. Sie sind auf ähnlich intensive Beobachtungen, Experimente und Prüfungen gegründet wie unsere Biologie. Weil das konkrete Material in diesen Ordnungssystemen so wichtig ist, nennt Lévi-Strauss dieses mythologische Denken »Bricolage« und sieht es im Zusammenhang mit der Tätigkeit des Bastlers.[58] Auch der stellt Zusammenhänge nicht aus abstrakten Begriffen her, sondern aus sinnlichen Materialien, die man anfassen kann und die auch aus Abfällen und ungewöhnlichsten Stoffen bestehen können.

In seinem New Yorker Exil lernte Lévi-Strauss von Max Ernsts Collagen und Alexander Calders Mobiles, dass auch die scheinbar fantastischsten Gebilde einen »Sinn« besitzen können, der sich vielleicht nicht dem logischen, aber dem analogischen Denken erschließt.[59] Genau so funktionieren die Mythen, die indigenen Kulturen über Jahrtausende ein Überleben ermöglicht haben. Sie verkörpern ein, wie Lévi-Strauss sagt, »aufmerksames, gefühlsbetontes und liebevolles Wissen«, sind eine »Wissenschaft vom Konkreten«.[60]

So benennen die Dogon, eine Ethnie in Mali, Pflanzen je nach ihrem Zusammenhang mit der Trocken- oder Regenzeit, während die Navajo in Arizona Lebewesen mit oder ohne Sprache unterscheiden und Tiere in »Reisende bei Tag« und »Reisende bei Nacht« einteilen. Sie sehen auch Bezüge zwischen Tieren und Elementen, etwa zwischen Kranich und Himmel, Adler und Berg, Kolibri und Pflanze, Käfer und Erde, Reiher und Wasser. Da für indigene Völker die »Mutter Erde« heilig ist, haben sie kein Verständnis dafür, wenn Pflanzen aus reinem Vergnügen gepflückt werden, sondern erlauben dies nur für Zeremonien oder zum Zweck der Heilung. Wenn die Navajo Pflanzen ernten, deponieren sie kleine Opfergaben wie Tabak oder Münzen im entstandenen Erdloch und bitten den »Wächtergeist« mit einem Gebet um Vergebung.[61]

Lässt man sich wirklich auf das »wilde Denken« ein, wird man angeregt, die Welt mit anderen Augen zu sehen. Nie kämen Angehörige indigener Kulturen auf die Idee, Farben als Frequenzen eines Lichtspektrums zu klassifizieren; für sie ist entscheidend, ob sie z. B. von frischen oder getrockneten Pflanzen stammen oder mit Himmel, Wasser oder Erde in Verbindung stehen. In der Alltagspraxis dieser Kulturen ergibt dies einen tiefen Sinn und kann niemals nur ausgedacht sein. Besonders spannend fand ich den Hinweis von Lévi-Strauss, wie viel Ähnlichkeit dieses Denken mit mittelalterlichen oder antiken Traditionen in Europa hat: »Die von uns zitierten Beispiele (…) sprechen für ein Denken, das in allen spekulativen Verfahren bewandert ist und das dem Naturforscher und Geheimwissenschaftler der Antike und des Mittelalters nahesteht: Galen, Plinius, Hermes Trismegistos, Albertus Magnus.«[62] Der renommierte Ethnologe zieht Parallelen zu magischen Traditionen des Abendlandes, ohne sie abzuwerten, wie dies bei uns heute üblich wäre. Wir werden in diesem Buch noch ausführlich darauf eingehen.

Lévi-Strauss geht in seiner Mytheninterpretation streng analytisch vor, aber gewissermaßen mit den Augen eines Künstlers. Für ihn sollen Mythen wie eine »Orchesterpartitur« gelesen werden, »nicht Notenlinie für Notenlinie, sondern in dem Bewußtsein, daß wir die ganze Seite zu erfassen haben und verstehen müssen (…) Wir dürfen also nicht nur von links nach rechts, sondern müssen gleichzeitig vertikal, von oben nach unten lesen.«[63]

Dieses Bild aus der Musik ist einleuchtend: Bedeutung kommt in einem Mythos nicht durch die Entzifferung einzelner Motive zustande, sondern nur innerhalb eines Zusammenhangs, in dem eines das andere beleuchtet, variiert, weiterentwickelt oder mit ihm kontrastiert. In einem Musikstück kann ich auch nicht sagen, was ein einzelner C-Dur-Akkord bedeutet: Erst im Verlauf der Komposition verstehe ich seine Funktion im Ganzen. Lévi-Strauss hörte, vermutlich aus diesen Gründen, beim Entziffern mythologischer Geschichten oft Musik, gerne auch Wagner, in dessen weitverzweigten leitmotivischen Strukturen er eine Nähe zum »wilden Denken« sah.

Lévi-Strauss war also Wissenschaftler und Künstler in einem und scheute auch nicht vor der Berührung mit dem »Übernatürlichen« zurück. »Bei allen sogenannten primitiven Völkern«, so schrieb er, »weist der Begriff Natur stets einen zwiespältigen Charakter auf (...) sie bildet das Terrain, auf dem der Mensch den Ahnen, den Geistern, den Göttern zu begegnen hofft. Der Begriff Natur schließt also eine ›übernatürliche‹ Komponente ein.«[64] In seinen offiziellen Schriften scheut Lévi-Strauss davor zurück, diese Welt des »Übernatürlichen« ausführlicher zu behandeln. Dort beschränkt er sich auf die Analyse des »wilden Denkens« als universelle Schicht des menschlichen Geistes, die seit Urzeiten mit symbolischen Mitteln Sinn herzustellen versucht. Zur darüber hinausgehenden Frage, ob denn nun »Geister« und »Götter« tatsächlich existieren, äußerte sich der Ethnologe nicht. Doch wieder sind es seine versteckten Bemerkungen, die hier auf tiefere Einblicke schließen lassen. So betonte Lévi-Strauss immer wieder, dass nicht er seine Bücher über die Mythen geschrieben habe, sondern dass diese ihn wie eine Art Medium gewählt hätten, um sich selbst zu auszudrücken. In einem Radiovortrag von 1977 irritierte er seine Hörer und Kollegen mit der kryptischen Bemerkung, dass er das Gefühl habe, nur eine »Durchgangsstelle« für seine Bücher zu sein:

»Sobald sie durch mich hindurchgegangen sind, fühle ich mich leer, und nichts bleibt zurück. Sie werden sich vielleicht daran erinnern, daß ich schrieb, die Mythen würden im Menschen gedacht, ohne daß er etwas davon weiß. Dieser Satz wurde von meinen englischsprechenden Kollegen häufig erörtert und kritisiert, weil er empirisch gesehen, nach ihrer Auffassung, völlig sinnlos ist. Für mich aber beschreibt er eine wirkliche Erfahrung, da er genau ausdrückt, wie ich die Beziehung zu meiner Arbeit begreife (...) Ich komme mir vor wie ein Ort, an dem etwas geschieht, an dem kein Ich vorhanden ist.«[65]

Ein erstaunliches Statement, das man vielleicht von Künstlern, Esoterikern oder religiösen Menschen hört, aber kaum von einem so analytisch vorgehenden Gelehrten wie Lévi-Strauss erwarten würde.

Wie gehen wir damit um? Was ist dieser »Geist«, der durch ihn hindurchgeht und ihm die Bücher diktiert? Ist der Forscher beim Schreiben angeschlossen an eine höhere, »übersinnliche« Welt – wie die Indigenen, deren Kultur er untersucht und die ja ganz selbstverständlich an »Geister« glauben, die nicht nur in ihrem Kopf wohnen, sondern in den Bäumen, Flüssen, Jaguaren und Schmetterlingen um sie herum?

Lévi-Strauss hat sich kaum zu Fragen nach »Religion« oder »Gott« geäußert, aber es gibt eine Stelle in einem Gespräch, wo er Stellung dazu nimmt: »Ich hätte nichts dagegen, mit Gott eine Art diffuses Denken zu bezeichnen, das man sich über das ganze Universum verbreitet vorstellen könnte; es würde sich in verschiedenen Graden bei den höheren und niederen Tieren, ja sogar bei den Pflanzen, bis hinunter zu den einfachsten, manifestieren. Aber die Vorstellung eines persönlichen Gottes ist mir immer fremd gewesen und wird mir höchstwahrscheinlich bis zum Ende fremd bleiben.«[66]

Man könnte dies als ein vorsichtiges pantheistisches Glaubensbekenntnis bezeichnen, als Vermutung, dass es außerhalb unseres im Gehirn lokalisierten Denkens noch eine umfassendere Form von »Geist« gibt, die über das ganze Universum verbreitet ist. Ein »Denken«, das hinabreicht bis in die feinsten Wurzeln und Pilzgeflechte der Erde, in Fische, Käfer, Bakterien, aber auch hinauf zu den fernsten Galaxien. Albert Einstein hat eine solche Weltsicht geteilt und sie einmal als »kosmische Religiosität« beschrieben.[67] Wenn es tatsächlich einen solchen »Geist« gäbe, könnten Lévi-Strauss' Bemerkungen über sein »mediales« Schreiben verständlicher werden. Dies wäre dann ein halb aktiver, halb passiver Zustand von Ergriffenheit, in dem der Autor zu einem Gefäß für eine »höhere Intelligenz« wird, die sich in ihm mittels der Mythen selbst denkt. Ein zumindest poetisches Bild für die lebenslange Leidenschaft des Ethnologen für das »wilde Denken«, dem er sich dann in solchen Augenblicken vollkommen angeglichen hätte.

LOB DES ANIMISMUS: BESEELTE NATUR UND GEISTERWELT

1 | »Ich verbinde mich, also bin ich«

Das »wilde Denken« baut auf einer anderen Kosmologie auf als unser westliches dualistisches Weltbild. Für den Animisten ist alles in der Welt beseelt, auch Tiere, Pflanzen, Wolken, Wassertropfen, Berge und Mineralien. Bei Tieren würden wir eventuell noch zustimmen und unserer Katze auch so etwas wie eine »Seele« zusprechen. Aber wenn einer behauptete, auch Felsen, Smaragde, Sonnenblumen, Käfer und Regenwürmer besäßen eine Seele, hätten andere wahrscheinlich nur ein mitleidiges Lächeln für ihn übrig. In unserer durch Wissenschaft geprägten Welt hat der Animismus keinen guten Ruf. Man verortet ihn insgeheim auf einer kindlicheren, primitiveren Kulturstufe oder schiebt ihn in die »Esoterikecke« ab.

Eine 2012 in Berlin organisierte Konferenz mit dem Titel »Animismus – Revisionen der Moderne« versuchte, den Begriff aufzuwerten, aber sie war bezeichnenderweise vor allem mit Kulturwissenschaftlern und Ethnologen besetzt. Diese bedauerten, dass es bisher keine deutschsprachige Publikation zum Thema gebe und dass der Begriff »Animismus« weiterhin nicht salonfähig sei, »weder unter Ethnologen noch sonstwo«.[68] Immerhin stellte man vorsichtig die Frage, ob nicht auch andere, z. B. indigene Kosmologien einen »Anspruch auf Wirklichkeit« hätten und ob ein solches Zugeständnis nicht auch »Grundvoraussetzungen des modernen Denkens« erschüttern müsste.[69] Spannend war die Bemerkung, dass solche Debatten bisher an Deutschland spurlos vorbeigegangen seien, obwohl es durch seine romantischen Traditionen dafür prädestiniert wäre. Warum wurde der Begriff »Animismus« so stark diskreditiert, dass er immer noch mit »Aberglauben« und überholten »primitiven« Weltbildern assoziiert wird? Diese Frage wurde auf der Konferenz nur zaghaft angegangen. Immerhin sprach ein Referent von der »missionarischen Ausrottung von Heidentum und Idolatrie« in unserer Geschichte, die dann später von Aufklärung und modernen Sozialwissenschaften weitergeführt worden sei.[70]

Um die Frage genauer zu klären, hilft uns das spannende Buch »Jenseits von Natur und Kultur« des Ethnologen Philippe Descola weiter, der auch ein Schüler von Lévi-Strauss war. Bereits die frühen griechischen Philosophen, so schreibt er, wollten in Blitz, Donner, Regenbogen oder Erdbeben keine Stimmen der Götter mehr sehen, sondern führten diese auf physische Ursachen zurück.[71] Schon in der Antike wird also der Kosmos entgöttert, die Römer trennen den Bereich des Hauses (»domus«) von dem des Waldes (»silva«) ab und erschauern vor den heiligen Hainen der Kelten und Germanen, in denen noch wilde Götter angebetet werden. Im Gefolge dieser scharfen Trennung beginnen die Römer auch, die riesigen europäischen Wälder zu roden, in denen noch animistisches Denken lebte. Descola zieht daher auch eine Parallele zwischen den heutigen bedrohten indigenen Völkern und den »von Tacitus beschriebenen Germanen und Bretonen«.[72] Christliche Orden fahren damit fort, das »wilde Denken« als Götzendienst zu bekämpfen und die Wildnis zu domestizieren. Laut ihrer Theologie zeugt die Schöpfung zwar von der Existenz Gottes, doch sie darf nicht mit ihm verwechselt werden. Nichts Göttliches oder Seelenhaftes lebt in Pflanzen, Tieren, Gewässern oder Gesteinen, das »Buch der Natur« ist der Heiligen Schrift unterlegen und nur eine Illustration des göttlichen Wortes.[73]

Ab dem 17. Jahrhundert beginnt die Physik, die Natur weiter ihrer Qualitäten zu berauben, und sieht in ihr nur noch eine Art Maschine, in der jedes Teil durch Gesetze kausal erklärbar ist. Der argentinische Philosoph Enrique Dussel erkennt einen Zusammenhang zwischen solchen Denkmodellen Europas und seinen kolonialen Untaten in den Entwicklungsländern. Sowohl die christliche Dämonisierung des »Paganen« als auch die Mathematisierung der Welt führten dazu, dass man eine mythisch beseelte Welt nicht mehr ernst nehmen konnte: Die Natur wurde jetzt zu einer entzauberten Objektwelt, die als Rohstoffhalde zur Ausplünderung freigegeben werden konnte. Ebenso die darin wohnenden animistisch denkenden Völker, die angeblich auf einer früheren Evolutionsstufe zurückgeblieben seien und sich dem neuen Paradigma zu fügen hätten. Enrique Dussel bringt es provokativ auf den Punkt: »Vom ›Ich erobere‹, das in der Welt der Azteken und Inkas in ganz Amerika gilt, vom ›Ich versklave‹, das in der Welt der Schwarzen aus Afrika gilt, die für das Gold und Silber verkauft werden, das mit dem Tod der Indios aus den Tiefen der Minen gewonnen wird, (…) von diesem ›Ich‹ geht das Cartesianische Denken im ›Ich denke‹ (ego cogito) aus.«[74]

Philippe Descola stellt fest, dass eine solche Diskreditierung des Animismus in anderen Erdteilen nicht zu beobachten ist. Die japanische Gartenarchitektur steht für ihn z. B. für ein Denken, das Natur nicht domestizieren, sondern eine Miniaturausgabe des beseelten Kosmos schaffen will, in dem Gräser, Steine und Moose »reden« können. Auch die chinesische Landschaftsmalerei, das Feng Shui und die Geomantie hätten das Bestreben, immer an den »kosmischen Hauch« (ch'i) zu erinnern, der durch alles hindurchstrahlt und uns überhaupt erst Leben verleiht.[75] Das gilt auch für indigene Völker wie die von Descola erforschten Achuar in Ecuador, in deren Weltbild Mensch und Natur, Zivilisation und Wildnis nicht entgegengesetzt sind. Der Wald ist für sie kein chaotisch-bedrohlicher Raum, sondern ein riesiger Garten, der unmittelbar an die Gärten und Häuser des Dorfes anschließt. Er wird bebaut und gepflegt von dem Geist »Shakaim«, dem großen Gärtner des Waldes, dessen Rat die Achuar einholen, bevor sie neue Flächen roden. Indigene Völker pflegen eher eine Ontologie der Verbundenheit als der Abgrenzung. Steine, Felsen und Tiere stellen für sie Beziehungsangebote dar, auf die sie eingehen und die dann beide Seiten wechselseitig verändern.[76] Ereignisse und Relationen sind in diesem Weltbild wichtiger als voneinander abgegrenzte »Dinge« und »Subjekte«. Mit einem Baum zu reden statt ihn zu fällen heißt wahrzunehmen, was er tut, während man mit ihm zu tun hat. Statt des cartesianischen »Ich denke, also bin ich« herrscht bei indigenen Völkern eher ein »Ich verbinde, also bin ich«.[77]

2 | Heilige Tiere

2.1 Tiere als »verkleidete Menschen«

Wie stark das animistische Bewusstsein bei Kulturen ausgeprägt ist, die das »wilde Denken« praktizieren, zeigt sich etwa in ihrem Verhältnis zum Tier. Claude Lévi-Strauss hatte die Mythen der Indigenen als Geschichten aus einer Zeit bezeichnet, »als die Menschen und die Tiere noch nicht voneinander geschieden waren«.[78] Für viele Amazonasindianer unterscheiden sich Menschen und Tiere nicht durch ihre »Seele«, die bei beiden gleich ist, sondern nur durch ihren Körper. Die Tiere, so sagen sie, waren einst auch Menschen, aber hätten sich nun verkleidet. Daher entwickelten indigene Kulturen viele Rituale und Masken, um sich in Tiere zu verwandeln, in ihre Haut zu schlüpfen und die Welt mit ihren Augen zu sehen.[79] Menschen und Tiere sind für die Indigenen »Leute« (»masa«), deren Hauptattribute – Sterblichkeit, soziales und zeremonielles Leben, Intentionalität, Erkenntnis – in allen Punkten identisch sind. Für die Indigenen leben auch Tiere in Häusern, legen Gärten an, bringen ihre Beute nach Hause und vollziehen unter der Leitung ihrer »Häuptlinge« Rituale. Sie haben ebenso wie wir Hauben (Federkronen), Gewänder (Fell), Waffen (Schnäbel, Hörner, Giftzähne, Krallen), Sprache und kennen sogar den Gebrauch von Werkzeugen.[80]

Der Journalist Thomas Fischermann hat in seinem Buch »Der letzte Herr des Waldes« anschaulich über das Naturverständnis der Tenharim, eines indigenen Volkes am Amazonas, berichtet. Wochenlang war er mit Madarejúwa, einem jungen Krieger dieses Stammes, im Regenwald unterwegs und wurde durch ihn in dessen Geheimnisse eingewiesen.

Die Wildschweine im Wald, so erklärt ihm Madarejúwa, seien wie eine Gruppe von Kriegern organisiert, mit einem General,

Madarejúwa, ein junger Krieger der Tenharim

Major, Hauptmann usw. Vorneweg liefe immer ein kleiner Späher, der die Gruppe vor einem eventuellen Jäger warne, wie bei den Menschen. Welch inniges Verhältnis die Tenharim zu solchen Tieren haben, bezeugt auch ihr Glaube daran, dass der »Herr der Wildschweine« die Seelen getöteter Artgenossen ersetzen müsse. Dazu singe er nachts ein Lied und verabschiede die Seelen seiner Verwandten, die gefallen seien.

»Dann ruft er andere Seelen herbei, damit neue Schweine geboren werden können«, so Fischermann. »Wenn es schnell gehen muss, wenn zu viele Schweine getötet wurden, hat er keine große Wahl. Dann nimmt er, was er kriegen kann. Von den Alligatoren und Schlangen, von den Ameisen. Im ganzen (…) Reich der Tiere bedient er sich. Sogar aus einem alten Stück Holz kann der Herr der Wildschweine eine Seele holen.«[81]

Das funktioniere zwar, so Madarejúwa, aber das Fleisch dieses Tieres würde nicht schmecken. Ein Schwein mit einer Seele aus einem Holzstück wisse ja nicht, dass man Früchte essen müsse, um

Topei, ein Schamane der Tenharim in Brasilien (rechts)

fett und »lecker« zu werden. Das sei nur einer echten Wildschweinseele bekannt, die sich zum wiederholten Male inkarniere.

Wir staunen über solche Ansichten, aber sie bewegen uns allein schon dadurch, dass wir darin die tiefe Verbundenheit indigener Völker mit der Tierwelt spüren. Die Tenharim glauben auch, dass der »Herr der Wildschweine« zu gierige Jäger in Schweine verwandelt, die dann lebenslang mit der Herde mitlaufen müssen. Dreimal würde dieser riesige Eber furzen und dabei einen so starken Gestank entfesseln, dass der Jäger in Ohnmacht fiele und in ein Tier verwandelt würde. Viele Väter, die ihre Söhne im Wald verloren hätten, wüssten, dass sie von diesem Schicksal ereilt worden seien, und sähen es auch in ihren Träumen vor sich. Ist das nicht ein in mythologischen Bildern vorgetragenes Plädoyer für »Nachhaltigkeit«, für das Einhalten einer Balance im sensiblen Kreislauf der Natur?

An nahezu jeder Stelle des Buches von Fischermann spürt man die große Nähe dieses Volkes zur Tier- und Pflanzenwelt, die keine Subjekt-Objekt-Distanz in unserem Sinne zulässt. Die Indianer halten große farbige Papageien, die als Vogelkinder zu ihnen kommen und liebevoll aufgezogen werden, damit man später ihre Federn für Kronen und Armbinden verwenden kann. »Wir füttern sie, sie beobachten uns und sie wissen, dass wir ihre Federn schmerzlos ziehen, immer nur ein paar.«[82] Aus den Knochen der verstorbenen Papageien wird Schmuck hergestellt, alles muss immer verwertet werden, auch aus Respekt vor dem Tier, das ja dem Menschen vieles Nützliche geschenkt hat.

Wenn Madarejúwo und Fischermann im Urwald Hunger verspürten, wurde kein köstliches Wildschwein gejagt, sondern ein kleinerer, weniger gut schmeckender Affe, damit keine Reste übrigblieben. Der Regenwald ernährt seine Kinder, und diese lernen schon früh, dass einst auch ihr Leichnam der Natur wertvolle Stoffe zurückgeben wird. Alles hängt mit allem zusammen und geht ineinander über, es gibt kein Innen und Außen, kein Hier und Dort. Selbst hochgefährliche Tiere wie die Anakonda spenden ein wertvolles Öl, das Wunden sofort verschließt. Auf die Frage, warum sie das Öl nicht verkaufen, sagt Madarejúwa zu Thomas Fischermann: »Ich bin dir nicht böse für deine Frage. Du kannst nicht wissen, dass es eine falsche Frage ist. Mein Volk läuft nicht durch den Wald und tötet die Tiere, um Stücke von ihnen zu verkaufen. Was von unseren Tieren kommt, ist nur für den eigenen Gebrauch.«[83]

2.2 Die Maskentänze der Kwakiutl

Bei solchen Geschichten musste ich auch an meine Besuche im Berliner Ethnologischen Museum denken, wo vor allem Masken eine solche Verbundenheit mit dem Tier veranschaulicht hatten. So konnte ich in der Nordamerika-Abteilung immer zahlreiche Tiermasken der Indigenen der kanadischen Nordwestküste bewundern. Nicht nur dominante Tiere wie Adler, Bär, Schwertwal und Wolf waren hier dargestellt, sondern auch Rabe, Biene, Waldhuhn und Oktopus, von deren großer Bedeutung für diese Kulturen in ausdrucksstarken Maskentänzen erzählt wird. So verkörpert der Rabe als »Trickster« das Listige und Kluge, in Bienentänzen preist man das Gemeinschaftsgefühl dieser Tiere, und die »Kumugwi«-Maske kündet von einem menschenähnlichen Wesen mit Schuppen, Kiemen und Flossen, das auf dem Grund des Meeres wohnt und Wohlstand spendet.[84] Immer sind die Masken mit Mythen verbunden, die zum Teil ergreifende Geschichten erzählen, welche an unsere Märchen erinnern.

So berichtet eine Bärenmaske der Kwakiutl von den Abenteuern des jungen Indianers Alxabo'e, der während einer Hungersnot regelmäßig an den Fluss geschickt wird, um Lachse zu fangen. Mehrfach werden dabei seine Reusen zerstört, bis er endlich herausbekommt, dass Tsetsagan, ein großer Grizzlybär, dahintersteckt, der den Jungen daraufhin fängt und in seine Wohnung verschleppt. Dort tötet er ihn und serviert sein Fleisch befreundeten Tieren zum Festschmaus. Nach dem Essen bekommt Alexulalit, der »Häuptling der Wölfe«, Mitleid mit dem Mann, den die Tiere gerade verspeist haben, und bittet alle Tiere, die Teile wieder zu erbrechen. Tatsächlich folgen sie seinem Rat, woraufhin Alexulalit den Jüngling wieder zusammensetzt, »Wasser des Lebens« über ihn sprenkelt und Alxabo'e zu neuem Leben erweckt. Der Häuptling der Wölfe rät dem Jungen, wieder zu Tsetsagan, dem Grizzly, zu gehen, der ihm zeigen soll, wie lange er tauchen kann. Alxabo'e tut, wie ihm geheißen, und lässt sich von dem Bären seine Tauchkünste zeigen. Als der Grizzly beim vierten Tauchgang besonders lange unter Wasser bleibt, nimmt sich Alxabo'e, wie der Wolf ihm geraten hat, dessen Maske und läuft schnell nach Hause. Er wird von einigen Grizzlys verfolgt, die die Rückgabe der gestohlenen Maske verlangen. Auch Tsetsagan selbst ist unter ihnen und sagt: »Gib mir meine Maske wieder. Du wirst von nun an versuchen, mich während

Transformationsmaske der Kwakiutl-Indianer, Kanada

des Wintertanzes zu imitieren, und dein Name soll dabei ›Großer Grizzlybär‹ sein. Es ist das gleiche, wie wenn du meine Maske benutzt. Du wirst immer reich an Nahrung sein, denn ich bin jetzt immer in deiner Nähe.« Daraufhin gibt Alxabo'e dem Bären seine Maske zurück.[85]

Interessant ist die Form sogenannter Transformationsmasken bei den Kwakiutl: In zusammengeklapptem Zustand zeigen sie einen Tierkopf (Adler, Schwertwal, Bär), aber während der Tanzzeremonie enthüllen die geöffneten Teile ein Menschengesicht. Auch dies ist eine Symbolisierung der ineinander übergehenden Beziehung zwischen Mensch und Tier. In dem oben erzählten Mythos sind die Tiere zunächst Gegner des jungen Kriegers, sie töten und verspeisen ihn. Dann aber würgen sie die menschlichen Glieder wieder hervor und erschaffen Alxabo'e neu – damit stellen sie eine Art Gleichgewicht wieder her. Alxabo'e lernt durch seinen einstigen Feind, ihn zu imitieren, und übernimmt auch die Jagdfähigkeiten des Grizzlys, sodass er besser für seine Gemeinschaft sorgen kann. Der Mythos lehrt ein ständiges Geben und Nehmen. Die Kwakiutl spielen solche Geschichten während ihrer großen Feste nach, wobei die Botschaft mit eindringlichen Tänzen und musikalischen Darbietungen dem kollektiven Gedächtnis tief eingeprägt wird.

Dabei gibt es auch Rituale, die noch viel weiter in der Identifikation mit dem Wilden und Animalischen gehen. Es sind regelrechte Einweihungszeremonien, in denen der Initiand mit den übersinnlichen und auch dämonischen Fähigkeiten tierähnlicher Wesen verschmelzen muss, um danach gestärkt eine neue Identität zu erlangen. So erzählen bestimmte Tänze der Kwakiutl, wie ein junger Mann aus dem Dorf in die Abgeschiedenheit des Waldes geht, um dort einem vogelgesichtigen Menschenfresser zu begegnen. In dessen Haus trifft er zunächst eine im Boden verwurzelte Frau an, die ihm hilft, das Monster zu töten. Beide heben eine

Grube aus, die mit Feuersglut gefüllt und mit Zweigen überdeckt wird, in die der Menschenfresser schreiend hineinfällt und stirbt. Die mit der Erde verwachsene Frau unterweist den Initianden in die Gesänge und Tänze des Monsters, die er fortan zu Hause in seiner Gemeinschaft aufführen soll.

Verwurzelung und Bodenständigkeit, so verstehe ich diesen Mythos, schließt die Grenzüberschreitung zur Wildnis mit ein. Erst wenn ich mich dem, was mich »verschlingen« kann, gestellt habe, bin ich ein gereifter Mann und vermag besser für meine Gemeinschaft zu sorgen. Dieser Vorgang von Metamorphose und Katharsis wird in den Maskentänzen nachgespielt und dadurch noch tiefer verinnerlicht. Dabei spielt eine weibliche Figur eine große Rolle: Hiligaxte', die die Schwester oder eine Angehörige des Tänzers sein kann. Während sich der Initiand schreiend und wild gestikulierend in den Menschenfresser verwandelt, führt sie ihn – rückwärts gehend – durch den Raum. Mit lauten Schreien stürzt sich der junge Tänzer auf die Zuschauer und versucht, sie zu beißen, wobei dies in früheren Zeiten auch zu Verletzungen führen konnte. Um ihn zu besänftigen, hielt ihm Hiligaxte' früher Teile von Ahnenmumien entgegen, heute nur noch Kupferplatten, die für die Kwakiutl sehr wertvoll sind. Gemeinsam mit anderen singenden und Rasseln schlagenden Frauen aus dem Publikum wird versucht, den Initianden zu zähmen. Doch es tauchen immer wieder Tänzer mit Vogelmasken auf, um seine Lust auf Menschenfleisch zu stimulieren: furchterregende Masken von Rabenvögeln, die Augen ausstechen, und von Krummschnäbeln, die menschliche Schädel aufbrechen, um das Gehirn herauszuschlürfen. Das Ritual steigert sich zu einem Inferno von lautem Schnabelgeklapper, Rufen, Gesängen und entfesselten Bewegungen des Initianden, der nur langsam zur Ruhe kommt und vor allem Kindern richtige Angst einflößen kann. Am Ende der Zeremonie schafft es Hiligaxste' mit ihren Helferinnen schließlich, ihn wieder zu besänftigen, woraufhin der Tänzer Rabenmaske und Bärenfell anzieht und wieder in den Kreis der »Zivilisation« zurückkehrt.[86]

Das Betrachten von Fotos zu diesem Ritual und die Lektüre von Texten dazu wühlten in mir heftige Gefühle auf. »Wildes Denken« wird hier im buchstäblichen Wortsinn praktiziert. Es werden Grenzen zwischen »Dorf« und »Wald«, »Mensch« und »Tier«, »Ordnung« und »Wildnis«, »Bewusstem« und »Unbewusstem« eingerissen bzw. es wird verhindert, dass die Trennwände zu starr werden. Für mich eine tief bewegende Erfahrung, die mir auch klarmachte, wie sehr solche Initiationsrituale in unserer Kultur fehlen.

Die Entfesselung wilder Energien beim Bungeespringen oder beim Wildwasser-Kanusport sind lächerliche Surrogatformen dagegen, ganz zu schweigen von der Entladung kollektiver Emotionen bzw. Aggressionen bei Fußball-, Eishockey- oder Rugbyveranstaltungen. Junge Männer unserer rational geprägten Leistungsgesellschaft kennen solche Prüfungen im Zeichen des Mythos nicht mehr. Sie reagieren sich bei »Ego-Shootern« oder anderen obskuren Videospielen ab, was oft genug zu autistischer Vereinsamung und bedenklichem Suchtverhalten führt. Auch dies ist, so meine Überzeugung, eine Folge des Fehlens von Mythen und Ritualen, wie sie früher zur Reifung des Individuums und zum Wohle der Gemeinschaft überall auf der Welt eingesetzt wurden.

2.3 Die Söhne des Krokodils

Bis heute gibt es solche selten gewordenen Rituale, in denen die Grenze zwischen Mensch und Tier eindrucksvoll und ohne zu viel Schaden anzurichten überschritten werden kann. So huldigen einige Stämme in Papua-Neuguinea einem Krokodil-Kult, der in aufwendigen Festen gefeiert wird und am Schluss zu einem irritierenden Initiationsritual für junge Männer führt. Der 1100 km lange Sepik-Fluss in Neuguinea beheimatet die größten Krokodilarten der Welt, die bis zu acht Meter lang werden können. Die Kunst der

Iatmul am Mittelsepik kreist in vielen Varianten um dieses ehrfurchtgebietende Reptil, das als eine Art Gottheit verehrt wird. Krokodilschädel werden mit Muscheln und Farben verschönert, und sie zieren den Bug von Kanus oder die großen tiefen Flöten, mit denen die Iatmul die mächtigen Reptilien nachts herbeizurufen suchen. Ihr Mythos erzählt, dass einst zwischen den gewaltigen Kiefern des Krokodils das gesamte Universum entstanden ist. Das Reptil tauchte tief in das Flussbett ein und schleuderte beim Auftauchen den Schlamm in die Luft, aus dessen Partikeln sich Himmel und Erde bildeten. Die Kraft und das mysteriöse Wesen des machtvollen Tieres haben es für die Völker am Sepik zu einer Art Schöpfergott gemacht, dessen Attacken nicht nur als Gefahr gesehen werden.

So wird z. B. der Biss eines Krokodils auch als etwas Schöpferisches und Gutes gedeutet. Bei ihren blutigen Mannbarkeitsritualen ahmen die Iatmul solche Bisse nach, indem den jungen Initianden mit Rasierklingen tiefe Wunden verpasst werden, deren Narben

Bestimmte Ethnien in Papua-Neuguinea verehren das Krokodil als gottgleiches Wesen und beziehen es in ihre Rituale mit ein.

nach dem Abheilen wie Krokodilhaut aussehen. Ein schmerzhaftes Ritual, das den jungen Männern vorher große Angst bereitet, die sie – laut dem Rat der Ältesten – nur überstehen können, indem sie loslassen und lernen, die Verwundung als mythisches Geschehen zu »genießen«. Nicht immer nehmen diese Rituale ein gutes Ende: Obwohl die Wunden sorgfältig abgewaschen und heilende Öle aufgetragen werden, kommt es doch immer wieder zu vereinzelten Infektionen mit Todesfolge.

Als ich diese Zeremonien in Filmen leibhaftig vor Augen hatte, überkam mich ein tiefer Abwehrreflex. Wozu diese Barbarei im 21. Jahrhundert?, fragte ich mich, welch unnötige Qualen im Gefolge seltsamer Ideen, die am Ende nur Schmerz und Tod bringen. Sie erinnerten mich an die Ausführungen des Ethnologen Robert B. Edgerton in seinem Buch »Trügerische Paradiese – Der Mythos von den glücklichen Naturvölkern«, in dem zahlreiche solcher uns fremd anmutender Riten beschrieben werden.[87]

Verstärkt wurden meine negativen Gefühle noch von den Bildern mitfühlender Mütter, die ihre Söhne nicht zu dem Beschneidungsritual gehen lassen wollten, aber sich dann doch resignativ dem Schicksal fügten. Archaische Macho-Praktiken, dachte eine Stimme in mir, welch überholter Unsinn, männerbündlerische Geheimkulte, die die Empfindungen von Frauen ignorieren und die Jungen nur zu abgehärteten Kampfmaschinen erziehen wollen. Das haben wir in Europa Gott sei Dank alles hinter uns!

Aber eine andere Stimme riet mir, noch tiefer in die geistigen Hintergründe dieses Rituals einzutauchen und mich vor zu schnellen Bewertungen zu hüten. Immer wieder schaute ich mir neue Videosequenzen über die Sepik-Kulturen an, recherchierte im Internet und in ethnologischen Büchern über deren zunächst so fremd anmutenden Bräuche. Dabei erfuhr ich, dass diese Stämme glauben, wir seien in unserer Kindheit vollständig mit dem Blut unserer Mutter ausgefüllt, aus deren Leib wir ja einst kamen. Bei der Initiation zum Mann müsse dieses alte Blut restlos abgelassen werden, um den Körper mit neuem Lebenssaft und einer neuen Identität zu füllen. Das Krokodil als Schöpfergott trägt also für diese Kultur mit seinen »Bissen« – den Rasierklingen – dazu bei, unser altes Blut ausströmen zu lassen, um es zu erneuern. Der Initiand soll sich bei den schmerzhaften Prozeduren vorstellen, dass nicht metallene Klingen in sein Fleisch schneiden, sondern die Zähne des mythischen Urreptils, das ihm dabei hilft, zu einem neuen Selbst zu gelangen.

Trotz der bedrohlichen Wirkung hatten diese Bilder auch etwas Elementares und Gewaltiges und gingen mir tagelang nicht aus dem Kopf – ähnlich wie die Maskentänze der Kwakiutl. Mich beeindruckte das im wahrsten Sinne eindringliche Nachdenken über die Phasen unseres Lebens, das in diesem Ritual seinen Ausdruck fand. Welch tiefe Beschäftigung mit dem Schmerz des Erwachsenwerdens zeigte sich hier, mit schöpferischen Impulsen, die von gefährlichen Tieren ausgehen können, mit der Transformation von Angst in Reifung. Mit sadistischen Vorstellungen oder der Lust an bizarren Ritualen hatte diese Mythologie nichts zu tun. Welches Recht hatte ich, jahrhundertealte Praktiken einer Kultur zu verurteilen, die damit gut leben konnte – bis unsere Zivilisation sie überfiel, um ihre Rohstoffe wegzunehmen und sie als »unterentwickelt« zu bezeichnen?

Große und starke Bilder waren hier erfunden worden, die vom Überwinden der Angst handelten und von der Entdeckung von Fähigkeiten, die man sich vorher nicht zugetraut hätte. Alles kombiniert mit einer fast sakralen Wertschätzung für ein Tier, welches die meisten von uns nur für monströs und gewalttätig halten. Ich konnte in den Filmen sehen, wie die jungen Männer, trotz ihrer anfänglichen Beklemmung, nach dem Beschneidungsritual ruhig und gelassen wurden und Stolz zeigten, alles gut überstanden zu haben. Wochenlang hielten sie sich nun im sogenannten Männerhaus auf, nahe an der heilenden Wärme des Feuers, umsorgt von Freunden und Bekannten, die die Prozedur schon hinter sich hatten. Sie waren nun »Söhne des Krokodils« geworden und damit voll anerkannt in ihrer Gemeinschaft. Selbstbewusst zeigten sie ihre Narben als Zeichen überstandener Prüfungen und als Beweis ihres Mutes.[88]

Hatte ich jemals in meinem Leben etwas Ähnliches erlebt? Diese Recherchen ließen mich mit tief gespaltenen Gefühlen zurück, die mir zeigten, welche provozierende Kraft das »wilde Denken« entfachen kann. Übrig blieb eine tiefe Faszination für diese Kulturen im fernen Papua, die ich nun ein wenig besser verstehen konnte. Mir wurde klar: Die Welt ist groß und in Farben gemalt, die uns manchmal grell und ungewohnt erscheinen. Doch ein genauerer Blick kann uns jederzeit klarmachen, dass unsere Anschauungen über Natur, Leben und Tod nur ein kleiner Ausschnitt inmitten eines größeren Gemäldes sind.

2.4 Karni Mata und Hanuman

Ähnliche Erfahrungen machte ich, als ich mich näher mit dem Verhältnis zwischen Mensch und Tier in der indischen Kultur beschäftigte. Auch hier gab es wieder irritierende und doch auch anregende Beispiele eines ganz anderen Umgangs mit dem »Animalischen«. So trägt Ganesha, einer der Hauptgötter im Hinduismus, den Kopf eines Elefanten und verkörpert positive Eigenschaften wie Freundlichkeit, Güte, Humor, Klugheit sowie ein verspieltes Wesen, das uns auch manchmal zum Narren halten kann. Oft wird er als Kind oder beleibter kleiner Mann mit einem überproportionierten Elefantenkopf dargestellt. Sein dicker Bauch symbolisiert Reichtum und innere Gelassenheit. Irgendwann entdeckte ich bei meinen Streifzügen in Ethnologischen Museen Skulpturen, die Ganesha mit einer Ratte als Reittier zeigten. Der elefantenköpfige Gott soll einst einen in eine Ratte verwandelten Dämon gezähmt haben, der ihm von nun an als Gehilfe diente. Seither wird in Indien auch dieses Tier wegen seiner Klugheit und Geschicklichkeit bewundert. Diese Tiersymbolik unterscheidet sich wesentlich z. B. von jener im Christentum, in dessen Schriften nur friedliche Tiere wie Lamm, Fisch und Taube vorkommen.

Welche Dimension die Verehrung von Ratten im Fernen Osten annehmen kann, zeigt etwa der Tempel von Karni Mata im nordindischen Deshnok. Dort werden an die 20 000 heilige Ratten gehalten, die unentwegt zwischen den vielen Touristen herumhuschen. Diese dürfen nur barfuß den Tempel betreten, um die kleinen »heiligen« Wesen nicht zu verletzen. Liebevoll werden sie gepflegt, und an allen Ecken stehen große Schalen z.B. mit süßem Joghurt, in die die Ratten ihre hungrigen Mäuler tauchen. Ab und zu kommen Priester mit brennenden Kelchen und duftendem Weihrauch, um vor dem Bildnis der Göttin Karni Mata Zeremonien abzuhalten. Karni Mata war eine Mystikerin und Heilerin aus dem 15. Jahrhundert, die ein asketisches Nomadenleben führte und vor allem Patienten kurierte, die sich Giftschlangenbisse zugezogen hatten. Als ihr eigener Sohn einmal lebensgefährlich erkrankt war und sie mit ihrer Heilkunst nicht weiterkam, flehte sie den Gott des Todes, Yama, um Hilfe an. Dieser rettete ihren Sohn, aber als Gegengabe mussten nun alle Familienangehörigen von Karni Mata Inkarnationen als Ratten durchlaufen. Daher, so versichern einem die Wächter in dem Tempel, wisse man nie, welche von den kleinen Tierchen eine Seele besäßen, die in einer späteren Inkarnation wieder zum Menschen werden könne. Das sei der Grund, warum die Ratten so heilig seien und ihnen ein eigener Tempel gewidmet wurde.

Als ich diese Geschichte das erste Mal hörte und Filme dazu sah, dachte ich an unsere Kirchen und »heiligen Stätten«. Man stelle sich einmal vor, dass dort ebenfalls Ratten gehalten und während des Gottesdienstes herumlaufen würden: munter die Altarbänke und Kruzifixe hochkrabbelnd, womöglich in der Dornenkrone des Gekreuzigten turnend und all das in unserem auf Sauberkeit und Hygiene fixierten Land. Ein Aufschrei des Entsetzens und der Angst wäre die Folge. Gesundheitsämter würden einschreiten, und es wäre sicher schnell die Rede von Blasphemie und Gefährdung der öffentlichen Sicherheit. Dabei beanspruchen Ratten doch eigentlich denselben Platz in »Gottes Schöpfung« wie andere Lebewesen auch. Aber bei uns sind sie stigmatisiert, gelten als schmutzig, hinterlistig, mit Bakterien behaftet und lösen bei den meisten Menschen nur Ekelreflexe aus. Im Tempel von Karni Mata dagegen teilen Pilger ihr Brot mit ihnen, und die Tiere kriechen auch an Armen und Beinen von Kindern entlang, die keinerlei Angst vor ihnen haben.

Ein ähnlich inniges Verhältnis haben die Inder zu Affen, besonders zu den Hanuman-Languren, die selbst in den Großstädten nahezu absolute Narrenfreiheit haben. Sie turnen auf Häusern, Strommasten und Autodächern herum und ziehen vor Supermärkten den Käufern ihre Waren aus den Einkaufstüten. In den letzten Jahren sind die Affen daher zu einer wahren Plage geworden, die man mit verschiedenen Mitteln zu bekämpfen versucht. Niemals würde man sie töten oder mit chemischen Mitteln bekämpfen. Man setzt Jäger auf sie an, die sie mit größeren Affen zu vertreiben suchen, was aber nur für kurze Zeit funktioniert. Manchmal fängt man größere Mengen ein und bringt sie in abgelegene Naturreservate, was aber angesichts der großen Menge von Plagegeistern nicht ausreicht. Lokalpolitiker, die sich der großen Schäden bewusst sind, die diese Affen anrichten, würden jedoch niemals fordern, sie gänzlich aus den Städten zu vertreiben, weil sie in dieser Kultur – wie auch Ratten, Elefanten und Kühe – »heilig« sind.

Um das zu verstehen, muss man tiefer in die Mythologie Indiens eindringen, in der der Gott Hanuman in Gestalt eines Affen eine besondere Rolle spielt. Schon in der frühen Induskultur (3000 bis 1500 v. Chr.) fertigten die Menschen Affenfiguren aus wertvoller Fayence-Keramik an, was eventuell auf einen vor-arischen Kult um dieses Tier schließen lässt.[89] Hanuman, der Affengott, taucht allerdings erst viel später im indischen Nationalepos Ramayana auf, das im Zeitraum von 300 v. Chr. bis 300 n. Chr. verfasst wurde. Dort erscheint er als kluger und listiger Helfer des Königs Rama, dessen Frau Sita von dem Dämon Rawana auf die Insel Lanka entführt wurde. Hanuman, der seine Gestalt verändern konnte, sprang in einem riesigen Satz übers Meer, fand Sita und baute eine gewaltige Brücke zwischen den Küsten, auf der Ramas Heer nun gegen Rawana in die Schlacht ziehen konnte. Nachdem Sita gerettet war, wurde Hanuman von seinem Herrn geehrt und diente ihm fortan in allen Lebenslagen.[90] Von den Göttern bekam er Unverwundbarkeit und Unsterblichkeit geschenkt und wurde zu einem der beliebtesten Götter Indiens. Er steht dafür, dass jeder (selbst ein Affe) zu Gott kommen und in der Hingabe an etwas Göttliches über sich hinauswachsen kann.

Hanuman wird heute in zahllosen Tempeln und Schreinen Indiens verehrt, er gilt als Gott für die Alltagssorgen, wird bei gesundheitlichen und finanziellen Problemen angerufen sowie als Streitschlichter und Schutzgottheit. Er wurde in vielen Statuen, auf Münzen und in literarischen Werken verewigt, sogar in einer mehrteiligen Fernsehserie über das Ramayana-Epos.[91] Weil die Hanuman-Languren als seine Inkarnationen gelten, genießen sie Narrenfreiheit und werden als »heilig« verehrt.

Auf mich wirkt es berührend, dass ein kleines Tier, das wir im Zoo als niedlich bestaunen, in einen so hohen Rang erhoben wird. Darin drückt sich eine genaue Beobachtungsgabe aus, die in den Affen sicher mehr Qualitäten und Fertigkeiten wahrnimmt, als es in unserer Kultur üblich ist. Die Menschen in Indien fühlen sich, ähnlich wie die indigenen Völker Amerikas oder Papua-Neuguineas, nicht über die Tiere erhaben. Sie teilen mit ihnen Lebensräume, eigentlich auch das Schicksal, ihr Verhältnis ist von Geben und Nehmen bestimmt und nicht vom Gefühl einer anthropozentrischen Überlegenheit.

Im Falle von Hanuman dehnt sich ein solches mythologisches Denken auf eine ganze Landschaft aus. Das zeigt die sogenannte »Rama's Bridge«, eine Kette von Sandbänken und Korallenriffen zwischen der Südspitze Indiens und der Insel Sri Lanka. Dort soll, laut dem Mythos, von Hanuman die riesige Brücke für die Armee von Rama gebaut worden sein, und deshalb ist dieser Ort bis heute vielen Gläubigen heilig. Für orthodoxe Hindus ist die Existenz dieser Landzunge ein Beweis dafür, dass die im Ramayana geschilderten Ereignisse tatsächlich stattgefunden haben. Auf ihr befinden sich eine der wichtigsten hinduistischen Pilgerstätten und die Reste der 1964 durch einen Zyklon vollständig zerstörten Stadt Dhanushkodi. Heute gibt es dort nur noch ein paar vereinzelte Ruinen und zerfallene Schiffswracks, die gläubige Hindus aufsuchen, um ein Bad in den heiligen Gewässern zu nehmen, über die einst der Affengott Hanuman hinwegfegte: machtvolle Chiffren des »wilden Denkens«, wie für alle Zeiten eingeschrieben in die Strukturen von Wasser, Sand und Wind.

3 | Heilige Elemente

Für viele mythisch denkende Kulturen sind also nicht nur Tiere und Pflanzen »heilig«, sondern auch die Elemente. Auch wir Bewohner der westlichen Welt staunen noch über die Kraft eines großen Feuers oder eines machtvollen Sturmes sowie über die Aura des Meeres in seinen verschiedenen Stimmungen. Die Elemente strahlen für uns immer noch eine Atmosphäre des Wunderbaren und Magischen aus. Aber kaum einer von uns würde ihnen etwas »Göttliches« zuschreiben oder darin das Wirken von Elementargeistern sehen. Die Physik hat uns aufgeklärt über das stoffliche Geschehen hinter Feuer, Erde, Wasser und Luft, und alle Gefühle, die wir ihnen gegenüber haben, werden als bloßes Staunen über ästhetische Phänomene angesehen. Sie dürfen als eine Art Beiwerk existieren, als nette Zugabe zu den naturwissenschaftlichen Erklärungen, die die eigentliche Realität der Elemente beschreiben. Das sieht in anderen Kulturen ganz anders aus. Wir wollen an zwei eindrücklichen Beispielen die große spirituelle Bedeutung aufzeigen, die etwa in Lateinamerika und Indien den Elementen »Erde« und »Wasser« zugeschrieben wird, und einen Eindruck vermitteln, wie viel Kulte und Mythen sich darum ranken.

3.1 Pachamama: Mystik der Erde

Die Andenvölker Südamerikas sehen in der Erde keine bloße Rohstoffhalde, sondern eine weibliche Gottheit, die sie »Pachamama« nennen, was so viel wie »Mutter Erde« oder »Mutter Kosmos« heißt. »Pacha« bedeutet Erde, Welt, Planet, Lebensraum und Universum und ist gleichzeitig ein Ausdruck für etwas Wesenhaftes hinter der stofflichen Außenseite. Diese Wortschöpfung kennt nicht die bei uns übliche Spaltung von Sichtbarem und Unsichtbarem, Irdischem und Himmlischem, Profanem und Heiligem. »Pachamama« bezeichnet eine Ganzheit von geordneten Beziehungen ohne Hierarchien, sieht das Universum als ein »kosmisches Haus« an, in dem eine aus Menschen, Tieren, Pflanzen, Bergen und Gewässern bestehende Familie wohnt. Das Göttliche einer so verstandenen »Erde« ist nicht transzendent, sondern integraler Teil des Universums, es gibt in der »andinen Philosophie« keine Trennung von Oben und Unten, Jenseits und Diesseits, Himmel und Erde wie etwa im Christentum.[92]

Die als »Pachamama« verstandene Erde ist ein Lebewesen, das genauso ärgerlich und launisch, aber auch friedlich und großzügig sein kann wie ein Mensch. Da sie eine Göttin ist, hat sie auch »unberührbare Tage«, an denen man sie nicht antasten darf. Diese fal-

Kulthandlungen beim Pachamama-Fest in Lateinamerika

len auf die erste Augustwoche, in die Zeit vor der ersten neuen Aussaat, in denen »Mutter Erde« mit Ritualen darum gebeten werden muss, dass man ihren Leib wieder »öffnen« darf. Als ich diese Formulierung las, spürte ich körperlich den tiefen emotionalen Respekt der andinen Völker gegenüber dem, was wir eher sachlich »Erde« nennen. Wir bezeichnen damit einen geographischen Raum oder setzen das Wort als Synonym für unseren Planeten ein. Aber nach dem Blut- und Bodenkult der Nationalsozialisten hüten wir uns davor, diesen Begriff spirituell aufzuladen. Die indigenen Andenvölker dagegen verehren die Erde als geheimnisvollen Organismus, mit dem man ständig in Ritualen kommunizieren muss, wenn nicht Naturkatastrophen, Klimakrisen, Dürreperioden oder Überschwemmungen das Land heimsuchen sollen. Vor dem »Öffnen« des Erdleibes praktiziert man am 1. August das Despacho-Ritual, bei dem zunächst Maisbier gegen den Durst der Pachamama auf die Erde gesprenkelt wird. Dann legt man ein weißes Blatt

Papier, das »Vakuum des Kosmos«, auf ein buntes Tuch und verteilt Sonnen- und Mondscheiben aus Gold- und Silberfolie darauf. Dazu kommen Kokablätter, ein getrockneter Lammfötus sowie Früchte, Mais, Kartoffeln und Süßigkeiten. »Mutter Erde« soll es guthaben, man gibt ihr etwas zurück, um den Beginn eines neuen landwirtschaftlichen Jahres einzuläuten. Am Ende des Rituals faltet man das Ganze zu einem Paket zusammen und übergibt es dem Feuer, damit darin das »geordnete Universum« verbrannt und wiedergeboren werden kann.[93]

Von entscheidender Bedeutung dabei ist die Kokapflanze, die für die Indios ein »heiliges Blatt« ist und so etwas wie den »Nabel der Welt« verkörpert. Da sie in subtropischen Zwischensphären wächst, sieht man in ihr auch einen Vermittler zwischen der Welt der Toten und der Alltagswelt. In den Andenländern wird die Kokapflanze andauernd gekaut. Neben ihrer Bedeutung im Pachamama-Kult gilt sie auch als vitaminhaltiges Nahrungsmittel sowie als Heilmittel gegen die Höhenkrankheit, gegen Kälte und Erschöpfung. Man konsumiert sie auch gemeinsam während bestimmter Zusammenkünfte, die der Festigung von Beziehungen dienen, etwa nach Streitfällen, bei der Brautwerbung oder beim Totengedenken. Vor risikoreichen Unternehmungen lässt man Schamanen in der Koka »lesen« und holt Ratschläge ein, wie man sich am besten verhalten soll. Daher verstehen die Indigenen auch nicht, warum die Pflanze (wegen ihrer Verarbeitung zu Kokain) auf der Liste der verbotenen Betäubungsmittel steht.[94]

Jahrhundertelang hatte auch die Kirche die Kokapflanze verteufelt. Als man in jüngster Zeit von indigener Seite vorschlug, sie bei Gottesdiensten anstelle des Eucharistiebrotes einzusetzen, wurde dies von der Kirche verboten. Diese wenig tolerante Geste erinnert an den jahrhundertelangen Leidensweg der indigenen Völker unter den europäischen Kolonialherren und christlichen Missionaren. Seit der Eroberung Lateinamerikas wurde der Pachamama-

Kult als Götzendienst von den spanischen und portugiesischen Eroberern bekämpft, indem der fruchtbare Schoß der Erdmutter als »Hölle« dargestellt wurde. Theoretiker der »Conquista« und mitgereiste Missionare führten im Auftrag Gottes einen spirituellen Feldzug gegen das »barbarische Heidentum« und den »Teufelskult« der indigenen Bevölkerung. Das war keine bloße Meinungsverschiedenheit, sondern der geistige Unterbau eines Genozids.

»Tatsache ist«, so schreibt der Lateinamerikaexperte Josef Estermann, »dass im Verlaufe der Kolonialisierung durch die spanische Krone die Bevölkerung des ehemaligen Inkareiches von rund 15 Millionen auf nur noch 600 000 im Jahr 1620 zurückging.«[95] In den ersten 130 Jahren nach der Entdeckung Amerikas starben 95 Prozent der Bevölkerung als Opfer von militärischer Gewalt, eingeschleppten Krankheiten, Versklavung, Zwangsarbeit und infolge veränderter Ernährungsgewohnheiten. Die dafür mitverantwortliche katholische Geistlichkeit initiierte mit ihren Kampagnen zur Ausrottung des »Götzendienstes« eine »Neuauflage der europäischen Inquisition und Hexenprozesse«.[96] Danach wurden diese Bestrebungen von evangelikalen Kirchen fortgesetzt, etwa durch das Verbot der einheimischen Sprachen, von Volksmusik, Kleidung, Ritualen sowie durch die Verteufelung der Kokablätter. Infolge dieses Drucks etablierte sich ein religiöses Doppelleben in Lateinamerika, was dazu führte, dass indigene Kulte allmählich in christliche Zusammenhänge integriert wurden. So feiert man in dem 5000 Meter hoch gelegenen Wallfahrtsort Qoyllur Rit'i im peruanischen Cusco die Erscheinung Christi und zahlt gleichzeitig den Berggöttern (Apus) ihren Tribut, die als Begleiter der Pachamama gelten. Manche Darstellungen der Heiligen Muttergottes, etwa die »Virgen de la leche« (Jungfrau der Milch), werden als Vertreterinnen der Erdmutter-Gottheit gesehen und mit entblößter Brust dargestellt, um die geschlechtlichen Merkmale der Pachamama hervorzuheben. Mit der Keuschheitsidee des Christentums können die Indigenen nichts anfangen, daher verstehen sie auch nicht die zölibatäre Lebensart der zu ihnen geschickten Priester.[97]

Wie viel Schmerz aufgrund dieser langen Verfolgungen bis heute bei den indigenen Kulturen Lateinamerikas mitschwingt, veranschaulicht die bildhafte Sprache von Anibal Francisco, einem Häuptling der Yanesha-Indianer, der sich auch für die Erhaltung der Regenwälder Guatemalas einsetzte. Seit Kolumbus nach Amerika gekommen sei, hätten die Eroberer den dortigen »Garten Eden« zerstört. Sie hätten die Flüsse vergiftet und die Wälder abgeholzt und entkleidet. Seitdem sei sein Volk krank, vertrieben und ohne Heimat, sein Öl bereichere nur noch andere. Durch die Abfälle des Öls werde die Erde unfruchtbar, und ein Teppich des Todes schwimme auf vielen Flüssen. Wo einstmals Leben gewesen sei, herrsche nun der Tod: »Wir Indios sind jedoch die Hüter der Wälder, die Beschützer des Lebens, wir haben ein ökologisches Bewußtsein, weil Gott die Ökologie liebt; er liebt seine Schöpfung und das Gleichgewicht der natürlichen Ressourcen (…) Gott ist ein Gott des Lebens. Er will, dass unser Urwald lebt, gesund wird, Leben bringt.«[98]

Bis heute hält die Zerstörung der Regenwälder Südamerikas und damit auch der indigenen »Pachamama«-Religion an, was etwa die vom brasilianischen Präsidenten Jair Bolsonaro geduldeten Brandrodungen des Regenwaldes in Amazonien bezeugen.

Wie schwer sich auch fanatische Katholiken immer noch mit der Anerkennung der indigenen Spiritualität tun, bezeugte im Oktober 2019 ein Zwischenfall während der Amazonas-Synode im Vatikan. Eigentlich stand diese Versammlung, bei der Papst Franziskus indigene Vertreter zu einem Dialog über ihre Kultur empfangen hatte, im Zeichen von Offenheit und Toleranz. Während Papst Benedikt XVI. die indigene Bevölkerung Lateinamerikas noch mit der Bemerkung brüskiert hatte, das Christentum sei ihnen nie aufgezwungen worden, sondern sie hätten es selbst »still herbeigesehnt«, entschuldigte sich Franziskus für die Gewalt, die die Kirche ihnen angetan hatte. Während der Synode trafen sich viele Vertreter indigener Kulturen im Vatikan und sangen dort ihre Lieder, was allein schon Traditionalisten erzürnte, denen die ganze Konferenz ein Dorn im Auge war. Besonders erbost waren sie darüber, dass erwogen wurde, in Zukunft auch naturreligiöse Elemente in den Gottesdienst einzubeziehen, wofür einzelne Indigene schon ein Beispiel gegeben hatten. Im Beisein des Papstes und verbunden mit einer Baumpflanzung hatten sie nackte Holzskulpturen der Pachamama in einer Kirche nahe dem Petersdom deponiert, als Zeichen ihrer Religion, die für das Leben, für Fruchtbarkeit und Würde der »Mutter Erde« steht. Traditionalistische Katholiken beschimpften diesen Akt als »heidnische Liturgie« und drehten ein Video, in dem gezeigt wird, wie zwei Männer diese Figuren entwendeten und in den nahen Tiber warfen. Zwar verurteilte der Pressechef des Vatikans diese Zerstörung und deutete sie als Angriff auf den »Geist des Dialogs, der uns immer inspirieren sollte«, doch Mitglieder der Initiative »Amazonia casa commun« (Gemeinsames Haus Amazonien) sprachen von einem »Akt der Gewalt«, in dem sich einmal mehr »religiöse Intoleranz und Rassismus« gegen indigene Völker zeigten.[99]

Solche hitzigen Debatten und verhärteten Fronten lassen erkennen, wie schwer spirituelle Toleranz auch 400 Jahre nach dem barbarischen Wüten der Conquista zu erreichen ist. Es bleibt zu hoffen, dass die ausdrucksstarken Mythen rund um die Pachamama wenigstens die Aufgeklärten unter den Zeitgenossen dazu bewegen können, anders mit der Erde und der Schöpfung umzugehen. Vielleicht ist dazu nicht nur Toleranz in einem allgemeinen Sinne nötig, sondern auch das, was Josef Estermann und andere Philosophen »Kritik an der ›Kolonialität‹ von Wissensstrukturen« nennen.[100] Man müsste z. B. auch fragen, ob das aus Zergliederung bestehende europäische Wissenschaftskonzept, das für Estermann eindeutig männliche Charakterzüge trägt, nicht auch ganzheitlicheren Denkformen Platz einräumen sollte. Dies müsste dann zu einer »Entkolonialisierung« westlichen Denkens führen, etwa zur Transformation einer wissenschaftlich verstandenen Ökologie zu einer »Öko-Theo-Sophie«, in der Traditionen einer »Sophia« (der weiblichen Verkörperung der Weisheit) oder »Pachamama« wichtige Inspirationen geben könnten. Dabei müsste man sich aber – so Estermann – von der bisherigen anthropozentrischen Verfasstheit abendländischer Philosophie und Theologie lösen und das Universum eher im indigenen Sinne als »kosmisches Haus« (oikos) sehen, in dem alles und jedes seinen Platz habe.[101]

3.2 Ganga: Der heilige Strom

Ein weiteres eindrucksvolles Beispiel für die »Heiligkeit« der Elemente stellt die Verehrung der Inder für den Ganges dar, der für sie kein Fluss, sondern eine zu Wasser gewordene Göttin ist. Ein Mythos erzählt, dass einst die hitzigen Söhne des Königs Sagara einen alten Weisen derart in seiner Meditation störten, dass er sie mit dem Feuer seiner Konzentration zu Asche verbrannte. Ein Ururenkel des Königs erbarmte sich später ihrer Seelen und bat in der Abgeschiedenheit des Himalaya die Göttin Ganga, auf die Erde herabzukommen, um die toten Söhne wieder zum Leben zu erwecken. Ganga willigte ein, aber nur, wenn man jemanden fände, der die Gewalt ihres Sturzes auf die Erde abmildern könne, da sonst alles zerstört würde. Der Gott Shiva erklärte sich dazu bereit und stellte sein mächtiges Haarknäuel zur Verfügung, das den gewaltigen Wasserstrom der Göttin auffing und in viele kleinere Flüsse zerteilte. Einer davon war der Ganges, der nach Indien zu der Asche von Sagaras Söhnen floss und diese wieder zum Leben erweckte.[102]

Daher gilt dieser Fluss bis heute als ein Gewässer mit himmlisch-göttlichem Ursprung, als sichtbarer Teil eines größeren kosmischen

Stromes, der immer rein bleibt. Gläubige Hindus, die zur 3000 Meter hoch gelegenen Gangesquelle in Gangotri pilgern, können tatsächlich sehen, wie der Fluss kristallklar in den schneebedeckten Bergen des Himalaya entspringt. Hier ist er noch von makelloser Reinheit, was sich später dramatisch ändern wird. Aber die Mentalität in Indien ist anders als bei uns: Auch in den Pilgerstädten Varanasi oder Allahabad, wo der Fluss schon sehr verschmutzt ist, glauben die Menschen fest daran, dass seine Selbstreinigungskräfte unbegrenzt sind. Ein Bad im Ganges ist für sie ein Vorgang von größter spiritueller Bedeutung: ein Eintauchen in himmlische Sphären, ein »Ertränken« seines niederen Selbst, das im »heiligen« Wasser auf einer höheren Stufe wiedergeboren wird.

Die hinduistische Göttin Ganga, als deren Verkörperung der heilige Strom Ganges gesehen wird

Die Bildnisse der Göttin Ganga zeigen oft ein mythisches Wesen mit einem überfließenden Topf, und auch ich konnte im Ethnologischen Museum Berlin ein besonders schönes Relief dieser Art bewundern. Ganga mit ihrem Füllhorn verkörpert – ganz ähnlich wie die Pachamama in Lateinamerika – eine mütterliche, nährende und umsorgende Kraft. Das veranschaulichen in anrührenden Worten Verse des Dichters Jagganátha, der wegen einer Liebesbeziehung zu einer muslimischen Frau von seiner Kaste verstoßen wurde und Zuflucht bei den strömenden Wassern der Ganga fand:

»Ich komme zu dir wie ein Kind zu seiner Mutter.
Ich komme zu dir wie eine Waise, tränenfeucht vor Liebe.
Ich komme ohne Zuflucht zu dir, Gewährerin heiliger Ruhe.
Ich komme als ein gefallener Mann zu dir,
Die alle Wesen aufrichtet.
Ich komme, durch Krankheit zugrundegerichtet, zu dir,
Dem vollkommenen Arzt.
Ich komme, mein Herz ist trocken vor Durst, zu dir,
Ozean von süßem Wein.
Tue mit mir, was immer du willst.«[103]

Als mütterlich empfinden den Fluss Tausende von alten und kranken Menschen, die an seine Ufer kommen, um dort zu sterben und verbrannt zu werden. Wenn man ihre Asche in den Ganges streut, so glauben sie, wird ihre Seele niemals mehr wiedergeboren und kann endgültig ins Nirwana eingehen. Viele sparen sehr lange, um sich die 200 Kilo Holz leisten zu können, die man braucht, um einen Körper vollständig zu verbrennen. Heute ist in Varanasi fast eine Art Todesindustrie entstanden, in der wie am Fließband Menschen eingeäschert werden – neuerdings auch in einem Krematorium, das aber oft wegen Stromausfall nicht funktioniert. Manchmal ist die ganze Stadt in Qualmwolken eingehüllt, in denen viele Arbeiter rund um die Uhr die Verbrennungszeremonien verrichten, eine niedere Arbeit, die der untersten Kaste der »Unberührbaren« überlassen wird.

In früheren Zeiten wurden auch oft Witwen bei lebendigem Leib mit ihren verstorbenen Gatten verbrannt, eine Sitte, die trotz des staatlichen Verbotes gelegentlich noch heute praktiziert wird. Dies ist eine dunkle Seite der Hindu-Religion, die in Indien jedoch immer kontrovers diskutiert wurde, da sich kaum Belege in den heiligen Texten dafür finden lassen. Trotzdem verrät dieser Brauch etwas über die frauenfeindliche Seite des Hinduismus, da Männer ihren Gattinnen natürlich nicht auf den Scheiterhaufen folgen mussten. Viele Witwen gaben dieser Sitte nach, weil auf sie nach dem Dahinscheiden ihres Mannes ein schreckliches Leben wartete. Sie wurden mitverantwortlich für seinen Tod gemacht, mussten rechtlos in Armut weiterleben und asketisch auf jede weltliche Freude verzichten.[104] Noch 1987 verbrannte sich die schöne und gebildete 18-jährige Roop Kanwar zusammen mit ihrem Mann, und 300 000 Menschen schauten dabei zu. Das von den Medien begleitete Massenspektakel brachte einen großen kommerziellen Erfolg ein, mit »Kanwar-Merchandising« und einer Spendensammlung für einen ihr gewidmeten Tempel, bei der in drei Monaten 230 000 US-Dollar zusammenkamen.[105]

Für mich waren solche Informationen beklemmend. Sie trübten mein Bild des Hinduismus und rückten Fragen zur Tendenz nahezu aller Religionen, in Exzesse und unmenschliches Verhalten auszuarten, in den Fokus. Bei dem Gedanken an die Asche der vielen getöteten Frauen im göttlich verehrten Fluss überkam mich ein Gefühl von Befremden und Verstörung. Ähnliche Empfindungen kamen auf, als ich Fakten und Zahlen zur unglaublichen Verschmutzung des Ganges las. Fünf Millionen Kubikmeter oft giftiger Abwässer ergießen sich täglich in seine Fluten, die Belastung mit Kolibakterien ist zweitausendmal höher, als es in Indien eigentlich erlaubt ist. Das Wasser enthält große Mengen an Arsen, Blei, Zink, Chrom und Quecksilber, zu den Fäkalien kommen Leichenreste von Tieren und Menschen dazu, was die Ausbreitung von Cholera- und Typhusbakterien enorm befördert. Über 30 000 Leichen werden jährlich am Ufer des Ganges verbrannt, die Abfälle aus 18 Millionen Jauchegruben und 10 Millionen Toiletten werden in die 12 Milliarden Liter Abwasser gepumpt, die täglich in den Ganges fließen. Von den einst zahlreichen Fisch-, Amphibien- und Säugetierarten im Fluss existieren viele nicht mehr, und weit über 100 000 Menschen sterben jährlich infolge der Wasserverschmutzung und mangelnden Hygiene in Indien. Bis »Mutter Ganga« endlich ins Meer fließt, ist sie eine lebensgefährliche Kloake. Reinigungsversuche, auch mithilfe der Regierung, brachten kleine vorübergehende Besserungen, aber ohne umfassende Aufklärung ist der Fluss nicht wirklich zu retten, zumal in den nächsten Jahren wegen des Klimawandels eine erhebliche Austrocknung droht.[106]

Trotzdem baden immer noch Hunderttausende in dem »heiligen« Wasser und glauben weiterhin an dessen spirituelle Reinigungskräfte. Eine echte Herausforderung für viele westliche Beobachter, die hier letztlich wissenschaftlichen Daten mehr Glauben schenken als noch so berührenden mythologischen Vorstellungen. Man steht am Ende nur staunend vor diesem Phänomen religiöser Inbrunst, das sich etwa in dem alle drei Jahre stattfindenden Fest der Kumbh Mela noch einmal zu einem gewaltigen Höhepunkt steigert. Über 100 Millionen gläubige Hindus versammeln sich da am Ufer des Ganges, z. B. in Allahabad, und tauchen am Endpunkt ihrer Pilgerreise entzückt in die Fluten der verehrten Göttin.[107] Astrologische Spekulationen laden hier das Wasser des Ganges noch einmal mit besonderer Bedeutung auf. Man glaubt, dass zum Zeitpunkt der Kumbh Mela eine spezielle Konstellation von Jupiter, Sonne und Mond den Fluss mit einer Substanz auflädt, die einst als Unsterblichkeitsnektar vom Himmel fiel und nun auch den Pilgern ewiges Leben verleihen soll. Die »Wasserqualität« an diesen astrologisch günstigen Tagen soll um ein Millionenfaches besser – für die Befreiung von Sünden – sein als zu anderen Zeiten. Diese Informationen waren für mich ein weiteres Beispiel dafür, wie Mythen einer anderen Kultur unser gewohntes Denken und Fühlen bis zur Schmerzgrenze weiten und auf die Probe stellen können.

4 | Die Welt der Geister: Zugänge zu einer anderen Wirklichkeit?

Claude Lévi-Strauss wies darauf hin, dass das »wilde Denken« immer auch die Sphären des »Übernatürlichen« berührt. So wie es keine scharfen Trennlinien zwischen Geist und Natur, Leben und Tod kenne, so gingen auch die sichtbare und unsichtbare Welt nahtlos ineinander über. Nahezu jede indigene Kultur dieser Welt geht selbstverständlich von der Existenz unsichtbarer Wesen aus, die als Götter, Geister oder Dämonen bezeichnet werden. Diese Völker »glauben« nicht daran, wie wir es ihnen gerne unterstellen, sondern für sie sind Geister genauso real wie ein Baum oder ein Stein. Doch nicht jeder kann sie sehen, meist ist dies Zauberern, Heilern oder Schamanen vorbehalten, die in Ritualen mit der übersinnlichen Welt verkehren und sie um Beistand und heilende Impulse bitten. Zwar gibt es auch so etwas wie Schadenzauber, aber in den meisten spirituellen Weltbildern überwiegen die hilfreichen Kräfte.

Kaum ein anderer Bereich des »wilden Denkens« bereitet unserem westlich-rationalen Bewusstsein so viele Schwierigkeiten. Würde man den Mann auf der Straße nach »Geistern« fragen, so fielen ihm vielleicht Schlossgespenster oder Mysteryfilme wie

»Poltergeist« ein. In unseren Breitengraden nimmt kaum jemand »Geister« ernst, und auch Ethnologen tun sich mit diesem spirituellen Phänomen zuweilen recht schwer. Meist dominiert bei ihnen eine respektvolle, aber distanzierte Sicht auf die Geisterwelten, die sie mit unseren typisch westlichen Denkkategorien als sinnstiftende und gemeinschaftserhaltende »Konstrukte« erklären.

4.1 »Holy People«: Heilungszeremonien der Navajo

In einer sorgfältig recherchierten Studie hat der Ethnologe Rainer Hatoum die Heilzeremonien der Navajo untersucht, die eng mit einem Glauben an Geister (»Holy People«) zusammenhängen. Dieses zweitgrößte indianische Volk der USA, das sich selbst »Diné« nennt, lebt in einem riesigen, von Arizona bis nach New Mexiko und Utah reichenden Reservat. Anlass der Studie war der Erwerb eines »Medizinbündels« der Navajo durch das Völkerkundemuseum Lübeck, das dieses von dem bekannten Maler Horst Antes gekauft hatte. Im Zusammenhang mit einer Ausstellung ergab sich die Frage, ob solch ein »heiliger« Gegenstand eigentlich öffentlich gezeigt werden dürfe, da er doch zu intimen Ritualen gehöre, die nur das spirituelle Leben dieses Volkes selbst beträfen. Hatoum bejaht diese Frage und versteht sein Buch als »respektvollen Versuch, ein Interesse und Verständnis am kulturell ›Anderen‹ zu wecken.«[108]

Das aus vielen verschiedenen Teilen bestehende Medizinbündel gehört zu Heilungszeremonien, mit denen die verletzte harmonische Ordnung des Universums wieder ins Lot gebracht werden soll. Psychische und körperliche Krankheiten entstehen für die Navajo immer durch ein Ungleichgewicht von Kräften, das durch Fehlverhalten oder Tabuverletzungen zustande kam und durch spirituelle Handlungen behoben werden muss. Zwei Ursachen solcher »Störungen« haben mich besonders berührt, da sie das innige Verhältnis der Navajo zur Natur aufzeigen. Bereits das Urinieren von Kindern auf einem Ameisenhügel kann zu einem Ungleichgewicht der kosmischen Ordnung führen, aber auch das Berührtwerden eines Jägers durch den Atem eines sterbenden Bisons[109]: zwei Beispiele auch für das animistische Weltbild dieser Kultur, in der das Kleinste (Ameise) und Größte (Bison) zusammengehören und gleich viel wert sind.

Bei den Zeremonien, die infolge solcher Verletzungen nötig werden, ruft man die sogenannten »Holy People« an, die in vielerlei Formen den Kosmos bevölkern und mithelfen, die Erkrankung wieder zu heilen. Dies sind unsichtbare Kräfte, Geister und mythische Wesen, die man in Ritualen gnädig zu stimmen versucht. Sie tragen seltsame Namen wie »Changing Woman«, »Monster Slayer«, »Child of Water«, »First Boy« oder »First Girl« und können gelegentlich auch aggressiv und gefährlich sein[110]: ein realistischer Blick auf das Universum, in dem es ja tatsächlich konstruktive und destruktive Kräfte gibt, was Völker gut wissen, die in engem Kontakt zur Natur leben.

Die »Holy People« – so heißt es – hätten einst Anweisungen gegeben, um das Universum wieder in Gleichklang zu bringen. Sie verkörpern also eine große, den menschlichen Verstand übersteigende Weisheit, die man zur Durchführung einer Heilung zurate ziehen muss. Die Therapie von seelischen oder physischen Störungen ist bei den Navajo kein medizinischer Vorgang in unserem Sinne, sondern ein spiritueller Prozess, bei der die Gemeinschaft und viele, auch künstlerische Mittel mitwirken. Dabei gibt es Zeremonien für jeweils verschiedene Krankheitsbilder. Mit dem »Beautyway« kuriert man Schlangenbisse und Hüftschmerzen, der »Mountainway« wird bei Arthritis und mentalen Verwirrungen eingesetzt. Der »Windway« dagegen ist Erkrankungen gewidmet, die auf Wind und Schlangen (Herz-, Lungen-, Magenprobleme) sowie Kakteen (juckende Haut, entzündete Augen) zurückgeführt werden.[111] Diese Rituale können bis zu neun Nächte dauern, sie begin-

Ein Medizinmann der Navajo (um 1907)

nen mit dem Sonnenuntergang und enden zur selben Tageszeit auch wieder. Durch verschiedene im Medizinbündel enthaltene Utensilien wird der Patient in einen tranceartigen Zustand versetzt, in dem er spirituelle Reisen unternimmt, auf denen er »Holy People« begegnet oder auf den Spuren mythischer Helden bestimmte Prüfungen bestehen muss.

Beeindruckend ist der Reichtum der bei der Zeremonie eingesetzten Heilmittel, die auf psychosomatische Kenntnisse verweisen und andere Therapieformen umfassen, als wir sie kennen. So besteht das von Hatoum untersuchte Medizinbündel aus einer Vielzahl von zum Teil erstaunlichen Materialien: Neben kleinen Masken findet man auch Tierfelle, Büffelhornkappen, farbige Stoffbänder, schlangenförmige Holzstäbe, Schilfrohrpfeifen, Steinkeulen, Schnüre, Specht- und Adlerfedern, Fliegen, Wildkatzenkrallen, Glasperlen, Rasseln, Feuerbohrer, Kristalle, Pfeile, Samenkapseln, Kräuter, Farbpigmente, Muscheln, Schnecken, Tabak, Maismehl und sogar Eulenspucke.[112]

Ein ganzer animistischer Kosmos tut sich da auf, denn jedes Teil wird als »beseelt« angesehen und kann daher an der Behandlung von Leiden mitwirken, die für die Navajo immer auch seelische Ursachen haben. Es sind Substanzen aus der tierischen, pflanzlichen und mineralischen Welt, die zeigen, dass für den indianischen Heiler auch Steine und Kristalle hilfreiche Potenzen in sich tragen. Was bei uns bestenfalls in der Esoterikszene geduldet wird, ist hier Alltag: Die »Holy People« wohnen in tausenderlei Formen, sogar in der »Eulenspucke«, die nicht zu minderwertig ist, um im Heilungsprozess mitzuwirken.

Eine Besonderheit bei diesen Ritualen sind die Sandmandalas, die der Heiler mithilfe von farbigen Sandarten, Holzkohle, Maismehl, Pollen und zerriebenen Blütenblättern auf den Boden streut. Sie heißen »place where the gods come from«, und für ihre Gestaltung stehen Hunderte von Motiven zur Verfügung: mythische

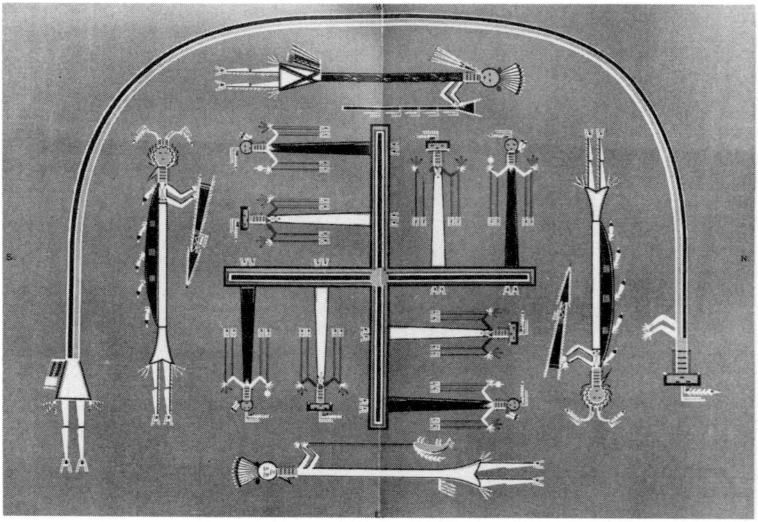

Ein Sandmandala der Navajo, das bei Heilzeremonien verwendet wird

Ereignisse, Heldenabenteuer und Aktivitäten der »Holy People«, deren reale Gegenwart man in den Farbmustern des Mandalas zu spüren glaubt. Nachdem die Sandmalereien durch Gesang und Gebet gesegnet wurden, wird der Patient hineingesetzt und sein ganzer Körper mit den Farbpigmenten bemalt. »Lebende Adlerdaunen« werden in sein Haar geknüpft, und zu diesen Aktivitäten erklingt ein Schwirrholz, das die Stimme der Donnermächte verkörpert.[113]

Der Anblick dieser Bilder berührte mich sehr. Obwohl ich die Symbole und Vorgänge nicht rational verstehen konnte, wurde ich ergriffen von einem intensiven Gefühl, das mir Trost und Geborgenheit gab. Bei der Vorstellung, selbst erkrankt zu sein und mich nun mit Gefühlen von Schmerz und Erschöpfung einer solchen spirituellen Kur zu unterziehen, spürte ich die Wärme des großen Zeremonialfeuers, hörte die dunklen Schilfrohrflöten und Schwirrhölzer, die die Stimmen von Geistern verkörpern, und spürte die Naturfarben der Sandmandalas auf meiner Haut. Ich saß auf der Erde inmitten einer Gemeinschaft, die um mich besorgt war und mithalf, meine Leiden zu lindern. Selbst der »Geist« von Ahnen, Pflanzen, Adlern, Eulen und Schwalben war zur Unterstützung dieser Behandlung herbeigeeilt. Ich war kein isoliertes Atom mehr, das einsam in einem gleichgültigen Kosmos umherirrte und kalten mechanischen Gesetzen unterworfen war, sondern fühlte mich mit allem Lebendigen verbunden. Hier gab es keine Unterteilung in »hoch« und »niedrig«, »schön« und »abstoßend«, »stark« und »schwach«, sondern nur eine einzige mächtige Energiewelle, die durch uns alle hindurchströmte. Warum – so dachte ich – sollten solche intensiven Erlebnisse nicht mithelfen, auch ernsthafte Erkrankungen oder Depressionen zu überstehen und tiefe Kräfte der Regeneration freizusetzen? Ich war mir nicht ganz sicher, ob ich im Ernstfall ganz auf westliche Medizin verzichten würde, hielt es aber für möglich, dass ihr Wissen durch solche Rituale gut ergänzt werden konnte. Viele Native Americans sehen das selbst so. Sie bringen aus ihren Reihen auch schulmedizinisch ausgebildete Ärzte hervor, die in modernen Krankenhäusern arbeiten, was jedoch nicht ausschließt, dass auch weiterhin traditionelle Heilmethoden angewandt werden.

Hatoums anregendes Buch vermittelte mir viele neue Einsichten in andere Lebenswelten, aber am Ende der Lektüre blieb doch eine wichtige Frage offen: Waren die »Holy People« nur Imaginationen, die innerhalb eines suggestiven Rituals so stark werden konnten, dass sie psychosomatische Effekte bewirkten? Oder personifizieren sie tatsächlich existierende Kräfte einer unsichtbaren Welt draußen, die nur während bestimmter Zeremonien in Erscheinung tritt? Rainer Hatoum stellt sich diese Frage nicht, wie die meisten Ethnologen, die in ihrer »scientific community« nicht als Esoteriker dastehen wollen. Vielleicht würde er sagen, dass er darauf einfach keine Antwort weiß. So geht es ja eigentlich uns allen, aber ich merke, dass mich diese Frage nicht loslässt und vielleicht mein ganzes Schreiben nur dazu dient, sie in einer für mich befriedigenden Art zu beantworten.

4.2 Tanz mit den Waldgeistern: Maskenzeremonien in Papua-Neuguinea

Natürlich stellte sich die Frage nach der »Realität« der Geister auch bei meinen Studien zum Volk der Baining, einem indigenen Volk, das in Papua-Neuguinea lebt. Auslöser für meine Recherchen waren eindrucksvolle Masken, die ich im Leipziger Grassimuseum für angewandte Kunst bewundern durfte. Riesige bunte Köpfe aus Rindenbast starrten mich in einem eigens dafür hergerichteten Raum an, wie ich sie vorher noch nie gesehen hatte. Auffällig waren die großen Augen und Ohren, welche die gesteigerte Aufmerksamkeit

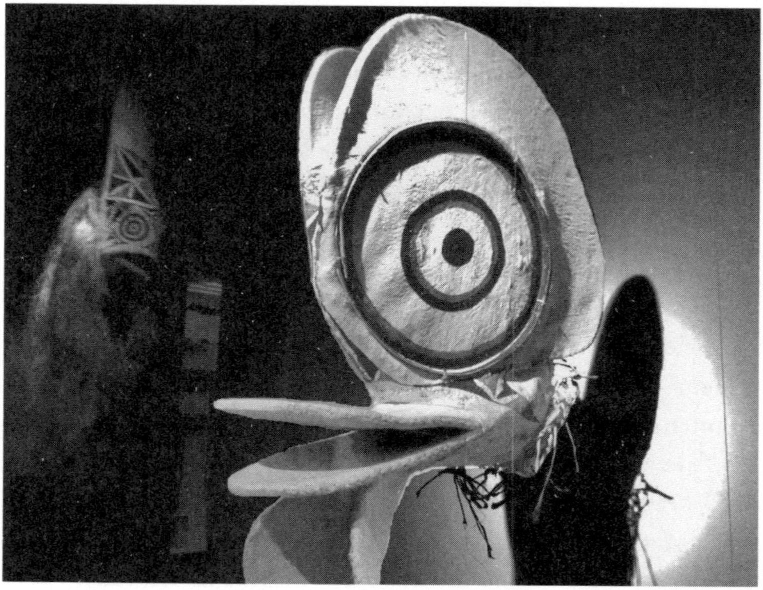

Feuertanz-Maske der Baining aus Papua-Neuguinea

der in den Masken verkörperten Geister ausdrücken sollen, die alles »sehen« und »hören«. Tatsächlich fühlte ich mich in diesem Museumsraum auf ungewöhnlich intensive Art beobachtet, und es schien mir manchmal, als ob wirklich lebendige Wesen anwesend seien.

Wenn Karl Hesse, einer der Experten für die Baining, schreibt, dass für diese das Leben »nur ein Abbild des Lebens in der Geisterwelt« darstellt, so macht dies den großen Unterschied zu unserem Weltbild sehr deutlich.[114] Für diese Kultur scheinen die materiellen Erscheinungen nur eine Art Schattenwelt zu sein, hinter der die eigentlich »realen« Vorgänge stattfinden. Wieder einmal spürte ich, wie groß die Herausforderung des »wilden Denkens« für unser westliches Bewusstsein ist, das diese Dinge ja ganz anders sieht.

Welche spirituelle Bedeutung die Masken der Baining haben, zeigt sich schon in der Phase ihrer Herstellung. Die jungen Männer, die sie später bei ihren Feuertänzen tragen werden, ziehen sich in eine entlegene Hütte zurück und fertigen die Masken aus Naturmaterialien, die selbst schon von Geistern beseelt sind. Sie nennen diese Hütte, die am Rande eines großen Waldes liegt, ihren »Garten«. Ihre künstlerische Arbeit geschieht also buchstäblich an der Grenze zwischen Zivilisation und Wildnis, in der auch gefährliche Geister hausen. Sie sind auch »Zaunreiter« (zunrite), so wie im Mittelalter die »Hexen« hießen, weil sie auf Hecken saßen und mit einem Bein in die Sphäre des Dorfes, mit dem anderen in den wilden Wald reichten.

Die Masken bilden nichts Realistisches ab, sondern bestehen aus Mustern und Kraftfeldern, die die Erbauer bei ihren Streifzügen durch die Natur erblickt haben: etwa augenförmige Strukturen in Bäumen, Blättern oder Lianen. Alles »spricht« hier, wie auch bei anderen animistischen Kulturen, und wird in die Herstellung der Ritualgegenstände einbezogen. »Die Masken machen sich selbst«, sagen die Baining und drücken damit aus, dass die Künstler selbst nur mediale »Gefäße« sind, in die während ihrer Arbeit die Kräfte der Geisterwelt einströmen. Wie die Materialien und Formen stammen auch die Farben aus der allseits beseelten Natur. Schwarz wird aus Asche und Harz gewonnen, Rot aus Baumbast und Zungenblut, Gelb aus Pflanzenstengeln und Weiß aus Kalk.[115] Zu Beginn ihres Arbeitstages werfen die jungen Männer einen Stock in Richtung der Bauhütte, um den Geistern ihr Kommen anzukündigen, und abends reinigen sie sich im Fluss, um die starken spirituellen Energien nicht nach Hause zu tragen, wo sie Frauen und Kinder gefährden könnten.[116] Frauen dürfen sich erst nach Abschluss der Arbeiten als »Geburtshelfer« der Hütte nähern. Dann lösen sie die Knoten der von den Männern an Hauspfosten festgebundenen Masken und rufen sie symbolisch ins Leben.[117]

Doch all diese Vorbereitungen dienen nur dem großen Fest, in dem die Masken erst zum vollen Leben erwachen. Die Tänzer springen mit ausladenden Gesten um das Feuer herum und treten auch manchmal kräftig hinein, um die Zuschauer mit dem glühenden Funkenregen gehörig zu erschrecken. In früheren Zeiten konnte der Tanz derart entfesselte Formen annehmen, dass sogar Häuser oder Masken Feuer fingen und in den Flammen verbrannten. Die Tänzer sind in diesen Momenten ganz von den wilden Geistern des Waldes erfüllt, werden von ihnen »verzehrt«. Ihr Innerstes ist heiß wie das Feuer, über das sie springen. Zum Beweis, dass sie jetzt mit übernatürlichen Kräften begabt sind, essen sie ungekochte Taropflanzen, ohne dass deren Säure ihre Schleimhäute angreift, oder halten brennende Holzstücke an ihren Leib.[118] Die ganze ekstatische Zeremonie ist ein »Spiel mit dem Feuer« auch im übertragenen Sinne, denn die Maskenträger tanzen hier auch mit bedrohlichen Kräften, zu denen die Gemeinschaft immer wieder ein neues Verhältnis herstellen muss. Erwachsene zeigen dabei den Jungen, dass sie diese wilden Energien nicht zu fürchten brauchen und dass die Älteren mit ihnen umzugehen wissen. Die Trennung zwischen Dorf und Wildnis, natürlicher und übernatürlicher Welt wird während dieser Rituale vorübergehend aufgehoben. Man setzt neue Grenzen und handelt neue Umgangsformen mit der Geisterwelt aus.[119]

Dabei spielt auch das große, in der Mitte des Festplatzes brennende Feuer eine wichtige Rolle. Im Alltag der Baining verkörpert es die segensreiche Macht der Transformation, die Rohes in Gekochtes, Kälte in Wärme und Dunkelheit in Licht zu verwandeln vermag. Aber es steht auch für die rohe Urgewalt der Natur, ganz ähnlich wie die vielen Vulkane, die es in der Umgebung dieses Volkes gibt. Wie die wilden Maskenträger erinnert auch das ungebärdige Feuer die Menschen daran, dass der Urgrund der Schöpfung ein Doppelgesicht von Kreativität und Zerstörung trägt und dass man mit dieser Ambivalenz immer neu umgehen muss. Für mich spricht daraus eine große Weisheit indigener Völker, die wir Europäer oft vergessen oder verdrängt haben. Während die wilden Maskentänzer im Ritual zu Außenseitern des Dorfes werden, singt im Hintergrund ein Chor, der die soziale Gemeinschaft verkörpert und Anfang und Ende der Feuerzeremonie verkündet. Der Chor singt noch, wenn alle Tänzer bei Sonnenaufgang verschwinden, er begrüßt den Morgen mit einem Lied und schickt die Geister zurück in den Busch.[120] Am Ende des Rituals werden alle Masken zerstört, ähnlich wie die Sandmandalas der Navajo, und die Menschen kehren inspiriert zu ihren Häusern zurück, um ihr neues Tagewerk zu beginnen.

Karl Hesse, der diese Feuertänze intensiv erforscht hat, kam als christlicher Pfarrer zu den Baining. Er näherte sich ihren Bräuchen nicht mit den vorgefassten Urteilen anderer Missionare oder Kolonialherren, die sie als heidnisches »Teufelszeug« verurteilten. Aber auch er stellte sich nicht der Frage, ob die Geister dieses Volkes eine metaphysische Realität verkörpern oder nur »Konstrukte«, Einbildungen sind. Tat er es auch deshalb nicht, weil damit seine eigenen spirituellen Vorstellungen ins Wanken gekommen wären? Denn auch den christlichen Missionaren könnte man ja solche Fragen stellen: Sind »Engel« real oder eingebildet? Sind sie wirklicher als heidnische »Geister«? Die monotheistischen Religionen haben diese Fragen bis heute nicht befriedigend beantworten können, im Grunde haben sie nur eine Form der Magie durch eine andere ersetzt.

4.3 »Kraftbegabte« und »Seelenverzehrer«: Geisterglaube in Afrika

Auch in den traditionellen afrikanischen Religionen spielen »Geister« eine große Rolle, und ihr Studium verlangt den Ethnologen viel Geduld, Mut und Offenheit ab. Das spürte ich besonders bei dem Bericht der Anthropologin Godula Kosack über ihre Erfahrungen bei den Mafa, einer Ethnie in Kamerun. Ihr faszinierendes Buch »Magie. Die KRAFT zum Schaden oder zum GUTEN«[121] ist sehr persönlich geschrieben und zieht den Leser in einen irritierenden Kosmos von unbekannten spirituellen Vorstellungen hinein. Godula Kosack geht dabei selbst durch seelische Prüfungen hindurch, die sie herausfordern und ängstigen – und die am Ende ihr gesamtes Weltbild auf den Kopf zu stellen drohen.

Zu Beginn ihres Aufenthaltes in Kamerun lernte die Ethnologin eine »Meisterin« (Zanaha) kennen, die sich auf die Heilung von sogenannten »Besessenheitsgeistern« spezialisiert hatte, die in Afrika »fakalau« heißen. Dies sind Geister von Verstorbenen, die besonders viel »Mentalkraft« hatten, aber nicht zur Ruhe kommen und daher immer wieder Menschen überfallen, um deren Lebenskraft zu »verzehren«. Den Missionaren waren diese weit verbreiteten Phänomene so unheimlich, dass sie zuerst die »fakalau« als »Teufel« verunglimpften und danach die gesamte Geisterwelt Afrikas.[122]

Zanaha berichtet Kosack, dass sie die »fakalau« sehen kann, sie erscheinen ihr in brauner, schwarzer und rötlicher Gestalt und sind manchmal mit Fell bedeckt. Die Heilerin wird gerufen, wenn jemand von diesen unheilvollen Geistern befallen wurde, und versucht, diese mit Zeremonien und Opfergaben wieder auszutreiben. Am Anfang interpretiert Kosack diese Phänomene als eine Form von psychischer Krankheit, aber je mehr Geschichten sie darüber hört, desto mehr Zweifel kommen ihr: »Ich stutzte: Kenne ich überhaupt eine einzige Geisteskrankheit? Weiß ich, was in Menschen vorgeht, wenn sie mit für uns unsichtbaren Wesenheiten oder mit anderen Zungen sprechen?«[123] Die Ethnologin muss zugeben, dass auch sie voller Vorurteile ist, und bemüht sich, erst einmal geduldig den Einheimischen zuzuhören, um ihre Welt besser zu verstehen. Dabei bittet sie ihre Gesprächspartner immer, den entsprechenden Mafa-Begriff für die Geister zu verwenden, um ihren Kosmos nicht durch christliche Umdeutungen verzerrt kennenzulernen. Das wiederum ist neu für die Bevölkerung, »kannten sie doch bisher nur die abwertende Nivellierung ihrer Welt der Geister durch die Europäer«.[124]

Auf diese Art lernt Kosack die Fülle von Geistern besser kennen, die es bei den Mafa gibt. Manche wohnen im Wasser, in der Erde, im Himmel, andere in Bäumen. Geht ein Baum aus unerfindlichen Gründen ein, so muss ein Orakel nach dem Grund befragt werden. Dasselbe passiert beim Tod eines Menschen, der nie aus natürlichen Gründen erfolgen kann. Interessant ist dabei, dass die Mafa physische Ursachen für Erkrankungen oder Todesfälle keineswegs ausschließen: Sie wissen auch, dass z. B. das Trinken von verunreinigtem Wasser zu schweren Krankheiten führen kann. Aber da der eine Mensch nach dem Verzehr solchen Wassers gesund bleibt und der andere nicht, muss es für die Erkrankung noch andere Ursachen geben, die dann mit »Geistern« in Verbindung gebracht werden. Das kennen wir auch, wenn etwa bei einer Grippeepidemie die einen davon befallen werden und andere nicht. Wir sprechen dann von einem geschwächten oder starken Immunsystem, das ja mit wissenschaftlich nicht restlos erklärbaren Faktoren wie der Psyche zusammenhängt. Auch wissen wir meist nicht, warum ein Säugling plötzlich stirbt oder ein zweijähriges Kind einen Tumor bekommt. Atheisten würden da vielleicht von »Zufall« sprechen, andere von »Schicksal« und Gläubige von »Gott«, der eines seiner Kinder zu sich geholt hat. In jedem Fall bleibt ein unerklärlicher Rest, der uns beunruhigt und zu Glaubensannahmen verführt, die das rein Rationale übersteigen.

Im Laufe ihrer weiteren Forschungen geht Godula Kosack dazu über, die beobachteten übernatürlichen Phänomene mit dem neutralen Begriff »Kraftbegabung« zu bezeichnen. Sie geht erst einmal davon aus, dass es mentale Kräfte gibt, die nicht materiell zu erklären sind und die sowohl »Gutes« als auch »Böses« bewirken können. So gebe es Menschen, die andere über mentale Fremdeinwirkung »verhexen«, und Heiler, die einen davon wieder befreien könnten. Diese besänftigten, so die Autorin, die unruhigen Geister durch Rituale und Opfer, wodurch sie für den Menschen hilfreich werden könnten. Wenn dies nicht gelinge, könne man auch krank oder wahnsinnig durch den schädigenden Einfluss der Geister werden. Verständlicherweise ist die Ethnologin von der letzten Möglichkeit beunruhigt. Viele seltsame Geschichten, die Kosack dazu hört, erzeugen in ihr Gefühle von Angst und treiben sie an die Grenzen ihrer Vorstellungskraft. So etwa, wenn von menschlichen Fußspuren im Sand berichtet wird, die sich plötzlich in Tierspuren verwandelt hätten, was für die Mafa auf die Tierverwandlung eines »Kraftbegabten« schließen lässt, der z. B. in Form eines Leoparden das Vieh seines Nachbarn gerissen habe. Andere, so erzählt man sich, könnten nachts in »Flammenkörpern« umherfliegen und seien hinter dem Kot, Urin, Schweiß oder Speichel bestimmter Menschen her, um diese mit einem »Schmutzzauber« verhexen zu können.[125]

Wieder fragt sich die Ethnologin, ob man solche Dinge glaubt, wenn man sie nur oft genug hört, und sie überlegt, wie stark ein kultureller Kontext unsere Wahrnehmung verändern kann. Ihre Offenheit für das Unbekannte führt sie mehr und mehr in Zonen des Unheimlichen und Bedrohlichen, was das Buch zu einer spannenden und authentischen Lektüre macht. So berichtet Kosack von der jungen Martha Ntauasa, die den Ruf einer »Kraftbegabten« und »Seelenverzehrerin« besitzt und die fast täglich bei ihr »vorbeigeweht« kommt. Schon dieses Wort ließ mich frösteln, weil ich dabei etwas Schattenhaftes, Nicht-Greifbares assoziierte. Ntauasa, so schreibt Kosack, stand manchmal nur lange im Raum herum und schaute ihr intensiv beim Kochen zu, was bei ihr unangenehme Gefühle auslöste. Nachdem sie Ntauasa auf deren Bitte hin etwas Reis geschenkt hatte, erfuhr sie von Nachbarn, dass das ein grober Fehler war: »Weißt du nicht, dass jemand, der Reis verlangt, dies in böser Absicht tut?«[126] Kosack ignoriert diese Bemerkung, wird jedoch kurze Zeit später krank:

»Langsam bohrte sich der Gedanke in mein Hirn, ob meine plötzlich aufgetretene Unterleibsentzündung etwa doch etwas mit Ntauasa zu tun haben könnte. Die Bauchschmerzen waren am Samstagmorgen ganz unvermittelt aufgetreten, und das Fieber stieg innerhalb von nur zwei Stunden auf 39 Grad. Und das alles an jenem Morgen, nachdem Ntauasa bei mir in der Küche gesessen hatte. ›Unsinn‹, sagt mein Verstand. Aber durch meine tägliche Konfrontation mit dem Phänomen der mentalen Fremdeinwirkung kann ich dem nicht mehr jegliche Realität absprechen.«[127]

Während der nächsten Tage wird die Unsicherheit der Ethnologin immer größer, und sie sehnt sich nach einem Umfeld, in dem endlich wieder ihre eigenen Ansichten und Gewohnheiten gelten. Doch am Ende überwindet sie ihr Misstrauen und trifft sich wieder mit Ntauasa, die ihr in ihrer Küche köstliches Hirsebier einschenkt: »Es war so schmackhaft, ihre Freude über meinen Genuss so echt, dass alle gegen sie gerichteten finsteren Gedanken verflogen. Gut gelaunt kehrte ich nach Hause zurück.«[128]

Martha Ntauasa, eine junge »Kraftbegabte« aus Kamerun

Doch in den folgenden Tagen überkommen die Ethnologin wieder seltsame Gedanken: Hatte Ntauasa ihr das Hirsebier nur eingeschenkt, um ein Kopftuch zu bekommen, auf das sie schon lange ein Auge geworfen hatte? War ihre Herzlichkeit und Großzügigkeit wirklich so uneigennützig? Kosack legt der jungen Frau einige Kopftücher zur Auswahl vor, aber auf einmal gefallen ihr alle nicht: Eines ist zu groß, das andere hat keine quadratische Form etc. Schließlich gibt sie Ntauasa eines, das sie selbst noch benutzte, denn sie wollte sie zufriedenstellen und hatte auch Mitleid mit dem im Dorf unbeliebten Mädchen.

Auch nach diesem Treffen erkrankt Godula Kosack wieder, diesmal an einer schweren Gelbsucht. Verzweifelt zieht sie dreimal in Gedanken einen Schutzkreis um ihr Haus und murmelt dabei den Spruch: »Niemand, der böse Absichten hegt, übertritt diese Linie.«

Ist sie jetzt selber zu einer Zauberin geworden, die mit den Mitteln ihrer Gegnerin zurückschlägt? »Ich registrierte«, so endet diese seltsame Episode, »dass während der restlichen zweieinhalb Monate, die wir noch in Guzda weilten, Ntauasa mich kein einziges Mal mehr besuchen kam, obwohl sie vorher mit jedem Windstoß vorbeigeweht war. Weiß ich, woran es lag?«[129]

Diese und andere irritierende Begebenheiten führen bei Godula Kosack zu einschneidenden Reflexionen über die Frage nach der »Realität« von Geistern und Geistkontakten in indigenen Gesellschaften. Sie weiß, dass ihre wissenschaftlichen Kollegen solche Dinge als »Konstrukte« bezeichnen, die stark von einem sozialen Kontext geprägt werden, innerhalb dessen sie dann auch »für wahr« gehalten werden können. Aber, so fragt Kosack, ist es nicht arrogant, einfach unsere Denkkategorien auf andere zu projizieren? Sind nicht auch unsere wissenschaftlichen Erkenntnisse »Konstrukte«, die sich immer wieder ändern? Sie führt ein Beispiel an: »Je nach Propaganda oder Mode gilt das Stillen für das Beste, das Mütter ihren Neugeborenen angedeihen lassen können. Oder aber – und das wurde gerade diskutiert, als ich im Jahre 1970 mein erstes Kind zur Welt brachte – die ›Wissenschaft‹ bescheinigt der Muttermilch durch chemische Rückstände aus der Nahrung der Mutter so große Belastungen, dass empfohlen wird, dem Baby Trockenmilchpulver zu geben.«[130]

Die Ethnologin muss am Ende die Frage offenlassen, ob es magische Fernwirkungen und Begegnungen mit echten »Geistern« wirklich gibt. Sie sieht Parallelen in der europäischen Geschichte, wo auch einst »Zauberer« und »Hexen« behaupteten, übersinnliche Erlebnisse gehabt zu haben, und deshalb im Feuer der Inquisition landeten. Auf den Scheiterhaufen, so schreibt Kosack, wurden nicht nur Hexen, sondern auch »ein altes Weltbild verbrannt«.[131] Aufklärung und Kirche hätten vieles von dem verdrängt, was wir bei indigenen Kulturen heute als spirituelles Wissen wiederfänden.

Kosack argumentiert, dass es z. B. »Schmutzzauber« nicht nur bei den Mafa in Kamerun gibt, sondern auch bei den Puebloindianern in New Mexico, den Magar im Himalaya und den Simbu in Papua-Neuguinea. Und vermutlich existierte dieses Phänomen auch früher im antiken und mittelalterlichen Europa. »Schmutzzauber« ergebe dann einen Sinn, so die Ethnologin, wenn man im Rahmen eines animistischen Weltbildes davon ausgehe, dass die »Seele« eines Menschen auch in seinen Haaren, Fingernägeln, sogar Exkrementen anwesend sei. Denn dann sei alles aufgeladen und man könne auch mit »beseelten« Partikeln eines Menschen Einfluss auf ihn ausüben, sei es in guter oder böser Absicht. Kosack referiert dazu einen Gedanken des italienischen Philosophen Marsilio Ficino, der von einer »sympathetischen Vibration« im Weltall sprach: »Gerade wie das Zupfen einer Lyra-Saite eine zweite Saite in Schwingung bringt, sind auch die anderen Dinge des Universums in einem harmonischen Rhythmus miteinander verbunden. Das befähigt den Magier (…), die Kräfte der himmlischen Körper einzusetzen.«[132] Godula Kosack fragt, ob nicht auch unsere Kultur z. B. Haaren gelegentlich magische Kräfte zugeschrieben habe, etwa bei der alttestamentarischen Figur des Samson oder bei den Bärten der jüdischen Rabbiner, die diese ja um keinen Preis abrasieren würden.

Mit diesen Beispielen löste sie auch bei mir eigene Assoziationen aus: Warum berühren mich die Haare meiner Freundin, wenn ich sie während ihrer Abwesenheit in der Dusche oder auf dem Teppich finde? Sind sie »beseelte« Stellvertreter, Teile eines untrennbaren Ganzen oder wirklich nur tote Materie, die Erinnerungen in meinem Gehirn auslöst? Hängen solche Empfindungen mit meiner Sozialisation in unserer westlichen Kultur zusammen und wären sie anders, wenn ich in einem Dorf in Kamerun, Nepal oder Peru aufgewachsen wäre?

Auch zu dem Phänomen der afrikanischen »Seelenverzehrer« und »Kraftbegabten« entwickelte ich eigene Fragestellungen. War nicht auch ich schon Menschen begegnet, bei denen ich das unangenehme Gefühl hatte, dass sie mich »auszehrten« und »aussaugten«? Und gab es nicht andere, die mir guttaten, mir Energie schenkten, ohne dass ich genau erklären konnte, warum? Ist das Kraftfeld, in das man bei der Begegnung mit einem Menschen gerät, eine bloße Konstruktion unseres Gehirns oder Ausdruck eines »extended mind«, von dem z. B. der Biologe Rupert Sheldrake spricht?[133]

Für Sheldrake weisen bestimmte, von ihm auch empirisch untersuchte Phänomene darauf hin, dass unser »Geist« möglicherweise nicht nur in den Synapsen unseres Gehirns »eingesperrt« ist, sondern unabhängig vom Körper weit hinausreichen kann in die Welt. Untersuchungen über das telepathische Verhalten von Menschen und Tieren haben den Forscher in dieser Annahme bestätigt, ebenso Experimente, die sich mit dem Gefühl beschäftigten, von hinten angestarrt zu werden. Godula Kosack fragt sich, ob nicht auch wir Europäer vor einigen Jahrhunderten noch solche Wahrnehmungsfähigkeiten besessen haben: subtile Kenntnisse an der Grenze zwischen Psychologie und Magie, die jetzt abgesunken sind in einen dunklen Raum kollektiver Verdrängung und mit einem »Tabu gegen die Erforschung des Paranormalen« belegt sind.[134]

Während ihres langjährigen Afrikaaufenthaltes öffnete sich die Forscherin nicht nur ganz anderen Denk- und Gefühlswelten, sondern sie entwickelte auch immer mehr Zweifel an der alleinigen Gültigkeit unseres dualistischen Weltbildes. Kosack weist daraufhin, dass die Quantenphysik – ähnlich wie animistische Kulturen – in unserem Universum ein »verschränktes« Ganzes sehe, in dem Energie und Materie, Innen und Außen unauflösbar miteinander verbunden seien. Zwar seien diese Erkenntnisse noch nicht ins Alltagsbewusstsein eingewandert, aber es gebe immerhin Anzeichen dafür, dass das »wilde Denken« auch von naturwissenschaftlichen Erkenntnissen »in ein neues Licht gerückt« werde.[135]

So ermutigend diese Forschungen auch sind, es bleiben auch beklemmende Gefühle nach der Lektüre von Kosacks Buch. Manchmal wirkten die Mafa auf mich, als ob sie von Geistern regelrecht umstellt und eingekesselt seien. Ich überlegte, ob ich es angenehm fände, wenn ich mich dauernd von toten Ahnenseelen beobachtet fühlte und jede meiner Erkrankungen durch einen bösen Geist erklärt würde. Kann nicht ein solches Weltbild auch sehr eng werden und bedrohliche Züge annehmen, weil man alles in ein System magischer Kausalitäten einordnen muss? Eine schwierige Gratwanderung, die alle Themen dieses Buches betrifft und entscheidende Fragen aufwirft: Wie können wir unser Bewusstsein durch Rückgriff auf ältere mythische Erfahrungsschichten erweitern, ohne in Regression zu verfallen und wichtige Errungenschaften der Moderne aufzugeben? Eine einheitliche Antwort darauf wird es vermutlich nicht geben, weshalb wir die Frage wohl bei jedem Phänomen neu beantworten müssen.

5 | Die Reise der Seele: Ahnenkult, Schamanismus und Wiedergeburt

Viele Kulturen glauben, dass unsere »Seele« nicht nur in unserem Kopf existiert, sondern dass sie auch in Tiere, Pflanzen und Steine übergehen kann und eher eine Art Wanderer zwischen den Welten als eine festumgrenzte Entität ist. Die Ethnologin Godula Kosack weist darauf hin, dass das altgermanische Wort für »Seele« auch »zum See gehörig« meint und dass für unsere Vorfahren die Seelen der Ungeborenen und Toten im Wasser wohnten.[136] Sie zitiert den Philosophen Hans Jonas, für den die Trennung der Welt in ein beseeltes Subjekt und eine tote Objektwelt eine sehr junge Vorstellung ist, die keinesfalls für alle Kulturen dieser Erde gilt. Kosack fügt provokativ hinzu, dass, solange man den Sitz der Seele im Gehirn noch nicht gefunden habe, nicht ausgeschlossen werden könne, dass »die ›personale Identität‹ des Menschen auch im rechten Knie zu finden ist«.[137]

Anders als bei den meisten von uns ist bei vielen außereuropäischen Kulturen der Glaube verbreitet, dass die Seele den Körper nach dem Tod verlässt oder dass es mehrere Seelen gibt und Menschen in Trance ihren Körper verlassen und in entlegene Welten »fliegen« können. Diese Fähigkeit wird nicht als psychische Krankheit angesehen, sondern als eine besondere Begabung, die nur bei auserwählten Medien, Heilern und Schamanen zu finden ist.[138] Die Vorstellung ist im Amazonas-Regenwald genauso anzutreffen wie in Afrika, Papua-Neuguinea, Indien oder Tibet, und es gab sie mit Sicherheit auch in zahlreichen spirituellen Traditionen Europas.

In diesem Kapitel interessieren uns vor allem Konzepte des »wilden Denkens«, die davon ausgehen, dass eine Seele »Reisen« unternehmen kann, sei es zu schamanischen Heilzwecken oder um ins Reich der Toten oder in eine neue Inkarnation zu gelangen. All diese Vorstellungen kollidieren mit unserem westlichen, durch Medizin und Neurowissenschaften geprägten Bild, wonach es entweder keine Seele gibt oder diese – umbenannt in »Psyche« oder »Bewusstsein« – nur als Ergebnis biologischer Vorgänge gedeutet wird.

Bei meinen Recherchen fiel mir auf, dass unsere Sprache trotz dieser wissenschaftlichen Deutungen voll von älteren, durchaus auch spirituell zu interpretierenden Bildern ist. Wir bringen zum Ausdruck, dass wir uns in jemanden »hineinversetzen«, uns in ihn »einfühlen«, sagen manchmal: »Ich bin dir sehr verbunden«. Damit meinen wir keine körperliche Berührung, sondern Vorgänge geistig-seelischen Verschmelzens, die besonders stark in der Liebe oder bei sogenannten »Seelenverwandtschaften« auftreten können. Sind auch sie Ausdruck des von Rupert Sheldrake beschriebenen »extended mind«, bei dem eine immaterielle Kraft aus uns heraustritt und sich vorübergehend mit einer anderen verbindet?

Viele Kulturen haben die Vorstellung einer »multiplen« Seele, die aus verschiedenen Einzelseelen besteht, welche sich auch vom Körper lösen können. Die Dogon in Westafrika etwa glauben, dass der Mensch aus einem Körper, acht Seelen und einer großen Anzahl von Teilchen einer »Lebenskraft« besteht. Dazu kommt noch ein tierischer Doppelgänger. Einzelne der acht Seelen können aus dem Körper heraustreten und als »kriechende Seelen« etwa in »Familientümpeln« der näheren Umgebung umherschweifen.[139] Auch die Krahó in Zentralbrasilien gehen von einer Vielzahl von Seelenanteilen aus. Zu Lebzeiten sind es vier, nach dem Tod noch drei, ein Jahr danach stirbt eine weitere Seele und wird ein Hirsch, der – von einem Jäger getötet – Flügel bekommt und als Vogel nachts umherfliegt. Schließlich verwandelt sich dieser in eine Schlange, danach in einen Schmetterling, einen Baumstumpf, eine Eidechse – und erst wenn diese gefressen wird, ist die »Kette des Seins« beendet.[140] Solche Vorstellungen sind oft auch mit der Idee der Seelenwanderung verbunden, da es ja naheliegt, dass die außerkörperliche Existenz einer Seele nach dem Tode auch weitergehen kann. So bei den Asmat, einem indigenen Volk in Papua-Neuguinea, die diesem Glauben eine Fülle von Mythen, Bräuchen und Kunstwerken gewidmet haben.

5.1 »Ahnenpfahl« und »Seelenboot«

Die Asmat glauben, dass die Seelen von Neugeborenen und kleinen Kindern, die frühzeitig gestorben sind, freiwillig den Körper verlassen haben, weil sie zu schwach waren oder schlecht behandelt wurden. Sie nennen diese kleinen Wesen »Geistkinder«. Nach einem Aufenthalt im Jenseits können sie sich in Gestalt grüner Baumfrösche neu inkarnieren, die bei der Sagoernte zwischen den Frauen herumhüpfen. Wenn sie sich eine neue Mutter ausgesucht haben, springen sie auf ihre rechte Schulter, und die Empfängnis ist vollzogen.[141]

Ins Reich der Toten (»safan«) zu gelangen ist jedoch ganz allgemein ein mühsamer Weg, den viele Verstorbene nicht ohne die Hilfe ihrer Dorfgemeinschaft bewältigen. Nach dem Tod gelangen sie zunächst in eine Zwischenwelt, in der sie unruhig umherirren. Manchmal verkörpern sie sich in Wasserwirbeln, in seltsamen Spuren am Uferschlamm, in Flughunden oder Nashornvögeln.[142] Ihre Unruhe kommt daher, dass sie sich nicht gerne von ihren Angehörigen getrennt haben, da sie oft durch die Einwirkung von schwarzer Magie oder blutiger Gewalt (z. B. Kopfjagd) gestorben sind. Diese Untaten müssen gerächt werden, bevor die Verstorbenen endgültig zur Ruhe kommen und ins Jenseits eingehen können. Deshalb fanden in früheren Zeiten nach dem Tod bestimmter Stammesmitglieder Kopfjagdzüge statt, die die Untaten sühnen sollten.

Das Wichtigste aber ist ein großes Verabschiedungsfest, bei dem die Gesichter der Verstorbenen in riesige Holzskulpturen geschnitzt werden, in »Seelenboote«, mit denen sie nach dem Fest ins Toten-

Holzfiguren von Verstorbenen auf dem »Seelenboot« der Asmat in Papua-Neuguinea

reich einfahren können. Eines der seltenen Exemplare davon durfte ich in dem eindrucksvollen Papua-Museum von Dr. Werner Weiglein in Gelnhausen bei Frankfurt bewundern und filmen.

Die gesamte Kunst der Asmat ist darauf ausgerichtet, möglichst schöne Darstellungen der Toten im Holz zu gestalten, um sie aus der unruhigen Zwischenwelt zu befreien und ihnen eine Brücke ins Jenseits zu bauen. Es ist eine spirituelle Kunst, die Verbindungswege zwischen der irdischen und überirdischen Welt herstellt. Sie soll auch an den Schöpfungsmythos dieses Volkes erinnern, der davon erzählt, wie die Asmat vor Urzeiten aus der Kunstfertigkeit des großen Magiers Fumeripits entstanden sind. Fumeripits war zwar mächtig, aber einsam: Daher schnitzte er sich aus einem Baumstamm menschenartige Figuren, um ein wenig Gesellschaft zu haben. Doch die Figuren blieben starr und bewegten sich nicht. Erst als Fumeripits auf die Idee kam, sich eine Trommel zu bauen und auf ihr einen Rhythmus zu schlagen, erwachten sie zum Leben, und die ersten Menschen entstanden. Daher bedeutet »Asmat« auch »Baummenschen«, und seit dieser Zeit sind Bäume für die Asmat Lebewesen wie alle anderen auch.[143] Jeder Künstler, der heute Ahnenpfähle oder »Seelenboote« schnitzt, wiederholt diesen Schöpfungsvorgang und schließt damit an die große Kreativität von Fumeripits an.

Nachdem die Körper der Verstorbenen in die acht bis zehn Meter langen »Seelenboote« hineingeschnitzt wurden, malt man sie farbig an und schmückt sie mit Blättern und Kasuarfedern. Dann packt man sie sorgfältig ein und wacht darüber, dass sie nicht vor dem Fest schon enthüllt werden. Dies ist zwei Frauen vorbehalten, die die »Urmütter« der Gemeinschaft verkörpern. Sie decken die Figuren schließlich auf und begrüßen sie wie lebendige Wesen mit Ausrufen wie: »Oh, welche Überraschung! Unsere hübschen Kinder! Seid willkommen, unsere Kinder!«[144] Die Toten werden wie Kinder behandelt, denn man geht davon aus, dass sie klein sein müssen, um sich auch in Tiere und Pflanzen verwandeln zu können. Männer tragen schließlich das Boot in Richtung Fluss, wo es zur Musik von Bambushörnern und Schwirrhölzern ins Wasser gestoßen wird, um ins Totenreich zu fahren.

Eine ähnliche Verabschiedung der Toten findet beim berühmten Ahnenpfahlfest statt, bei dem riesige Holzstatuen aufgerichtet werden, in die man ebenfalls Köpfe und Körper der Verstorbenen hineingeschnitzt hat. Einige dieser ausdrucksvollen Pfähle konnte ich im Rautenstrauch-Joest-Museum in Köln bewundern. Die Zeremonie ihrer Herstellung und Aufrichtung findet immer dann statt, wenn im Dorf das Gemeinwohl durch Missstimmungen, Streitigkeiten oder Krankheiten gestört zu sein scheint. Bereits die Auswahl und das Abholzen des für die Pfähle benutzten Mangrovenbaumes ist eine sakrale Angelegenheit, da, wie bereits erwähnt, für die Asmat Bäume genauso lebendig sind wie Menschen. Das Bedürfnis der Toten, aus dem Zwischenreich erlöst zu werden, treibt junge Künstler immer wieder an, die verstorbenen Angehörigen mit

Ahnenpfahl der Asmat in Papua-Neuguinea

besonders ergreifenden Darstellungen im Holzstamm zu verewigen, was zu der großen ästhetischen Qualität der Ahnenpfähle führt.

Der Geist des Toten soll so eine letzte liebevolle Zuwendung erfahren, er soll spüren, dass – obwohl er nicht mehr in der Dorfgemeinschaft gebraucht wird – ein letztes Mal mit Liebe und Respekt an ihn gedacht wird. Da die Zwischenwelt für die Asmat aus der Verkehrung der irdischen Welt besteht, werden die Figuren, als Gegensatz zu ihrem dunklen Teint, weiß angemalt. Ist der Ahnenpfahl fertig, wird er mit Musik und Tanz aufgerichtet, und man stellt Paddel bereit, die den Pfahl als kultischen Einbaum ausweisen, mit dem die Toten ins Jenseits fahren können. Alle Mitglieder des Dorfes kommen zusammen, geschmückte Frauen überreichen Geschenke, und man tauscht reichlich Essen aus, wodurch neue Freundschaften entstehen und alte Fehden behoben werden. Drei Tage bleibt der Pfahl stehen, dann wird er auf Einbäumen flussaufwärts in einen Wald gebracht und auf Sagopalmenblättern abgelegt. Die Verabschiedungszeremonie endet mit Ausrufen, die die Toten zum Verlassen des Holzes auffordern: »Wir haben euch hierhergebracht, bleibt nicht hier, geht ins safan!«[145] Mit Streitäxten werden erst Hände, Füße und Köpfe der Holzfiguren abgeschlagen, am Ende wird der ganze Pfahl in viele Stücke zerlegt. Dann deckt man die Reste mit Blättern zu, und aus den verrottenden Bruchstücken können die Seelen – endlich erlöst und befriedet – entweichen und ins Reich der Urahnen reisen.

5.2 Der Flug des Schamanen

Kulturen, deren Weltanschauungen vom »wilden Denken« geprägt sind, gehen davon aus, dass unsere Seele nicht nur ein Resultat neuronaler Aktivität im Gehirn ist, sondern dass ihr Aktionsradius über die Grenzen unseres Körpers hinausreicht. Die Seele besteht für indigene Völker häufig aus verschiedenen Teilen, die den Leib verlassen und sich in andere Lebensformen verwandeln können.

Diese immaterielle Substanz kommt mit dem physischen Tod nicht an ihr Ende, sondern vermag in andere Existenzformen überzugehen. Sie kann reisen, fliegen, wandern und umherschweifen: Der so verstandenen Seele haftet etwas Mobiles, Ewiges und Unendliches an. So sehen es auch schamanische Traditionen, die es überall auf unserer Erde gab und vereinzelt immer noch gibt. Ob in Sibirien, Tibet, Nepal, Lappland, Nord- oder Südamerika: Seit jeher haben Schamanen in Trance Seelenreisen unternommen, auf denen sie mit Ahnen, Tiergeistern oder entflohenen Seelen in Kontakt traten, um wichtige Botschaften z. B. für Totenrituale und Heilungsprozesse zu erhalten.

Der Ethnologe Michael Oppitz hat solche Vorstellungen z. B. beim Volk der Magar in Nepal untersucht und in Zusammenhang mit dem wichtigsten Instrument ihrer Schamanen, der Trommel, gebracht. Diese ist weitaus mehr als ein Schlaginstrument, das Klänge und Rhythmen erzeugen kann. Die Trommel ist für den Schamanen ein Kompass, eine Landkarte und zugleich ein »Pferd«, auf dem er in weit entfernte Welten »reiten« kann. Eigentlich ist es ein Lebewesen, ein wildes, auch gefährliches Tier, das der Schamane immer neu zähmen muss, damit es ihm zu Diensten ist. Die unbändige Energie, die in ihm schlummert, kann entfesselt werden und die Seele des Trommlers aus dem Körper herauslösen und frei umherfliegen lassen.

Wir haben es hier mit keinem toten, sondern mit einem lebenden Objekt zu tun, das durch die Energie seiner Naturmaterialien »beseelt« ist.[146] Bereits die Herstellung einer solchen Trommel ist ein Akt von spiritueller Intensität und mehr als bloßes Handwerk. Im Traum sieht der Schamanen-Novize den Baum in der Wildnis vor sich, aus dem einmal der Trommelrahmen bestehen soll. Er muss ihn fällen und dann eine Ziege töten, um das Fell für die Trommelhaut zu gewinnen. Ahnen- und Tiergeister helfen mit, die gewünschten Utensilien zu finden und erfolgreich zu dem Instrument zusammenzusetzen, das den Schamanen lebenslang begleiten und sogar sein Grab schmücken wird.[147] In den aus Holz und Fell bestehenden Korpus werden metallische Plättchen und Ketten eingearbeitet, die eine Fülle von Klangfarben entstehen lassen, welche den herumwirbelnden Schamanen erst richtig »in Fahrt bringen«. Eine seiner Hauptaufgaben ist es, die aus dem Körper von Kranken entflohene Seele zu suchen und wieder zurückzubringen. Die Trommel und verschiedene Hilfsgeister, z. B. ein schwarzes Huhn, helfen dem Schamanen, den Aufenthaltsort der Seele im Exil zu bestimmen. All das geschieht in Trance auf einer Bewusstseinsebene, die uns westlichen Beobachtern immer noch große Rätsel aufgibt.

Zum Teil muss der Schamane – etwa bei schweren Erkrankungen – sehr weite »Reisen« zurücklegen, die detailliert beschrieben werden. So begibt er sich zuweilen in eine verborgene paradiesähnliche Region am Khempalung, einem Berg im Himalaya, wo seltene Kräuterarten zu finden sind, die für eine bestimmte Heilung nötig sind. Dort befindet sich unter dem von Göttern bewohnten Gipfel auch eine 600 Meter lange Grotte, in der Statuen der Göttin Parbati stehen. In den Felsspalten dieser Höhle, die eine Verbindung zum Göttergipfel haben sollen, werden von den Pilgern Opfergaben wie Öllampen, Milch, Münzen und Schmuck deponiert. Die Schamanen müssen jedoch höher »fliegen« und den in 18 587 Fuß Höhe liegenden Götterpalast im Kumbhakarna-Massiv aufsuchen. Es kann nämlich sein, dass eine schwere Erkrankung mit der Beleidigung von Göttern zu tun hat, die nun um Vergebung gebeten werden müssen. Auf seiner Trommel »fliegt« der Heiler auf den Khempalung an die Pforte des Götterpalastes und wird dort von weiblichen Wächtern befragt. Anschließend muss er den Thron der vier Hauptgötter passieren und wird nun in den Heilkräutergarten vorgelassen, wo er Medizin in Form eines schwarzen Würfels findet. Nach seinem Rückflug schwenkt er den Würfel über dem Haupt des Kranken hin und her, wobei dieser seine immateriellen Wirkkräfte entfaltet.[148]

Beim Lesen solcher Mythen und Geschichten bleiben für uns viele Fragen offen. Hat sich die Seele in der Trommelekstase tatsächlich von dem Schamanen losgelöst und ist auf den Berg mit dem Heilkräutergarten geflogen? Ist der Patient deshalb erkrankt, weil sich seine Seele von seinem Körper entfernt hat und nun wieder zurückgeholt werden muss? Sind dies alles nur Metaphern, wie auch wir sie in Formulierungen wie »abheben«, »außer sich sein« oder »aus uns herausgehen« verwenden? Oder eröffnen sich hier geistige Ebenen, die unserem Denken und unserer Wahrnehmung verschlossen sind?

Wie viele andere Ethnologen beschränkt sich auch Michael Oppitz auf das sorgfältige Beschreiben solcher Phänomene und stellt kaum Fragen nach dem Realitätsgehalt der Visionen. Sein Kollege Thomas Hauschild dagegen versucht eine psychologische Erklärung zum »Flug des Schamanen«. Dessen Erzählung von einem Flugerlebnis, so meint er, würde möglicherweise seinen Patienten, den »Zugrundegerichteten« und »Umgekippten«, ein Gefühl von Erhebung vermitteln, was zu ihrer Heilung beitragen könnte. Denn der Schamane verhält sich so, als ob er sich schwerelos bewegen und Raum und Zeit transzendieren könnte, was der durch Schmerzen und Ängste geplagte Patient nicht kann. Zudem ist sein Kostüm mit Federn behaftet, er benutzt »Startrampen« und hält Stäbe mit Vogelköpfen in seiner Hand: weitere Symbole des Schwebens, um dem »Niedergeschlagenen« mit eindringlichen Beschwörungen wieder aufzuhelfen.[149]

Bild nächste Doppelseite:
Schamanen der Magar (Nepal) im Wechselgesang (Foto: Michael Oppitz)

Hauschild versucht hier eine bei Ethnologen weit verbreitete psychosomatische Deutung derartiger Heilungsmethoden, aber manch seltsame Geschichten geben auch ihm Rätsel auf. Sein Kollege Michael Oppitz war einmal mit einem Schamanen im Hubschrauber über weite Landschaften Nepals geflogen und staunte nicht schlecht, als dieser seine durch Wanderungen begründete Ortskenntnis »ohne Probleme in eine Draufsicht umsetzen konnte«. Der Heiler musste dieses Land schon oft aus der Vogelperspektive erlebt haben, wohl auch – wie Hauschild hinzufügt – im Rausch der Trommelekstase auf der Suche nach den Seelen seiner Patienten: »Es war für den gestandenen Ethnologen Oppitz ein erstaunliches Erlebnis, als er im Hubschrauber beobachtete, wie der Schamane Rana Prasad Gharti nie die Orientierung verlor, immer wusste, über welchem Punkt in der Landschaft man sich gerade befand.«[150]

Was passierte bei diesem Flug? Hatte sich die »Seele« des Schamanen in Trance tatsächlich schon öfter vom Körper gelöst und er war über der Landschaft geschwebt, die er nun von oben wiedererkannte? Oder vollzog er den Perspektivenwechsel nur in seiner Vorstellung? Für uns ist die Befürwortung der ersten Option nahezu unmöglich: Wir müssen alles psychologisieren, weil wir uns keine außerkörperliche Existenz von Geist, Seele oder Bewusstsein vorstellen können. Das aber mag im Weltbild indigener Völker ganz anders sein, weshalb sie unsere Zweifel bezüglich einer echten »Seelenreise« vermutlich gar nicht verstehen können.

Ähnliches gilt für die Frage nach dem Fortleben der Seele nach dem Tode, die bei den Magar ähnlich beantwortet wird wie bei den Asmat in Papua-Neuguinea. Natürlich sind auch indigene Völker im Himalaya davon überzeugt, dass ein immaterieller Teil des Menschen weiterlebt und nach einiger Zeit in ein Toten- oder Jenseitsreich übergeht. »Vater, deine Seele mag schon an einen kühlen, schattigen Ort gelangt sein«, singen die Angehörigen der Magar nach der Aufbahrung des Verstorbenen.[151] Der tote Körper wird in eine mit Kornfrüchten gefüllte Matte gehüllt und »reitet« auf einem Begleittier aus dem Dorf bis zu einem hohen Pass, wo er in die Ahnenwelt übertreten kann. Es wird erzählt, dass er sich immer wieder umschaut, weil er seine Rolle als Toter erst lernen muss. Hierbei helfen ihm bestimmte Zeremonien der Angehörigen: So markiert eine ausgelassene Feier das Ende der Trauerzeit, bei der alle Arten von Anzüglichkeiten erlaubt sind und man sich am Ende mit Bier überschüttet. Der Verstorbene, der vor seinem Übergang in die »exterritorialen Welten« noch ein letztes Mal auf sein Dorf blickt, registriert dies mit Freude. Es zeigt ihm, dass es seinen Angehörigen gut geht und er die irdische Welt nun wirklich loslassen kann.[152]

Wiedergeboren werden jedoch bei den Magar nicht alle Menschen, sondern nur die Schamanen, die nach ihrem Tod aufrecht unter ihrem Grabhügel sitzen und ihren Lebensbaum umklammert halten. Ihr Grab muss von dem Novizen, in dessen Körper der Geist des verstorbenen Schamanen gefahren ist, sorgfältig gepflegt werden. Er bekommt dies im Traum von seinem Vorgänger übermittelt, der über starke Schulterschmerzen klagt, die durch die Verrückung der Steine am Grabhügel entstanden sind. Das Grab muss von seinem Schüler nun ausgebessert werden. Oppitz weist darauf hin, dass – ähnlich wie in Tibet – auch bei den Magar häufige Trancezustände von Minderjährigen als Zeichen für eine Berufung zum Schamanen verstanden werden. Da könne es passieren, dass ein Elfjähriger während einer Zeremonie zu zittern anfange und die anwesenden Schamanen ihn für einen Novizen hielten, der einmal berufen würde – und zwar von jemandem, der bereits tot sei. »Wir haben es hier mit einem Reinkarnationssystem zu tun«, so Oppitz, der glaubt, »dass der tibetische Buddhismus die Reinkarnationsvorstellung von den schamanischen Religionen übernommen hat.«[153]

5.3 Reinkarnation in Tibet

Auch für Vertreter des tibetischen Buddhismus, wie etwa für den 14. Dalai Lama, ist es eine zweifelsfreie Gewissheit, dass etwas von ihm nach dem physischen Tod weiterexistiert. Der Gedanke der Reinkarnation ist in Asien weit verbreitet, egal ob unter Hinduisten, Jainisten, Buddhisten oder bei schamanisch ausgerichteten Naturreligionen. Wir wollen uns hier auf die Reinkarnationsvorstellungen des heutigen 14. Dalai Lama konzentrieren, weil er eine so herausragende spirituelle Persönlichkeit ist, die auch den Dialog mit anderen Religionen und sogar Naturwissenschaftlern schätzt.

Wie alle religiösen Oberhäupter Tibets glaubt auch er nicht, dass sich bei den Dalai Lamas jeweils eine individuelle Persönlichkeit neu inkarniert, sondern dass sie fortlaufende Emanationen des Bodhisattva Avalokiteshvara sind. Damit ist ein halbgöttliches Wesen mit stark ausgeprägtem Mitgefühl gemeint, das immer wieder auf die Erde kommt, um seiner Kultur und der Welt zu helfen.

Nachdem Thubten Gyatso, der 13. Dalai Lama, im Jahr 1933 verstorben war, begann die Suche nach seiner Reinkarnation, die zu dem Kind führte, das zum 14. Dalai Lama wurde. Kleinste Zeichen spielten bei dieser Auswahl eine große Rolle. Es fing damit an, dass die Mönche bei der Beisetzung ihres verstorbenen Führers dessen Gesicht nach Süden ausgerichtet hatten, aber später bemerkten, dass es sich nach Nordosten gedreht hatte. Gemäß tibetischen Glaubensvorstellungen sahen sie darin einen Hinweis auf die Himmelsrichtung, in der der Nachfolger von Thubten Gyatso gesucht werden musste. Gleichzeitig will die Mutter des 14. Dalai Lama in einem Traum zwei Drachen gesehen haben, die einen funkelnden Edelstein in die Höhe warfen, ihn nach seinem Auftreffen auf dem Boden auflasen und der Träumerin übergaben. Ein Orakel in ihrem Heimatdorf prophezeite, dass eines ihrer Kinder später berühmt werden und sie mit »Geld wie Wasser« beschenken würde.[154] Zusätzlich erfüllte sich der tibetische Glaube, wonach kurz vor der

Wiedergeburt einer hohen Inkarnation deren Dorf von Unglücksfällen heimgesucht wird. Der Geburtsort des heutigen Dalai Lama, Taktser, litt in dieser Zeit unter schweren Missernten mit Hagelschlag und Dürreperioden, was als Zeichen für eine bevorstehende Wiedergeburt verstanden wurde. Als der kleine Lhamo Thondup, der heutige 14. Dalai Lama, geboren wurde, soll bereits eines seiner Augen geöffnet gewesen und ein Regenbogen am Himmel erschienen sein. Die Religionswissenschaftlerin Luana Laxy spricht nüchtern davon, dass wir es hier – wie bei den Erzählungen zur Geburt Jesu – mit einer »legendenhaften Ausschmückung um einen historischen Kern herum« zu tun haben.[155] Das ist eine typisch westliche Deutung, denn die Tibeter selbst würden darin natürlich Zeichen einer höheren übersinnlichen Wirklichkeit sehen.

Auch der Interpretation des geheimnisvollen See-Orakels »Lhamo Latso« würden viele Menschen unseres Kulturkreises skeptisch gegenüberstehen, aber es spielt bei der Erkennung eines neuen Dalai Lama die allergrößte Rolle. Um einen Hinweis auf die neue Inkarnation des 13. Dalai Lama zu bekommen, war der damalige Regent von Tibet, Reting Rinpoche, zu dem 5000 Meter hoch gelegenen azurblauen See gewandert, in dem Palden Lhamo, die weibliche Schutzgottheit von Tibet, wohnen soll. Dort hatte er auf bestimmte Zeichen gewartet, die ihm etwas über die Nachfolge des 13. Dalai Lama sagen sollten. Auf der glitzernden Oberfläche des Sees will er nach langer Meditation die Buchstaben »A« und »K« gesehen haben, die für ihn auf die Provinz Amdo (den Geburtsort des jetzigen Dalai Lama) und ein in der Nähe gelegenes Kloster (Kubum) deuteten. Ferner soll auf den Wellen ein dreistöckiges Kloster mit einem türkis- und goldfarbenen Dach sowie ein kleines Haus mit seltsamen Regenrinnen erschienen sein. Diese Hinweise hätten dann zu dem Dorf geführt, wo man den kleinen Jungen fand, der heute das religiöse und politische Oberhaupt Tibets ist.[156]

In seiner Autobiographie beschreibt der jetzige Dalai Lama, wie er schon als kleines Kind bestimmte Vorahnungen von seiner Rolle als Oberhaupt Tibets hatte. Dies waren für ihn klare Zeichen dafür, dass er die neue Inkarnation des verstorbenen Thubten Gyatsho war. Aufgewachsen in einem entlegenen Tal bei einer Bauernfamilie, habe er schon in frühen Jahren immer wiederholt, dass er aus Zentraltibet komme und dorthin wieder zurückmüsse.

»Mein Lieblingsspiel war ›Sachen packen‹«, schreibt der Dalai Lama, »ich verabschiedete mich von allen und tat so, als ob ich abreisen würde, indem ich auf ein erfundenes Reittier stieg. Meine Familie dachte, das sei ein Kinderspiel, und niemand schenkte dem wirklich Bedeutung. Erst später erkannte meine Mutter, dass ich das Schicksal, das mir bevorstand, damals schon intuitiv vorausgesehen hatte.«[157]

Nach dem Tod ihres geistigen Oberhauptes gehen die Tibeter davon aus, dass es erst ungefähr fünf Jahre danach sinnvoll ist, irgendwo im Land nach einem kleinen Jungen zu suchen, in dem sich die Bodhisattva-Wesenheit des Verstorbenen neu inkarniert hat. Die Gewissheit bezüglich neuer Wiedergeburten ist für den heutigen Dalai Lama schon allein aus logischen Argumenten gegeben. Er hält es für zwingend, dass allen Dingen immer Ursachen von ähnlicher Art vorausgehen müssen, was bedeutet, dass das lebendige Bewusstsein nicht aus toter Materie entstanden sein kann: »Wir sehen, dass Bewusstsein nicht im Labor erzeugt werden kann, und daraus folgern wir, dass nichts die Kontinuität subtiler Klarheit und Bewusstheit auslöschen kann. Soweit ich weiß, hat es noch kein moderner Psychologe, Physiker oder Neurowissenschaftler vermocht, die Erzeugung von Bewusstsein aus Materie oder ohne Ursache zu beobachten oder vorauszusagen.«[158]

Doch das geistige Oberhaupt Tibets betont auch immer wieder die Notwendigkeit klarer Richtlinien und strenger Prüfungen bei der Bestimmung einer neuen Inkarnation. So müssen die Kinder, die Nachfolger eines verstorbenen Dalai Lama sein könnten, verschiedene Prüfungen bestehen, die belegen, dass eine intime Verbindung zu ihrem Vorgänger besteht. Oft hat dieser schon Vorahnungen über seinen Nachfolger in Texten formuliert, die aber versiegelt und in Klosterarchiven aufbewahrt wurden, sodass niemand ihren Inhalt kennen kann. Wenn das auserkorene Kind etwas davon weiß, wird dies als ein erstes Zeichen für eine authentische Wiedergeburt angesehen, dem aber noch weitere folgen müssen. So beschreibt der Dalai Lama, wie ihm in jungen Jahren ein Korb mit vielen Gegenständen vorgelegt wurde, worin auch persönliche Dinge seines Vorgängers waren. Darunter befanden sich mehrere identische schwarze und gelbe Gebetsketten, unter denen das Kind die einzelnen Besitztümer von Thubten Gyatsho zweifelsfrei erkannte. Ebenso fand er unter verschiedenen Stöcken und Trommeln genau diejenigen heraus, die seinem Vorgänger gehörten.[159]

Während diese Methoden – so ungewöhnlich sie sind – zunächst einmal eine gewisse Überzeugungskraft ausstrahlen, muten uns andere eher fremd an: etwa die Prophezeiungen des Nechung-Orakels, einer der geheimnisvollsten Institutionen des tibetischen Buddhismus. Das Orakel wird verkörpert durch einen Mönch, der schon früh durch eine bestimmte mediale Begabung aufgefallen ist und dann zu einem Medium ausgebildet wurde, das den Dalai Lama in wichtigen Fragen auch zur Inkarnationsfolge berät.

Thubten Ngodup, das jetzige Staatsorakel des Dalai Lama, hat in einer spannenden Autobiographie darüber berichtet, wie er dazu ausgewählt und ausgebildet wurde: ein Buch, das uns westlich sozialisierte Zeitgenossen schnell an unsere Grenzen führt, aber gerade dadurch einen großen Reiz gewinnt. Thubten Ngodup, ein wie der Dalai Lama aus einfachen Verhältnissen stammender Tibeter, schildert darin, wie er bei Versammlungen in Klöstern immer wieder unbeabsichtigt in Trance fiel, was für ihn eine eher unangenehme Erfahrung war. Er konnte dabei seine Bewegungen nicht mehr kontrollieren und wurde von heftigen Erregungszuständen erfasst, bei denen er am ganzen Körper zitterte. »Ich hatte das Gefühl, ein gewaltiger Stromschlag träfe mich«, beschreibt er den Vorgang, »dann sah ich noch einen weißen Blitz. An das, was danach geschah, kann ich mich nicht mehr erinnern.«[160] Zeugen des Vorganges berichteten ihm später, dass er seltsame Laute ausgestoßen habe, die so klangen, als würde ein Tischler Holz sägen. Dabei sei seine linke Hand steif geworden und so angeschwollen, dass man

Das tibetische Nechung-Orakel, auf dessen in Trance eingegebene Botschaften der Dalai Lama bei wichtigen Staatsangelegenheiten hört

ihm seine Armbanduhr abnehmen musste. Schließlich seien erregte Ausrufe und ein langes »Haoooh« aus seinem Mund gekommen, woraufhin Thubten Ngodup völlig erschöpft zusammengebrochen sei. Die Mönche hätten sich zugeflüstert, dass Dorje Dragden, die Emanation der hohen tibetischen Schutzgottheit Pehar, in ihn gefahren sei, und informierten sofort den Privatsekretär des Dalai Lama. Dieser hörte sich in einem langen Gespräch die Erlebnisse des jungen Mönches an und schickte ihn in die Obhut erfahrener spiritueller Lehrer, die ihn weiter ausbildeten. Schließlich wurde Thubten Ngodup 1987 als neues tibetisches Staatsorakel inthronisiert und gibt seither dem Dalai Lama wertvolle Ratschläge, die zum Teil auch seine weiteren Inkarnationen betreffen.

In seiner Autobiographie beschreibt Thubten Ngodup auch die Hintergründe seines Weltbildes, um uns seine oft fremd anmutenden Aktionen verständlicher zu machen. Er weist darauf hin, wie wichtig auch »unsichtbare Welten« in der tibetischen Tradition sind. Es gibt viele verschiedene Ebenen der Existenz, die sich in Göttern und Geistern manifestieren und auch mit den Elementen in Verbindung stehen können. »Was die Geistwesen angeht, die unsere Welt bevölkern, so können wir sie erst dann wahrnehmen, wenn sich unsere Wahrnehmung ändert«, schreibt er. »In diesem Sinne ist unsere Welt mit einem Radioempfänger vergleichbar: Man muss nur die Wellenlänge ändern, um einen neuen Sender zu empfangen.«[161]

Geistermedien, Schamanen und Orakel, so Thubten Ngodup, haben also andere »Wellenlängen« zur Verfügung als wir, um damit in unsichtbare Welten hineinzuschauen, etwa in eine kommende Inkarnation. Der jetzige Dalai Lama wurde durch mystische Zeichen, Träume und Visionen als solcher erkannt und nutzt diese übersinnlichen »Kanäle« auch heute, um eine beratende Stimme bei schwierigen Entscheidungen zu haben. Doch er macht sie nicht zur alleinigen Instanz. Auch wenn uns gewisse okkulte Praktiken in seinem Umfeld fremd erscheinen, so wirken viele seiner Auslassungen zur Reinkarnation heute vernünftig und zeitgemäß. So schließt der Dalai Lama keineswegs aus, dass der in ihm verkörperte Avalokiteshvara auch in einem weiblichen Nachfolger wiedergeboren werden könnte, oder er stellt die Notwendigkeit künftiger Reinkarnationen ganz infrage. Wenn er zu Lebzeiten die Befreiung seines Volkes erreiche, so schreibt er in seiner Autobiographie, brauche er nicht in Tibet als Lama wiedergeboren zu werden: »Ich könnte dann auch als Insekt oder anderes Tier wiedergeboren werden oder auch in einer anderen Existenzform, die der Mehrheit der fühlenden Wesen von Nutzen ist.«[162] In letzter Zeit ging der 14. Dalai Lama sogar so weit, sein Amt für die Zukunft ganz infrage zu stellen bzw. weiter zu demokratisieren. Er sprach davon, dass die dominante Rolle dieser Institution etwas von einem »feudalen System« hätte, und verwies dabei kritisch auf muslimische Führer, die politische und religiöse Macht gleichzeitig ausüben wollten.[163] Diesem autoritären Modell will er auf gar keinen Fall folgen, sodass er 2018 für die Bestimmung seines Nachfolgers ein ähnliches Verfahren wie bei der Papstwahl vorschlug. Es sei denkbar, den neuen Dalai Lama aus der Mitte der höheren Lamas oder Gelehrten zu wählen, sagte der höchste Repräsentant des tibetischen Buddhismus gegenüber der japanischen Zeitung »Mainichi Shimbun«. Dabei wolle er nicht gänzlich ausschließen, dass der nächste Dalai Lama wie bisher durch die Suche nach seiner Wiedergeburt ermittelt werden könne. »Wenn ich sehr alt bin, werde ich fragen, ob der Weg, den nächsten Dalai Lama zu bestimmen, beibehalten werden soll.« Die Entscheidung, ob das Amt weiterbestehen solle, fügte er hinzu, liege in jedem Falle beim tibetischen Volk.[164]

Die spirituelle Welt Tibets erfährt also momentan gerade Reformen und sucht über ihr geistiges Oberhaupt auch den Anschluss an die westliche Welt mit ihren ganz anderen Begriffen von »Realität«, »Tod«, »Politik«, »Führung« etc. Der Dalai Lama ist auch als Friedensnobelpreisträger eine weltweit geachtete Persönlichkeit, die sich nicht nur für das Wohl seines eigenen Volkes einsetzt, sondern auch für universelle Werte wie Mitgefühl und Toleranz.

Dennoch stellten sich bei mir während der Vertiefung in den okkulten Hintergrund Tibets oft Gefühle von Staunen, Zweifel und Irritation ein. Phänomene wie die Orakel-, Zeichen- und Traumdeutung werden bei uns meist als reine Glaubensannahmen abgetan, ebenso die Vorstellung einer Wiedergeburt, die in unserem Kulturkreis nur spirituell Interessierte für möglich halten. Auf unseren Friedhöfen findet man zwar gelegentlich Aufschriften, die ein Wiedersehen im Jenseits andeuten, aber sie wirken eher als anrührende Trostsprüche. Nur wenige der betroffenen Angehörigen würden wohl antworten, dass sie von einem realen Weiterleben der Seele des Verstorbenen überzeugt sind. Das ist bei Hinduisten oder Buddhisten ganz anders; diese würden vermutlich uns bemitleiden, weil wir in einem so materialistischen Weltbild gefangen sind. Unsere Deutungen von Animismus und Seelenwanderung als »Konstrukte« können nur vorläufige sein, denn auch sie resultieren aus einem ganz bestimmten, erst in den letzten 400 Jahren gewachsenen Weltbild, das nicht die letzte Wahrheit sein muss. Vor der Epoche, die mit Begriffen wie »Neuzeit« und »Aufklärung« bezeichnet wird, gab es in Europa auch ganz andere Anschauungen z. B. über Natur und Tod, die wir zum Teil schon wieder vergessen haben. Diesem »wilden Denken« in unseren Breitengraden ist der zweite Teil dieses Buches gewidmet, den wir deshalb »wildes Europa« nennen.

AUF DER SUCHE NACH DEM ›WILDEN EUROPA‹

Nach einer langen Reise durch zahlreiche spirituelle Kulturen der Welt trete ich heraus aus den Museen, Ausstellungen und Bibliotheken, die mir dieses wunderbare und doch bisweilen auch befremdliche Wissen vermittelt haben. Ich gehe hinaus auf die Straßen von Berlin, wo ich seit Langem wohne, und lasse die mächtigen Eindrücke auf mich wirken. Tausende von Menschen laufen gehetzt herum, um ihren streng durchgetakteten Tagesplan erfüllen zu können. Viele schauen dabei auf ihre Smartphones, manche tragen zusätzlich Kopfhörer, und man muss aufpassen, dass man ihrem zügigen Schritt rechtzeitig ausweicht. Wenige Passanten schauen einander an, noch seltener ist es, dass etwa in der U-Bahn ein Gespräch mit einem anderen Fahrgast zustande kommt. Riesige Werbewände versprechen uns Glück, Gesundheit und Fitness durch Konsum. Von den Plakaten schauen uns meist strahlende, junge und attraktive Männer und Frauen an. In ihrer Welt gibt es weder Alter, Krankheit noch Depressionen, aber auch keine Mythen, Götter, Geister, Orakel und Dämonen. Wir leben in einer säkularisierten Welt, wo mythologische Vorstellungen keine große Rolle mehr spielen. Individuelle Freiheit und hedonistischer Lebensgenuss scheinen die alten Götter abgelöst zu haben.

Bei meinem Spaziergang durch Berlin komme ich auch am Humboldt Forum vorbei, das ab Mitte 2021 etwa 20 000 Objekte aus dem alten Ethnologischen Museum zeigen wird. Viele der Masken und Skulpturen, über die ich hier geschrieben habe, können dann in erleuchteten Vitrinen von Tausenden von Menschen bewundert werden. Noch ist das 600 Millionen Euro teure Barockschloss, in das das Humboldt Forum integriert ist, eine riesige Baustelle, aber bald wird es sich mit Kultobjekten aus aller Welt schmücken. Deutschland leistet sich ein Stück Vorzeigearchitektur, in dem dann auch Vertreter indigener Kulturen anwesend sein werden: bildende Künstler, Musiker, Dichter, Tänzer und vermutlich auch Schamanen, die uns vom Reichtum ihrer spirituellen Welten erzählen werden. Kulturhistorische Objekte aus dem »spirituellen« Europa werden im Humboldt Forum fehlen, obwohl viel die Rede von einem interkulturellen Dialog ist, bei dem jeder einbezogen sein soll. Warum hat man sie weggelassen? Wusste man nicht so genau, welche europäischen Traditionen man den Mythen Amerikas, Afrikas, Asiens und Ozeaniens gegenüberstellen sollte? Europa wird daher – vertreten durch Deutschland – nur als spirituell neutraler und »weltoffener« Gastgeber in Erscheinung treten, eher als »Kontinent der Aufklärung« denn als christliche Kultur, obwohl ein großes Kreuz über dem Humboldt Forum prangen soll. Mit dessen Eröffnung, so heißt es auf der offiziellen Homepage, soll ein »einzigartiger Ort des Erlebens, des Lernens und der Begegnung in der Mitte Berlins« entstehen. Dort könne man »Entdeckungen machen und sich in Ausstellungsobjekte vertiefen, die faszinierende Verbindung aus barocker und zeitgenössischer Architektur genießen, Restaurants und Cafés besuchen, von der Dachterrasse aus das Panorama bis zum Brandenburger Tor erblicken, sich von Konzerten, Lesungen und Diskussionen inspirieren lassen und die vielschichtige Gegenwart und Geschichte Berlins erkunden.«[165]

Das klingt weltoffen und modern, aber auch abstrakt und weit entfernt von der mythologischen Kraft der Objekte, die dort zu erwarten sind. Beim Studium der Werbebroschüren des Humboldt Forums und bei Besuchen in anderen Ethnologischen Museen stiegen oft Fragen in mir auf:

Wie tiefgreifend soll eigentlich unsere Auseinandersetzung mit den Mythen und Ritualen der außereuropäischen Welt sein? Welche Inspirationen können wir daraus für unser Leben ziehen? Wie gehe ich persönlich heute mit Konzepten von Animismus und Reinkarnation um? Kann auch ich an »Geister« und »Seelenreisen« glauben? Sind mir die Elemente, Tiere und Pflanzen ähnlich »heilig« wie vielen indigenen Kulturen? Warum gibt es hierzulande keine Initiationsrituale, die jungen Menschen den Übergang ins Erwachsenenalter erleichtern, so wie ich sie bei außereuropäischen Völkern erlebt habe? Welche spirituellen Führer haben wir eigentlich und welchen kann man vertrauen? Was machen all diese Facetten des »wilden Denkens« mit uns? Können sie etwas in uns bewegen oder bleiben sie nur exotische Reize für die Dauer eines Museumsbesuches?

Die Beantwortung dieser Fragen fiel mir nicht leicht. Aber wiederum kam die große Anregung von Claude Lévi-Strauss: »Das Denken im wilden Zustand«, so schreibt er, »blüht in jedem menschlichen Geist – zeitgenössisch oder alt, nah oder fern.«[166] Er habe in seinem Werk zu zeigen versucht, dass sich zwischen dem Denken der sogenannten »primitiven« Völker und dem unsrigen kein unüberbrückbarer Graben auftut. Wieder kamen mir seine Worte in den Sinn:

»Als man in unseren eigenen Gesellschaften Bräuche und Glaubensinhalte, die fremd waren und den gesunden Menschenverstand irritierten, aufzuzeichnen begann, erklärte man sie als Spurenelemente oder Überreste von Formen archaischen Denkens. Für mich hatte es im Gegenteil den Anschein, dass diese Denkformen bei uns noch immer gegenwärtig, lebendig sind (...) Sie koexistieren mit anderen Denkformen, die sich auf die Wissenschaft berufen; sie sind mit gleichem Recht zeitgemäß.«[167]

Welch anregende Inspiration für den weiteren Verlauf unserer Forschungen. Lévi-Strauss ermutigt uns, die Spuren des »wilden Denkens« in unserer eigenen Kultur zu suchen und sie als »zeitgemäße« Alternativen zu wissenschaftlichen Denkformen zu achten. Was soll das genau heißen? Als ich mich auf die Suche nach diesen Formen machte, bemerkte ich, dass dies gar nicht so einfach war. Wo waren denn die Reste eines »wilden« mythologischen Denkens in unseren Breitengraden aufzufinden? Wo konnte ich noch animistischen Anschauungen begegnen, Kulturen, für die Flüsse, Bäume, Quellen und Berge genauso beseelt waren wie für indigene Kulturen in fernen Weltgegenden? Wo waren hierzulande Mythen und Kultstätten, die – wie bei Indigenen oder Hindus – das Leben symbolisch ordneten, ohne dass sein Geheimnis verlorenging? Hatte es in Europa auch einmal Schamanen gegeben, die in geistige Welten sehen konnten und an ein Fortleben unserer Seele nach dem Tode glaubten?

Als ich durch die Esoterikabteilungen unserer Buchhandlungen streifte, stieß ich auf Hunderte von Publikationen zu diesen Themen, die oft Bestseller waren: Bücher über Engel, Runen, Germanen, Kelten, heidnische Rituale, magische Kultplätze in Europa, über Hildegard von Bingen, Meister Eckhart, Hexen, Neo-Schamanen, »heilige Bäume«, »weise Frauen« und die »Große Göttin«. Aber ich fühlte mich bei vielen dieser Bücher bereits beim ersten Durchblättern unwohl. Zu schwärmerisch schienen mir die Inhalte, die kaum mit Verweisen auf wissenschaftliche Literatur versehen waren. Das meiste wirkte auf mich unseriös und oberflächlich, und ich vermutete eine vorwiegend kommerzielle Motivation dahinter. Also ging ich lieber den mühsameren Weg, zog ernsthafte Studien zurate und suchte selbst auf vielen Wanderungen entsprechende

Ausgrabungsstätten, »Kraftorte« und »Kultplätze« auf. Von dieser spannenden Suche soll der zweite Teil dieses Buches berichten. In ihm gehe ich Lévi-Strauss' Hinweis nach, dass das »wilde Denken« nicht nur in Indien, Brasilien oder Afrika aufzufinden ist, sondern auch in unserer europäischen Seele.

1 | Höhlengeheimnisse: Schamanen im frühen Europa?

Oft schon habe ich sehr alte Höhlen in Europa besucht, etwa in Frankreich, Großbritannien oder auch in Deutschland. Bei ihrem Betreten veränderte sich etwas in mir: Die Fülle der Außenreize trat zurück, es wurde dunkel, still, und das Einzige, was ich gelegentlich noch hörte, waren entfernte Wassertropfen, die in längeren Zeitabständen zu Boden fielen. Ich kam zur Ruhe, und innere Bilder konnten aufsteigen.

Solche Räume boten auch den Menschen früherer Zeiten ideale Möglichkeiten, um sich für Meditationen und Tranceerfahrungen zu öffnen. Die Historikerin Yulia Ustinova hat in einer Studie über die Kulthöhlen der griechischen Antike herausgearbeitet, wie stark die mythische Weltsicht dieser Zeit an solche Höhlenerfahrungen gebunden war. Die alten Griechen glaubten – wie viele der von uns untersuchten Kulturen – an göttliche Eingebungen und an die Mitteilungen von Priestern, Sehern, Orakeln und Sibyllen. Unser Wort »Enthusiasmus« erinnert noch entfernt an solche Geisteszustände, denn es kommt vom griechischen »enthousiasmós«, was »von Göttern besessen« bedeutet.[168] Unser Wachbewusstsein war für die Menschen dieser Zeit nur ein Bewusstseinszustand unter vielen. Fantasien, Schlummerzustände, Tag- und Nachtträume gehörten ebenso zum Spektrum menschlicher Wahrnehmung. Es gab noch keine streng trennende und wertende Unterscheidung zwischen »normalen« und »veränderten« Bewusstseinszuständen wie heute. Erst das mittelalterliche, vom Christentum geprägte Europa verdammte bestimmte visionäre Erfahrungen und ließ nur noch »göttliche Offenbarungen« in einem von der Kirche definierten Rahmen zu.[169]

In der Antike waren vor allem Höhlen geeignete Orte, um Übergänge von einem Bewusstseinszustand zum anderen zu vollziehen und somit das ganze Spektrum möglicher Erfahrungen auszuloten. Sie galten als geheimnisvolle, manchmal auch gefährliche Orte, die abseits lagen und oft mühevoll aufgesucht werden mussten. Felsspalten wurden als Eingänge zum Unbekannten gesehen, als Tore in eine andere Welt, in der sich Seher und Schamanen auch mit Fastenkuren auf ungewöhnliche Erlebnisse vorbereiteten. Der radikale Sinnesentzug spielte dabei eine wichtige Rolle. Das konnten moderne Experimente mit sogenannten »Psychotanks« bestätigen, in denen man durch die Reduzierung von Außenreizen Zustände des Schwebens und Halluzinierens hervorrufen konnte.[170] Viele außerordentliche Erfahrungen unserer Kulturgeschichte – so Yulia Ustinova – verdanken sich spirituellen Höhlenerlebnissen, etwa die Offenbarung des Johannes (Apokalypse) in der Bibel sowie die Tragödien von Euripides und philosophische Einsichten von Pythagoras, Empedokles, Parmenides oder Platon mit seinem Höhlengleichnis.[171] Auch die berühmten Orakelpriesterinnen von Delphi und Eleusis wohnten und prophezeiten in Höhlen, zu denen Tausende von Menschen strömten, um ihre Visionen zu empfangen. Man sah Höhlen als die Wohnstätten von Göttern und Geistern an und deponierte in ihnen Reliefs von Pan, Dionysos oder den Nymphen, um mit ihrer Hilfe ekstatische Zustände herbeizuführen, die das Alltagsbewusstsein transzendierten. Der Gott Pan stand nicht für das von ihm später abgeleitete Wort »Panik«, sondern galt als Empfänger von Visionen, die selbst für den griechischen Lichtgott Apollon von größter Bedeutung waren.[172] Allein seiner Verehrung waren in Griechenland Dutzende von

Kulthöhlen und Grotten gewidmet. Höhlen galten als Eingänge in die Unterwelt, in denen die Grenzen zwischen Wachen und Träumen sowie zwischen der Welt der Lebenden und Toten fließend wurden. Sie ermöglichten intensive Erfahrungen von Transzendenz, Einheit und Ewigkeit: das Gefühl, trotz der verwirrenden Vielfalt der materiellen Erscheinungen von einer kosmischen Kraft getragen zu werden.[173]

Doch die Nutzung solcher unterirdischen Kraftorte für kultische Erfahrungen geht noch viel weiter in die Geschichte zurück. Nicht nur die Höhlen von Lascaux, Gabillou und Trois-Frères in Frankreich weisen Spuren von schamanischen Praktiken vor etwa 17000 Jahren auf, sondern auch Höhlen auf der Schwäbischen Alb, deren Fundstücke noch 20000 Jahre weiter zurückreichen. Sie erstaunen uns so, weil sie zeigen, wie bereits vor so langer Zeit »Steinzeitmenschen« hochexpressive Wandmalereien und Skulpturen herstellen konnten, die den großen Werken der Kunstgeschichte in nichts nachstehen. Der südafrikanische Archäologe David Lewis-Williams hat in seinem aufsehenerregenden Buch »The Mind in the Cave« nachgewiesen, dass diese künstlerischen Darstellungen nicht zu Zwecken der Jagdmagie hervorgebracht wurden. Er sieht – ähnlich wie Yulia Ustinova – in den Höhlen Einweihungsorte für veränderte Bewusstseinserfahrungen, die Ähnlichkeit mit den Visionen von Schamanen haben. Lewis-Williams betont auch, dass für die Menschen des Paläolithikums die Grenze zwischen Wach-, Dämmer- und Traumzustand noch fließend war, und weist darauf hin, dass Bewertungen dieser Gradabstufungen von Kultur zu Kultur verschieden seien.[174]

Unsere heutige westliche Zivilisation zeichnet sich eher durch eine Domestizierung von Trance aus, die nur noch in bestimmten kulturellen Nischen geduldet wird: etwa im kontrollierten Rausch von Techno-Partys, die jedoch auch in Bezug auf Drogen gelegentlich alle Grenzen sprengen können. Spannend an den Forschungen von Lewis-Williams ist, dass er als Archäologe gleichzeitig ein großer Kenner noch heute lebender spiritueller Kulturen ist, etwa der San, eines indigenen Volkes im südlichen Afrika, deren Felsbilder und schamanische Praktiken er studiert hat. Die San verwenden ähnliche Motive in ihrer Felsbildkunst wie die europäischen Höhlenmaler der Altsteinzeit, etwa Abbildungen von Tier-Mensch-Mischwesen und von in Trance versunkenen Schamanen.[175] Für die San ist die Felsenwand ein Tor zu einer anderen Welt und die Farbe eine magische Substanz, die den starren Stein auflöst, um Bilder einer übersinnlichen Welt durchzulassen. Lewis-Williams beschreibt, dass für diese Kultur die Wanderung zu bestimmten Basaltbergen eine Pilgerfahrt ist, weil nur dort der Roteisenstein zu finden ist, der – zerrieben mit Antilopenblut – die richtige Farbe für ihre Felszeichnungen hergibt.[176]

Ganz Ähnliches vermutet Lewis-Williams bei den Höhlen der europäischen Altsteinzeit, an deren Wänden man Abdrücke roter Hände fand, die nahelegen, dass für diese Kulturen sogar Farbpigmente von geistigen Kräften beseelt waren. Die damaligen Künstler, so Lewis-Williams, bliesen den magischen roten Farbstaub auf die gespreizte Hand, die den Felsen berührte. Damit hauchten sie den Wänden »Leben« ein und befreiten die dahinter wohnenden »Geister«.[177] Ähnlich wie bei indigenen Kulturen begegnen wir hier einem animistischen Weltbild, demzufolge im Stein ebenso eine geistig-spirituelle Kraft wohnt wie in einer Pflanze oder einem Tier. Es ging den damaligen Künstlern mehr um die Darstellung dieser unsichtbaren Vitalenergien als um das Abbilden eines realistischen Tierkörpers. Lewis-Williams weist nach, dass Löwen, Bisons und Pferde in den Höhlen von Lascaux oder Chauvet nicht auf die Höhlenwand aufgemalt, sondern aus ihnen »herausgelesen« wurden. In Löchern und Felsvorsprüngen erblickten die Maler bereits Augen oder Schnauzen von Tieren und ergänzten sie durch gemalte Geweihe, Füße und andere Körperteile. All diese Wesen stehen nicht mit ihren Hufen auf festen Böden, sondern schweben im Raum: ein Zeichen dafür, dass sie als immaterielle Kraftfelder verstanden wurden, die eher etwas Geistiges als vordergründig Stoffliches symbolisieren sollten.[178]

Das gilt auch für viele der Tierskulpturen, die man in den Höhlen der Schwäbischen Alb gefunden hat. Der Archäologe Martin Porr fand heraus, dass manche von ihnen auffällige Gravuren aufweisen, die aber nicht als realistische Fellstrukturen gedeutet werden können. Es sind über den ganzen Körper verteilte geometrische Figuren, die nahelegen, dass der Künstler diese zuerst »geschaut« und danach erst das Tier gemalt hat. Porr vermutet in den Punkten und Linien Umrisse der tierischen Hilfsgeister, die die Schamanen in Trance wahrnahmen und später auf die Felswand auftrugen.[179] Funde von Musikinstrumenten deuten darauf hin, dass man sich in den Höhlen mittels Knochenflöten und Schwirrhölzern in besondere Bewusstseinszustände versetzte, die wohl auch einer solchen Geist-Kommunikation dienten.

Dabei ging es einzelnen Schamanen auch darum, sich in die jeweiligen Tiergeister zu verwandeln, worauf die in einigen Höhlen dargestellten Tier-Mensch-Mischwesen hindeuten. Rituale zur Verwandlung eines Schamanen in ein Tier sind in vielen Kulturen der Welt bekannt, und man wird sie auch in Europa gekannt haben. Eine Plastik wie der berühmte »Löwenmensch« aus dem Hohlenstein-Stadel bei Ulm weist auf solche Vorstellungen hin, ebenso Tänzer mit Geweihmasken in den französischen Höhlen von Trois-Frères und Gabillou.[180] Der 40 000 Jahre alte »Löwenmensch« wurde in einer entlegenen Höhlennische gefunden, was für Lewis-Williams nicht auf täglichen Gebrauch, sondern auf eine kultische Verwendung schließen lässt.

Martin Porr hat diese Tier-Mensch-Skulptur in Verbindung mit der Löwenverehrung bei den Massai in Afrika gebracht. Diese stellen zwar keine Plastiken dieses mächtigen Tieres her, aber bewun-

Der »Löwenmensch« vom Hohlenstein-Stadel im Lonetal

dern es als »Schöpfer« und »Krieger«. Daher lassen die männlichen Massai ihre Haare zu einer Löwenmähne auswachsen, um ihm ähnlich zu werden, während Frauen, Kinder und Alte kahl geschorenen sein müssen.[181]

Eine ähnliche, noch rätselhaftere Tier-Mensch-Darstellung findet sich in der berühmten Höhle von Lascaux. Dort ist auf einer Felswand ein zu Boden gefallener Mensch mit Vogelkopf und vierfingrigen Händen vor einem gewaltigen Bison zu sehen. Der Mann, vermutlich ein Jäger, hat ein erigiertes Glied, und neben ihm liegt ein Stab, der ebenfalls einen Vogelkopf trägt, vermutlich den eines Moorschneehuhns, das bei schamanischen Praktiken in Sibirien eine Rolle spielt. Der Ethnologe Hans Peter Duerr wies darauf hin, dass Jäger in der nordeuropäischen Tundra diese Tiere auch jagten, weil ihr Federkleid für die Herstellung ihrer Schamanentrachten wichtig war. Mongolische Schamanen, so Duerr, nähmen zuweilen die Gestalt eines Schneehuhnes an, um »in den Himmel zu reisen«, und bei den Ostjaken und Wogulen am Ural würde die »Traumseele« des Menschen in solchen Vogelarten weiterleben. Daher sei zu vermuten, dass es sich bei dem Mann mit dem Vogelkopf in Lascaux nicht um einen stürzenden Jäger handelt, sondern um jemanden, der gerade eine schamanische oder eine Nahtod-Erfahrung macht. Der Vogelstab neben ihm sei kein Jagdspeer, sondern zeige die bei Schamanen übliche Holzstange, mit deren Hilfe der Weg zu den Ahnengeistern gefunden werden konnte.[182] Das erigierte Glied des Vogelmannes deutet Duerr als physische Begleiterscheinung des ekstatischen Übergangs in eine andere Welt, bei dem der Vogelmann einen »kleinen Tod« starb. Verzückt und möglicherweise durch Drogen stimuliert, erlosch dabei sein Bewusstsein, um mit dem übermächtigen Geist des Bisons vor ihm zu verschmelzen.

Andere Tier-Mensch-Mischwesen in den Höhlen von Trois-Frères und Gabillou tragen Geweihmasken, die wohl ähnliche Initiationsvorgänge darstellen. Tatsächlich fanden Archäologen solche Kopfbedeckungen von Schamanen an mesolithischen Bestattungsplätzen, etwa in Starr Carr (Yorkshire/ England) und Bad Dürrenberg (Sachsen-Anhalt).

In Starr Carr entdeckte man neben Pfeilen, Bögen, Beilen und Speeren auch 21 Kopfhauben mit Hirschgeweihen, die sorgfältig präpariert worden waren, um sie bei Ritualen aufsetzen zu können.[183] In Bad Dürrenberg wurde das mit Rötel gefüllte Grab einer jungen Frau gefunden, in dem Skelettreste von Bibern, Hirschen, Kranichen, Rehen und Wildschweinen auf die Bestattung einer hoch angesehenen Person schließen lassen. Auffällig waren etwa ein Schildkrötenpanzer, der als Rassel oder Trommel bei Ritualen gedient haben könnte, kostbarer Schmuck aus Eberzähnen und ein Rehgeweih, das wohl bei spirituellen Praktiken getragen wurde. Daher deutete man den Fund relativ schnell als das Grab einer Schamanin. Ihr Schädel zeigt zudem anatomische Eigentümlich-

Die »Schamanin von Dürrenberg«: künstlerische Rekonstruktion anhand von Grabfunden aus dem Mesolithikum (6. Jahrtausend v. Chr.)

keiten, die auf eine Unterversorgung des Gehirns mit Sauerstoff hindeuten, was eine besondere Befähigung für halluzinatorische Fähigkeiten vermuten lässt.[184]

Schamanische Praktiken kommen also auch in Europa seit ca. 40 000 Jahren vor. Was können diese Funde für uns heute noch bedeuten? Ethnologen und Archäologen halten sich mit Antworten auf solche Fragen zurück, da sie ihren methodischen Rahmen sprengen. Viele von ihnen haben Angst, mit der Erforschung solcher Themen vorschnell in die »Esoterikecke« abgedrängt zu werden. Als Filmemacher und Autor, der sich vor keiner »scientific community« verantworten muss, kann ich entspannter damit umgehen. Für mich sind solche schamanischen Vorstellungen nicht nur Zeugnisse einer längst überholten Zeit, sie betreffen mich auch hier und jetzt. Sie zeigen mir zumindest, wie weit das Spektrum menschlicher Erfahrungen gefasst werden muss, wenn man den Rahmen des enggefassten Rationalismus verlässt. Die Einweihungshöhlen der Steinzeit und Antike erinnern uns daran, dass unser Geist selbst eine »Höhle« ist, die mit ihren Tunneln und Labyrinthen weit mehr Erfahrungen zulässt, als unser fokussiertes Wachbewusstsein glauben mag. Die magischen Bilder aus ferner Zeit ermutigen uns, den etablierten Begriff von »Wirklichkeit« um intuitiv geschaute Sphären zu erweitern, die uns innerlich bereichern und einen innigeren Kontakt mit der Natur herstellen können.

2 | Häuser der Ewigkeit: Die Tempel der Megalithkulturen

Ähnliche Einsichten verdanke ich auch meiner intensiven Beschäftigung mit der vielfältigen Megalithkultur Europas. Durch ihr Studium konnte ich die Faszination besser verstehen, die ich seit langer Zeit für Steinkreise, Dolmen und Ganggräber dieser Menschheitsepoche empfinde.

Ich habe viele eindrucksvolle Tempel der Megalithzeit in allen möglichen europäischen Ländern aufgesucht, oft auf Wanderungen durch unwegsame und atemberaubende Landschaften. So besuchte ich die großen Steinkreise von Brodgar (Orkneyinseln), Callanish (Hebriden), Stonehenge und Avebury (England) und verbrachte auch Nächte in ihrer Nähe, um die wechselnden Lichtstimmungen zu beobachten. Ich erlebte sie zu allen Tages- und Jahreszeiten, sah Sterne über ihnen aufgehen, Regengüsse an ihnen abperlen und fühlte im Sommer die gespeicherte Wärme im Inneren der großen Steine. Noch mehr beeindruckten mich Dolmen und Ganggräber, weil in ihren dunklen Kammern noch ganz andere Geheimnisse verborgen waren. Als ich einmal die Bezeichnung »Häuser der Ewigkeit« für diese Bauten las, war ich sofort von der Richtigkeit dieses Begriffes überzeugt. Auch auf mich haben die tonnenschweren Tempel der Urzeit immer so gewirkt. Stets spürte ich in ihrer Nähe einen beruhigenden Hauch von Ewigkeit und Zeitlosigkeit. Womit hatte das zu tun? Schon der über Jahrtausende gut erhaltene Stein vermittelt in seiner Festigkeit ein solches Gefühl. Aber es war mir zu wenig, wenn Prähistoriker in diesen Kultanlagen nur eine »Rückversicherung des Lebens über stabile Aspekte in einer sich verändernden Welt« sahen.[185] Abgesehen von dem Akademikerjargon störte mich an solchen Formulierungen die Angst vor einer spirituellen Deutung. Hatten die Menschen damals so viel Zeit und Energie in die Errichtung aufwändiger Megalithgräber investiert, nur um sich an irgendetwas »Stabilem« festzuhalten? Hätten sie dieses Ziel nicht auch einfacher erreichen können? Für mich bedeutete der »Hauch der Ewigkeit«, den ich an großen Hünengräbern empfand, etwas anderes. Ich spürte an diesen Stätten, dass die damaligen Menschen ein völlig anderes Verhältnis zum Tod hatten als wir heute, und fand dies später auch durch entsprechende Literatur bestätigt.

Denn in vielen Dolmen wurden Grabbeigaben gefunden, die dem Toten die Reise ins Jenseits erleichtern sollten, sowie Symbole und Skulpturen, die die Kammern zu Orten des Übergangs machten. Sie sollten »Häuser der Ewigkeit« sein, weil ihre Erbauer von der ewigen Existenz einer Seelen- oder Lebenssubstanz ausgingen, die nach dem Tod weiterlebte. Ich wollte solche Annahmen nicht

Die 5000 Jahre alten »Karlsteine« bei Osnabrück

vorschnell als naive Wunschfantasien abtun, die frühere Kulturen nur aus Angst vor dem Tode entwickelt hatten. Vielleicht besaßen diese Völker noch andere Wahrnehmungsorgane, die etwas »schauen« konnten, was uns verschlossen ist.

Am stärksten hatte ich dieses Gefühl beim Besuch der riesigen Megalithanlage von Newgrange in Irland, der zu den eindrucksvollsten Erlebnissen meines Lebens gehört. In keiner Kirche, Moschee oder Synagoge habe ich je eine solche spirituelle Kraft gespürt wie an diesem Ort, auch nicht in Stonehenge oder an den ägyptischen Pyramiden.

Bereits der Gang durch den 19 Meter langen Tunnel ins Innere der Grabkammer war eine Erfahrung für sich. Tonnenschwere Steine türmten sich neben und über mir auf. Ich musste den Kopf einziehen, um nicht anzustoßen, und der Weg, obwohl eigentlich gar nicht so lang, kam mir endlos vor.

Der mit Spiralen verzierte Eingang der 6000 Jahre alten Megalithanlage Newgrange in Irland

Vielleicht spürte ich in den monumentalen Steinen über mir eine Kraft, der ich innerlich nicht gewachsen war und die mich zu Boden drückte, was zu einer Dehnung meines Zeitgefühls geführt haben mag. Die massiven Blöcke waren so geschichtet, dass auch nicht ein einziger Regentropfen in den 6000 Jahren seit seiner Errichtung ins Innere dieses Tempels gefallen war. Nach der eher klaustrophobischen Erfahrung im Gang öffnete sich dieser plötzlich zu einer größeren Kammer, an deren Seiten sich Grabnischen mit steinernen Schalen befanden. In ihnen waren früher die Knochen- und Aschenreste von Verstorbenen deponiert worden. Große Doppelspiralen verzierten die Wände, und über mir erhob sich eine Kuppel, die das Raumgefühl noch einmal ausweitete. Draußen vor dem Ganggrab hatte ich eine riesige Platte mit ähnlichen Spiralen gesehen, und der Führer wies uns auf einen Spalt über dem Eingang hin, in den am 21. Dezember, dem Tag der Wintersonnenwende, ein Strahl der aufgehenden Sonne ins Innere der Anlage fällt. Jetzt bei meinem Besuch war es Juli, aber die Archäologen hatten für eine Simulation dieses magischen Vorganges gesorgt. Wir waren ungefähr acht Personen und standen in der elektrisch erleuchteten Grabkammer, als das Licht plötzlich ausging und wir uns in der totalen Finsternis wiederfanden. Niemand sprach ein Wort, und auch kein verlegenes Kichern war zu hören. Eine angespannte Stimmung breitete sich aus, als auf einmal ein nur wenige Zentimeter breiter Lichtstrahl aus der Richtung des Eingangs auf dem Boden zu uns kroch. Vorsichtig tastend, wie ein schmaler Lichtfinger, bewegte er sich auf unsere Kammer zu und veranschaulichte den Weg der Sonne, wie sie ihn bei klarem Himmel jeden 21. Dezember nimmt. Es kam mir vor wie eine Lichtgeburt aus dem Schoß des Dunkels: Der Strahl wirkte zart, fast verletzbar, aber mit Leben gefüllt, da er allmählich immer breiter und heller wurde.[186] Nach einiger Zeit berührte er die Spiralen an den Wänden und die großen Steinschalen, auf denen einst die Reste der Toten geruht hatten. Auf ihnen leuchteten Ornamente auf, die aussahen wie Strahlungen, die sich nach allen Seiten hin ausbreiteten. Ungefähr 15 Minuten hielt dieser Zauber an, dann kroch das Licht auf demselben Weg, wie es gekommen war, zurück, und der Raum war wieder von totaler Dunkelheit erfüllt.

Sprachlos und tief beeindruckt standen wir erst einmal einige Zeit im Dunkel. Man spürte, dass allen Beteiligten ganz ähnliche Fragen durch den Kopf gingen: Wozu hatten Menschen, die damals in primitiven Lehmhütten wohnten, einen solch enormen Aufwand betrieben? Und was sollte das alles bedeuten? Was fühlten wir während dieses magischen Ereignisses, und hatte dies etwas mit den Empfindungen der Menschen vor 6000 Jahren zu tun? Der Führer erklärte uns, dass man damals die Sonne als Gottheit angebetet und in der Wintersonnenwendnacht ihr Erstarken gefeiert habe, weil sie wieder mehr Wärme und Licht auf die Erde brachte. Durch eigene Überlegungen und archäologische Studien kam ich zu Deutungen, die noch weiterreichten: Für die Menschen dieser Zeit existierte der Tod gar nicht, es gab keine Trennung zwischen den Bereichen Leben und Tod, die wir heute scharf voneinander separieren. Der Archäologe David Lewis-Williams wies darauf hin, dass – ähnlich wie in den Kulthöhlen der Altsteinzeit – auch den Megalithbauten eine Kosmologie zugrunde liegt, die sich von unserem Weltbild stark unterscheidet. Für ihn sind die Ganggräber künstlich nachgebaute Höhlen, die die Menschen in ähnlich erweiterte Bewusstseinszustände bringen sollten wie die Felsgrotten des Paläolithikums.[187] Durch enge Tunnel sollte man am Ende in kurzzeitig erleuchtete Einweihungskammern gelangen, wo sich Erfahrungen des Sterbens zu jenen einer Wiedergeburt verwandeln konnten.

Etwas Ähnliches hatte ich in Newgrange erlebt. Die Sonne, Spenderin allen Lebens, war am Ende der längsten, kältesten und dunkelsten Nacht in die Grabkammer gekrochen, hatte die Toten berührt und sie wieder mit in den Himmel genommen. Auch ich hatte die Dunkelheit nicht als endgültig und niederdrückend empfunden, sondern als ein Tor zu neuem Licht, als einen Durchgang, vor dem man sich nicht zu fürchten braucht. Die »Häuser der Ewigkeit« waren möglicherweise keine Stätten von Grauen und Angst gewesen, sondern Orte, an denen man den zeitlosen Hauch hinter allem Vergänglichen spüren konnte. Dieses Denken war wohl damals so verbreitet, dass es eine in sich stimmige Wirklichkeit abbildete, die wir nicht mit Worten wie »naiv« oder »abergläubisch« abtun sollten. Für David-Williams deuten noch weitere Funde in den Megalithbauten auf eine solche zyklische Kosmologie von Tod und Wiedergeburt hin. Dazu gehören beispielsweise Reste von rituellen Mahlzeiten, die man etwa im Ganggrab Barclodiad y Gawres in Wales gefunden hat: Knochen von Kaninchen, Schlangen, Fröschen und Kröten, allesamt »Tiere des Übergangs«, die zwischen Land und Wasser, Oben und Unten, Licht und Dunkel hin- und herpendeln. Lewis-Williams sieht darin Teile von Opferspeisen, die den Toten mittels »Hilfsgeistern« den Übergang in eine andere Welt erleichtern sollten.[188]

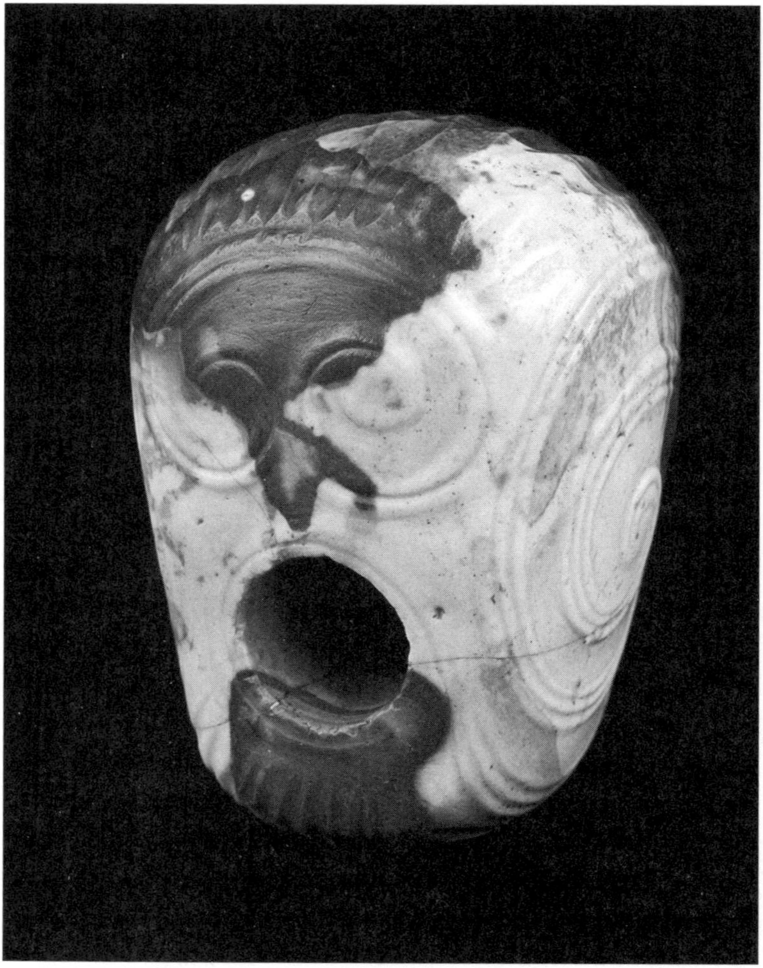

Die mit Doppelspiralen verzierte Kopfplastik aus dem Ganggrab Knowth in Irland: Augen und Ohren als Pforten in eine geistige Welt?

Eine ähnliche Funktion hatten vermutlich die vielen Spiral- und Wirbelornamente im Inneren der Anlagen, die für mein Empfinden den Stein gewissermaßen »durchlässig« machen. Lewis-Williams sieht darin symbolische Entsprechungen zu den Tunneln, die ins Innere der Grabkammern führen. Vielleicht verlor der Stein durch die Doppelspiralen seine Starrheit und wurde zu einem Tor in eine »geistige Welt«, ähnlich wie die Wände der paläolithischen Höhlen, die von den damaligen Menschen als »Membran« wahrgenommen wurden.

Lewis-Williams geht hier weiter als die meisten anderen Archäologen: Er sieht in den Doppelspiralen nicht nur den Bogen den Sonne, der im Winter kleiner und im Sommer größer wird, sondern auch ein »Sich-Hineinschrauben« in das dunkle Grab, an dessen Ende sich wieder etwas zum Licht hin öffnet.

Solche Muster findet man auch auf einer Kopfplastik im Megalithtempel von Knowth, der direkt neben Newgrange liegt.[189] Hier sind die Doppelspiralen an der Stelle der Augen und Ohren angebracht und deuten vielleicht auf eine erweiterte Sinneswahrnehmung hin, die alle Mauern durchdringt: für Lewis-Williams Symbole einer Kosmologie permanenter Übergänge, die keine Gegensätze mehr zwischen Mensch und Natur, Licht und Dunkel, Winter und Frühling, Leben und Tod kennt. Auch mich hat diese Deutung überzeugt, obwohl ich weiß, dass sie nicht wissenschaftlich eindeutig belegbar ist. Wie bei vielen Vorstellungen des »wilden Denkens« ergibt sich auch hier Stimmigkeit durch ein Netz von Analogien, nicht durch eindeutige empirische Beweise. Doch warum sollten diese Analogien nicht Verweise auf ein anderes, erweitertes Wirklichkeitsverständnis sein und damit mehr als nur subjektive Metaphern?

3 | Reisen in die »Anderswelt«: Keltische Wandlungsmysterien

Gehörten auch die Kelten zu den Kulturen Europas, bei denen »wildes Denken« üblich war? In keltischen Regionen wie Schottland, Irland, Wales, Cornwall oder der Bretagne finden sich bis heute auffällig viele Steinkreise und Dolmen, von denen man lange glaubte, dass sie auch spirituelle Orte der keltischen Druiden waren. Heute weiß man, dass sie Jahrtausende vorher von den Megalithkulturen errichtet wurden, die wahrscheinlich nichts mit den später aus dem Süden eingewanderten Kelten zu tun hatten. Gleichwohl bewunderten diese die eindrucksvollen Anlagen und integrierten sie in ihre mythologische Vorstellungswelt. So galt den Kelten das neolithische Ganggrab von Newgrange als ein geheimnisvoller Ort, an dem übersinnliche Wesen (»Sidhe«) hausten, mit denen man im Einklang leben sollte.[190]

Bei aller Verschiedenheit teilten die Megalithvölker und die Kelten gemeinsame Vorstellungen, die durchaus Lévi-Strauss' Begriff des »wilden Denkens« entsprechen: Ihr Weltverständnis fußte auf einer animistischen Kosmologie, die Landschaften, Elemente, Tiere und Pflanzen als von »Geistern« beseelt ansah und an ein Fortleben der Seele nach dem Tode glaubte. Quellen, Höhlen, Flüsse, Moore, Seen und Wälder waren für die Kelten Schwellenorte, an denen man in geistige Sphären übertreten konnte, die sie »Anderswelt« nannten. Es gab über hundert Bezeichnungen für diese unsichtbare Welt, die sowohl in dunklen wie auch in paradiesischen Farben gemalt wurde.[191] Viele dieser Beschreibungen sind aus der reichen keltischen Sagenwelt überliefert, die von christlichen Mönchen zwischen dem 6. und 12. Jahrhundert vor allem in Irland und Wales aufgezeichnet wurden. Nach Meinung vieler Forscher spiegeln diese Texte noch Reste von weiter zurückliegenden mythologischen Vorstellungen wider, die man sonst nur aus archäologischen Funden und anhand von Berichten griechisch-römischer Autoren rekonstruieren kann.

Es ist nicht leicht, aus all diesen verstreuten Quellen etwas über den »Celtic Spirit« herauszubekommen, ohne dass es zu spekulativ wird. Immerhin finden sich bei antiken Autoren wie Cäsar, Strabo, Poseidonios, Plinius, Lukan und Tacitus viele Hinweise auf ein »wildes Denken« bei den Kelten, die man durch Archäologie untermauern kann. Die von diesen Zeitzeugen beschriebene Verehrung der Kelten für das Wasser wurde etwa durch entsprechende Funde an Seen, Quellen und Mooren bestätigt, z. B. durch Ausgrabungen an den Seeheiligtümern Llyn Cerrig Bach oder Llyn Fawr in Wales. Dort fand man Bronzekessel mit Weihegaben, Schilde, Schwerter, Schmuck, an anderen Orten auch Moorleichen, die eventuell auf rituelle Menschenopfer schließen lassen.[192] Solche Gewässer galten als Übergangsorte in die »Anderswelt«, wo Götter und Geister hausten, die man durch Opfergaben zu besänftigen suchte. Ähnliches gilt auch für die »heiligen Haine« der Kelten, in denen ihre Priester, die Druiden, Mistelzweige schnitten, die sie für Heilzwecke benutzten. Das berichteten nicht nur antike Autoren, sondern wurde auch durch Skulpturen bestätigt, die Fürsten oder Druiden mit mistelförmigen Kopfhauben zeigen.[193] In dem Museum »Keltenwelt am Glauberg« in Hessen sahen wir die vollständig erhaltene Statue eines Fürsten mit einer solchen Kopfbedeckung, der wohl gleichzeitig politischer Herrscher und Druide war.[194]

Zum »wilden Denken« gehört – wie wir an vielen Beispielen gesehen haben – auch eine andere Vorstellung vom Tod. Die Kelten waren von der Unsterblichkeit der Seele überzeugt, was reiche Grabbeigaben in ihren Bestattungshügeln bezeugen. Einige von ihnen habe ich während der Dreharbeiten zu dem Film besucht, der parallel zu diesem Buch entstand. Vor allem das eher unscheinbare Fürstengrab von Rodenbach in Hessen hat mich in dieser Beziehung beeindruckt. Es dauerte einige Zeit, bis ich es in einer Grünanlage neben einer Wohnsiedlung fand. Plötzlich erhob sich vor mir ein überwachsener Hügel mit einem Eingang, an dem sich ein Vorhang aus Leinen leise im Wind hin- und her bewegte: ein verlassener Ort, an dem niemand zu sehen war und der etwas Geheimnisvolles ausstrahlte. Im Inneren des Grabhügels lag in einer Vitrine der mit einem weißen Tuch zugedeckte Körper eines Mannes, der den verstorbenen Fürsten darstellen sollte, umgeben von einem Schwert, einem Becher, einem Krug und einem goldenen Armband. Die Grabbeigaben machten deutlich, dass für die keltische Bevölkerung der Tod als eine Reise verstanden wurde, die die Seele in ein anderes Reich führte. Insignien auf dem Armreif des Adeligen verdeutlichen diese Vorstellung. Ein Januskopf blickt in zwei Richtungen, wohl ein Bild für den an der Schwelle vom Diesseits zum Jenseits befindlichen Verstorbenen. Über einem Männergesicht sieht man die Beeren einer Eibe, die in ihrer Doppeldeutigkeit den Kelten als Symbol für Tod und Wiedergeburt galt. Einerseits sind die Beeren giftig und erinnern in ihrer roten Farbe an Blutstropfen, aber die Eibe als immergrüne Pflanze symbolisiert auch das ewige Leben.[195]

Ob die Kelten an eine Reinkarnation der Seele in einem neuen Körper glaubten, ist in der Forschung umstritten. Der griechische Geschichtsschreiber Diodor von Sizilien berichtete, dass bei den Kelten die Vorstellung des Pythagoras herrsche, wonach die unsterbliche Seele nach einigen Jahren noch einmal »in einen anderen Körper eingehe«. Und Julius Cäsar bezeichnete den Glauben an die Seelenwanderung als einen der wichtigsten Lehrsätze der keltischen Druiden: »Vor allem wollen sie davon überzeugen, dass die Seelen nicht vergehen, sondern nach dem Tod von den einen auf die anderen übergehen, und sie glauben, dass dies ganz besonders zur Tapferkeit ansporne, weil die Furcht vor dem Tode entfalle.«[196]

Anspielungen auf mehrmalige Reinkarnationen finden sich auch in der keltischen Literatur, die sogar Hinweise auf schamani-

Skulptur eines keltischen Fürsten mit einer Krone in Mistelform, was ihn wahrscheinlich als Druiden ausweist (Keltenwelt am Glauberg)

sche Elemente bei diesem Volk geben. So beschreiben die dem walisischen Barden Taliesin zugeschriebenen Gedichte häufig, wie sich Menschen verwandeln, als ob ihre Seele in anderen Gestalten weiterleben würde: »I have suffered earthly existence, in the water, in the element of earth«, heißt es dort etwa oder: »A second time I was created«.[197]

Sind dies bloße Metaphern oder Erinnerungen an vergangene Erdenleben? Der englische Autor John Matthews sieht in diesen Gedichten einen Nachhall druidischer Glaubensvorstellungen, die er mit schamanischen Traditionen indigener Völker vergleicht. Ich nenne das in dieser Dichtung Beschriebene vorsichtiger »Wandlungsmysterien« und lasse offen, ob es spirituelle Erfahrungen zu Lebzeiten oder Erlebnisse früherer Reinkarnationen sind. Auf jeden Fall gehören diese Bilder für mich zu den faszinierendsten Aspekten des keltischen Geistes, die mich in ihrer rätselhaften Schönheit bis heute tief berühren.

»Ich war in vielen Gestalten, bevor ich eine beständige Form fand«, beginnt eines der langen Gedichte von Taliesin, das diese Feststellung dann in vielen Beispielen verdeutlicht.[198] Der Autor beschreibt, wie er bereits in den Elementen verkörpert war, in Feuer, Erde, Staub, Wind, Nebel und in verschiedenen Formen des Wassers, z. B. als Seewind, Ozeanwelle und Meeresrauschen. Aber er war auch ein Baumstamm, ein Stier, ein Eber, ein Hirsch, ein Hund, ein Lachs, ein Rehbock, selbst ein Weizenkorn, das von einer roten Henne aufgepickt wurde und neun Monate in ihrem Magen verbringen musste.[199]

Natürlich kann man die Schilderung solcher Metamorphosen als künstlerische Fantasie deuten, doch sie berühren auch auf einer noch tieferen Ebene. Taliesins Verse bringen das besondere Faszinosum animistisch-schamanischer Vorstellungen klar auf den Punkt: die Weigerung, unsere scharfe Grenzziehung zwischen der menschlichen und nichtmenschlichen Welt mitzumachen, verbunden mit der Erinnerung daran, wie tief wir doch von anderen Lebensformen abhängen. Solche Bilder sind ein Affront gegen die subjektzentrierte Philosophie des Abendlandes, die in der Autonomie des »Ich« die höchste Errungenschaft der Kultur erblickt. Sowohl die Philosophie der Aufklärung als auch das Christentum haben immer das Primat des bewussten Subjekts gegenüber einer als unbeseelt gesehenen Tier- und Pflanzenwelt betont. Dabei erinnert uns das »wilde Denken« daran, dass unser »Ich« nichts ist ohne die uns umgebende Luft, ohne die Erde, die uns ernährt, und das Wasser, das 70 Prozent unseres Körpers ausmacht. Ob wir es bewusst erleben oder nicht: Wenn wir neben einem Baum stehen, atmen wir den von ihm produzierten Sauerstoff ein und nähren ihn mit dem von uns freigesetzten Kohlendioxid. Es besteht eine tiefe gegenseitige Verbindung, bei der jede Seite von der anderen abhängt und im gemeinsamen »Atemraum« nicht mehr erkennbar ist, wo wir aufhören und der Baum beginnt. Dies ist eine animistische Beziehung mitten im Alltag, die jedoch kaum einem mehr auffällt. Wir sind unauflöslich verbunden mit der Lebendigkeit des Baumes sowie mit den uns umgebenden Pflanzen und den sie bestäubenden Insekten. Würden sie verschwinden, gäbe es unser oft selbstherrliches »autonomes Subjekt« auf einen Schlag nicht mehr. Daran erinnern die Metamorphosen eines Taliesin, von denen man einfach nicht sagen kann, ob sie dichterische Imaginationen, schamanische Erfahrungen oder gar Erinnerungen an vergangene Erdenleben sind. Letzteres halten wir Menschen der Neuzeit kaum mehr für möglich, aber wir haben ja in unseren Ausführungen zum tibetischen Reinkarnationsglauben gesehen, wie anders etwa asiatische Kulturen damit umgehen.

Ich werde jedenfalls von Taliesins vibrierender Mythopoesie zu Meditationen angeregt, in denen ich die dort beschriebenen Wandlungen innerlich mitzumachen versuche. Was passiert, wenn ich mir vorstelle, einmal eine Flamme, ein Windhauch oder ein Meeresrauschen gewesen zu sein? Es macht mich zunächst kleiner, demütiger, aber auch leichter, durchlässiger und beweglicher. Ich fühle mich dann nicht mehr als festumgrenztes Ich, sondern wie eine flüchtige Substanz, die frei umherschwirren und schweben kann. Dabei empfinde ich die Besonderheiten der Elemente intensiver. Feuer, Wasser und Luft sind auf einmal nichts Selbstverständliches mehr, sondern kostbare Zustände des Lebendigen, die ich neu wahrnehmen kann. Solche Erfahrungen erzeugen auch ein verstärktes Staunen über Phänomene, die ich sonst leicht übersehe. Taliesins eingeschobene Kinderfragen unterstützen dies zusätzlich: Warum ist der Regen nass? Warum ist das Gras grün? Warum ist die See salzig? Warum glitzert der Lachs?[200] Der keltische Barde regt uns nicht nur an, in diese Lebensformen hineinzuschlüpfen, sondern intensiviert auch das Gefühl des Geheimnisvollen und rational Unerklärbaren, das sie umweht. Er sei, so sagt Taliesin einmal, »a great singer of songs of praise«, d. h. er will die Schönheit und den Reichtum der Schöpfung lobpreisen.

Ferner teilt Taliesin uns mit, dass er seine Einsichten aus dem »Kessel der Ceridwen« erhalten habe[201]: eine Anspielung auf eine weibliche Figur aus der keltischen Mythologie, aus deren rätselhafter Schale immer neue Gestalten strömten, deren letzte schließlich der Dichter Taliesin selbst war. Dieser Kessel, der in späteren Erzählungen auch als Gralskelch wiederkehrt, wird als Quelle von Inspiration und Wiedergeburt angesehen. Er ist ein Füllhorn, das wie eine unaufhörlich rieselnde Quelle den Dichter mit immer neuen Inspirationen versorgt, die ihn allerdings auch überfluten und in den Wahnsinn treiben können.

John Matthews weist darauf hin, dass auch der Schamane oft an der Grenze zwischen Inspiration und Psychose arbeite und daher eine besondere Schulung brauche. Und auch Taliesins Poesie kann einen Grad von surrealer Verschlungenheit erreichen, der verwirrender ist als die exaltiertesten Texte unserer Dichter. Das mag auch damit zusammenhängen, dass für die Kelten Literatur immer auch mit göttlicher Eingebung zu tun hat. Ihr Wort für Inspiration (»Awen«) umfasst auch die Einflüsterungen von Musen, Göttern und Geistern und hängt mit Worten wie »Brise«, »Atem« und »Hören« zusammen. Der Barde, Druide oder Schamane, so Matthews, atme die aus dem »Kessel« fließende höhere Inspiration ein und fasse sie in Verse, die er dann an seine Gemeinschaft weitergebe.[202] Zu welch extremen Formen solche »Eingebungen« führen können, bezeugt etwa die Geschichte des Sehers Tuan Mac Cairell, der von seinem Leben in entlegenen Höhlen erzählt, wo er fastend und meditierend frühere Verkörperungen erlebt haben will. Zunächst sei er in einen Hirsch verwandelt worden, dann in einen Eber, Falken und Lachs, der jedoch gefangen und einer Königin als Speise serviert worden sei. Im Bauch der Königin habe Tuan Mac Cairell alles vernehmen können, was in Irland gesprochen worden sei, was ihm die Gabe des Prophezeiens verliehen habe. Das rätselhafte Gedicht kulminiert in dem erfreuten Ausruf: »A hawk today, a boar yesterday, wonderful (…) inconstancy!«[203] »Inconstancy« bedeutet sowohl Unbeständigkeit als auch Wandelbarkeit. Nichts bleibt für die keltische Mythologie und Poesie beständig, alles verändert sich und hängt auch immer von anderen Lebensformen ab, mit denen wir zu tun haben.

Bei den Schilderungen von Tuan Mac Cairell musste ich an die Erfahrungen tibetischer Lamas denken, die jahrelang in entlegenen Höhlen meditierten und dabei versuchten, mit dem über das ganze Universum verteilten Bewusstseinsstrom eins zu werden. Solche Erfahrungen sind etwa von Dilgo Khyentse Rinpoche, dem spirituellen Lehrer des jetzigen Dalai Lama, überliefert.[204] Ist der von Taliesin, dem keltischen Dichter, beschriebene Geisteszustand vergleichbar mit solchen fernöstlichen Erfahrungen? Findet nicht in beiden Fällen ein ganz ähnliches Eintauchen in eine »Anderswelt« statt, in ein unsichtbares Fluidum der All-Verbundenheit, das auch alle Tier- und Pflanzenformen miteinschließt?

Dass solche Erlebnisse zur keltischen Kultur dazugehörten, bezeugt neben der Dichtung auch ihre ornamentale Kunst, die häufig fließende Übergänge zwischen Mensch und Tier herstellt. Viele Verzierungen thematisieren das Verflochtensein verschiedener Lebensformen und führen sie in üppiger Vielfalt aus. Solche Ornamentik findet sich sogar noch in der Handschrift des »Book of Kells« aus dem 8. oder 9. Jahrhundert, in deren christlichen Inhalten immer noch heidnisch-animistische Reste herumspuken. Aus Armen und Beinen von Heiligen wachsen Tierköpfe hervor, ganze Buchseiten sind von Blattranken übersät, die sich vorübergehend in Köpfe, Pfoten, Blüten, Beine materialisieren und dann wieder in abstrakte Linien auflösen: ein pantheistisches Erbe, das sich nicht ausreden lassen will, dass alles mit allem verknüpft ist, und wie eine Visualisierung von Taliesins Poesie wirkt.[205]

Auch archäologische Funde zeigen solche innigen Verflechtungen von Mensch und Tier, wie etwa der berühmte Silberkessel von Gundestrup, der zwischen dem 5. und 1. Jahrhundert v. Chr. entstand. Er wurde zwar in einem einst germanischen Siedlungsgebiet in Dänemark gefunden, aber seine Bilderwelt wird von den Forschern den Kelten zugeordnet. Wir haben hier das Glück, dass ein materieller Fund von großer Aussagekraft die verschlüsselten Botschaften von viel später entstandenen Dichtungen vorwegnimmt und gleichzeitig bestätigt. Auf dem Kessel sieht man viele Tiere, die in mannigfaltigen Beziehungen zu Figuren stehen, die sowohl Barden, Schamanen oder auch Götter sein könnten.[206] Beim

Eine gehörnte Figur auf dem keltischen Gundestrup-Kessel, den man 1891 in einem dänischen Moor fand und der wohl kultischen Zwecken diente

Betrachten des Kunstwerks, das wohl ein Ritualobjekt war, denkt man eher an Spiele oder Tänze mit den Tieren als an Kämpfe oder Jagdszenen. Ähnlich wie in den Höhlen von Lascaux oder Chauvet umschweben auch hier die Tiere die Menschen und stehen nicht auf festem Boden. Manche sind als Hirsche, Eber, Schlangen, Vögel oder Stiere zu identifizieren, aber andere weisen auch fantastische Formen auf. Ein Vogel landet auf der offenen Hand eines Mannes, andere Figuren halten kleine Eber in den Händen, die nicht größer als Katzen sind.

Da die Größenverhältnisse nicht stimmen und surreale Tierformen vorkommen, könnten diese Wesen, so John Matthews, auch tierische Hilfsgeister sein, wie sie aus der Welt des Schamanismus bekannt sind. Dafür spricht eine Darstellung, die einen Mann mit einer Geweihhaube zeigt, der in einer Hand einen keltischen Halsreif (Torques), in der anderen eine Schlange hält. Wir haben diese gehörnten Kopfhauben bereits in einem früheren Kapitel kennengelernt und in Verbindung mit Schamanen und ihren Verwandlungsritualen gebracht. Noch im 20. Jahrhundert wurden in Sibirien spirituelle Zeremonien mit solchen Geweihkronen durchgeführt.[207] Die gehörnte Figur könnte auch den keltischen Gott Cernunnos darstellen, der sich noch auf anderen Darstellungen findet[208], aber die Verbindung mit dem Kessel und den vielen Tieren lässt auch an die Wandlungsmysterien bei Taliesin denken. Keltologen aus dem akademischen Raum wären hier zurückhaltend, aber die diesbezüglichen Analogien in John Matthews‹ Buch über »Taliesin, den Schamanen« haben für mich eine gewisse Plausibilität.

Ähnlich wie die Deutungen der Megalithgräber von David Lewis-Williams lassen mich all diese Bilder mit spannenden Anregungen zu eigenen Meditationen zurück. Auch die Kelten verstanden sich in ihrem »wilden Denken« als Teil eines sie umgebenden Stromes von Lebendigkeit und Bewusstsein, den sie »Anderswelt«

nannten. Diese Teilhabe reichte bis in die kleinsten und unscheinbarsten Lebensformen. Ein Mensch konnte nicht nur zu einem Tier werden, sondern auch zu einem Weizenkorn, das von einer Henne aufgepickt wird und sich in ihrem Bauch zu einem neuen Lebewesen verwandelt:

»I have been a grain discovered …
A hen received me …
I rested nine nights
In her womb a child …
I have been dead, I have been alive …
I am Taliesin.«[209]

Alles war für die keltischen Druiden und Barden ein immerwährender Wandel. Selbst der »kleine Tod« des Verschlucktwerdens wurde nicht als Endstadium gesehen, sondern als ein Augenblick in einem größeren Prozess, der immer mit Regeneration und Wiedergeburt zu tun hat. In den Momenten, in dem ich solche alten Mythen meditiere, können sie »realer« werden als die festumgrenzte materielle Welt vor meinen Augen. Ich bin dann nicht mehr alleine, sondern Teil eines Stromes, der mich trägt und mich immer neu über das »Göttliche« in allen Dingen staunen lässt. Egal ob dieser Strom künftige Wiedergeburten hervorbringt oder nicht: Jeder Künstler kennt diese Erfahrung und nimmt damit automatisch am »wilden Denken« teil. Die Kelten, das künstlerisch begabteste Volk des frühen Europa, haben uns solche Visionen in betörenden Werken übermittelt und bleiben damit ewige Impulsgeber vor allem in spirituell dürftigen Zeiten.

4 | Teufelssteine: Die Dämonisierung des »wilden Denkens« durch die Kirche

»Wildes Denken« gab es also früher auch in Europa, und es unterschied sich in seinen animistischen Zügen nicht wesentlich von anderen indigenen Kulturen der Welt. Doch was geschah mit dieser Spielart des menschlichen Geistes, die die Natur noch nicht als Rohstofflieferanten ansah, sondern als von »Geistern« und Göttern« beseelten Raum?

Lange bevor die Aufklärung solche Dinge in den Bereich des Irrationalen verbannte, sagte eine andere abendländische Weltanschauung mit zunehmendem Machtanspruch dem »wilden Denken« den Kampf an: das Christentum. Die britische Historikerin Catherine Nixey hat in ihrer Studie »Heiliger Zorn« nachgewiesen, wie unerbittlich schon frühe Christen gegen die alten Religionen der Antike vorgegangen sind. Bereits kurz nach der Erhebung des Christentums zur römischen Staatsreligion durch Konstantin den Großen im Jahre 380 n. Chr. begann die Zerstörung von heidnischen Tempeln, Götterstatuen und Büchern, die für die neuen Religionsvertreter nur überholten Götzendienst verkörperten. Schon die agitatorische Sprache der Eiferer zeigt, wie sehr man die alte griechisch-römische Mythenwelt zu dämonisieren versuchte. Vom »wahnsinnigen Irrweg (…) boshafter Heiden« ist dort die Rede, von »satanischer Finsternis« und »Dämonen«, die »ausgerottet« und »mit der Wurzel ausgerissen« werden sollten.[210] Diesen sprachlichen Gewaltexzessen folgten auch physische, so etwa die Ermordung der »heidnischen« Philosophin Hypatia von Alexandria, der man mit Tonscherben die Haut vom Leib schnitt, um ihren Körper anschließend zu zerstückeln und zu verbrennen.[211]

Nixey will mit ihrem Buch nicht die gesamte christliche Religion dekonstruieren und leugnet auch viele ihrer Werte und Verdienste nicht. Aber sie widerlegt den Mythos eines angeblich immer nur friedfertigen frühen Christen- und Märtyrertums. Die neue Religion spendete den Menschen nicht nur Trost, sondern bot vor allem ein effektives Kampfmodell an, mit dem sich »Gute« von »Bösen«, Gottes- von Satansanbetern unterscheiden konnten.[212] Der Götterkosmos von Apollo, Aphrodite, Isis, Pan und Bacchus, der jahrhundertelang Schönheit, Poesie und Weisheit verbreitet hatte, wurde mit einem Male als »Götzenkult« verdächtigt, der den Menschen von Satan eingeflüstert worden war, um sie vom richtigen Weg abzubringen. Während die Römer fremde Götter mühelos in ihr Pantheon integriert hatten und dasselbe auch für den christlichen Gott vorschlugen, blieben die Missionare des neuen Glaubens unerbittlich. Jeder, der noch in die Tempel der alten Naturreligion ging, musste von seinem »verstockten Herzen« erlöst werden, notfalls mit Gewalt. Die neue Kirche, so erläuterte Augustinus die effektive Psychotechnik des Christentums, strafe nur »aus Liebe« und sei eigentlich ein Arzt, der sich um vorübergehend »geistesgestörte« Patienten kümmere. Die Angst der Verfolgten wurde von ihm nicht ernstgenommen, sondern vielmehr die Verfolgung zu einer höheren Mission verklärt. Es sei immer noch besser, Angst zu haben als zu sündigen: »Wo Schrecken herrscht«, so der Kirchenvater, »da ist Rettung (…) Oh, barmherzige Barbarei!«[213] Hier, so schreibt Catherine Nixey, seien die intellektuellen Grundlagen für tausend Jahre theokratischer Unterdrückung gelegt worden.

Welche Gewalt gegenüber der vorchristlichen Ikonographie an den Tag gelegt wurde, belegt auch das Buch »Making and breaking the Gods« des dänischen Historikers Troels Myrup Kristensen mit Dutzenden von Bildbeispielen. Verstümmelte Gesichter vor allem von weiblichen Gottheiten sowie von Bacchus und Dionysos zeigen, dass deren ausgeprägte Sinnlichkeit die christlichen Eiferer besonders gereizt haben muss.[214]

Wie die Verfolgung des »wilden Denkens« in Mittel- und Nordeuropa ausgesehen hat, kann man zahlreichen Dokumenten der

Kirchengeschichte entnehmen. Bereits im 6. Jahrhundert n. Chr. ereiferte sich der Erzbischof Cäsarius von Arles, dass im Umfeld seiner südfranzösischen Stadt noch zahlreiche heidnische Kulte weiterlebten. Dazu zählten neben magischen Heilpraktiken auch Opferrituale an heiligen Quellen und Bäumen, deren Zerstörung er anordnete. Ein besonderer Affront waren für ihn die Jahreszeitenfeste, etwa das Neujahrsfest, bei dem die Menschen sich Felle und Tiermasken überzogen und »schimpfliche Gesänge« mit frivolen Inhalten anstimmten.[215] All das wurde wieder – unterstützt von einer ausgeklügelten christlichen Dämonologie – als Werk des Teufels beschrieben, der den Menschen immer weiter von Gott abbringen will.[216]

Auch im deutschsprachigen Raum bezeugen Bußbücher und geistliche Verordnungen aus dieser Zeit die heftige Abneigung der Kirche gegenüber naturreligiösen Praktiken. Auf den Recherchereisen zu diesem Projekt kam ich an einigen Orten vorbei, die noch heute von den Auswüchsen dieser Intoleranz erzählen. So besuchte ich in dem kleinen Eifelort Prüm die riesige Abtei, die vor 1000 Jahren ein Zentrum missionarischer Heidenbekehrung gewesen war. Vor ihr thront auf einem Sockel die Statue des Regino von Prüm, eines ihrer Äbte, dessen »Sendhandbuch« ein sprechendes Zeugnis für die Angst der Kirche vor dem »wilden Denken« ist. Ähnlich wie Cäsarius von Arles hält Regino Geistliche dazu an, zu prüfen, inwieweit in ihrer Gemeinde noch heidnische Rituale existieren, und ordnet für unbelehrbare Heiden harte Strafen an. Die Pfarrer sollten z. B. herausfinden, ob noch »Wahrsagerei, Vogelschau oder Zeichendeuterei« betrieben wurde und ob Menschen an Bäumen, Quellen oder alten Steinen Weihegeschenke ablegten. Verboten wurde auch, »die Elemente oder den Mond oder den Lauf der Gestirne zu verehren«. Für den Gläubigen, so heißt es im Sendhandbuch, bestehe kein Zweifel daran, »dass all diese Dinge Götzendienst sind und deshalb vollständig ausgemerzt werden müssen«.[217]

Wie schon bei den antiken Göttinnen wird auch hier vor allem das weibliche Geschlecht verdächtigt, besonders empfänglich für die Einflüsterungen »böser Geister« zu sein. Satan selbst, so der Abt, verwandle sich dann in einen »Engel des Lichts«, finge gerne »die Seele einer schwachen Frau« ein und gaukle ihr abwegige Vorstellungen vor. Dabei hat Regino von Prüm speziell Frauen im Visier, die behaupten, dass sie »zu nächtlicher Stunde mit Diana, der Göttin der Heiden« auf Tieren durch die stille Nacht flögen und ihren Befehlen gehorchten.[218] In seinem Furor wünscht der Geistliche all diesen ungläubigen Frauen den Tod, damit sie andere nicht in ihren Wahn hineinziehen könnten. Wir haben hier bereits mit Vorboten der religiösen Wahnvorstellungen zu tun, die einige Zeit später zur Ermordung zehntausender unschuldiger Frauen als »Hexen« führen werden.

Doch auch schon im 8. Jahrhundert wurden Menschen wegen ihres »heidnischen« Glaubens umgebracht. So ließ Karl der Große während seiner Sachsenkriege viele Anführer germanischer Stämme ermorden, die sich weigerten, der christlichen Religion beizutreten. Das in dieses Umfeld gehörende »Sächsische Taufgelöbnis« zeigt deutlich, welche Unterwerfungsgesten damals verlangt wurden. Es fordert von den Heiden, dass sie »allem Teufelsdienst« abschwören und nicht länger althergebrachte Götzen wie »Wodan« und »Saxnot« verehren.[219]

Bei der Missionierung der germanischen Stämme wurden auch deren Heiligtümer attackiert und oft dem Erdboden gleichgemacht. Noch heute legt eine befremdliche Skulptur vor dem Dom in Fritzlar Zeugnis von diesen Gewaltakten ab, die ich ebenfalls filmte. Die große Bronzeplastik stellt den Missionar Bonifatius dar, der im 8. Jahrhundert in der Umgebung die sogenannte »Donareiche« gefällt haben soll: ein Baumheiligtum der dort ansässigen germanischen Stämme, aus dessen Holz Bonifatius ein erstes Bethaus errichtete. Die Figur des Geistlichen hält eine übergroße Axt in der

Hand, die ihn wie einen Unhold aus einem Horrorfilm aussehen lässt. Sollte mit dieser überzogenen Darstellung die Berechtigung dieses missionarischen Gewaltaktes noch einmal künstlerisch bekräftigt werden? Sollten die zwangsbekehrten Heiden dadurch noch »primitiver« aussehen, nach dem Motto: »So viel Kraft bedurfte es, um ihren naturreligiösen Unsinn auszumerzen?«

Während der Filmaufnahmen kamen Busse mit Touristen an, die eine Domführung gebucht hatten und vor der Bonifatius-Statue Informationen über deren Bedeutung erhielten. Natürlich wurde das Fällen der »Donareiche« nicht kritisch kommentiert, sondern als notwendiger Kollateralschaden der Missionierung dargestellt. Doch der Bildhauer hat, absichtlich oder unabsichtlich, mit der riesigen Axt durchaus eine Wahrheit getroffen.

Denn wenn man den Briefwechsel zwischen Bonifatius und dem damaligen Papst Gregor II. über die Missionierung der Germanen liest, erschrickt man über die brachiale Sprache, die in der Zerstörung der »heiligen Eiche« nur ihre logische Entsprechung

Skulptur des Missionars Bonifatius vor dem Fritzlarer Dom, der angeblich im 8. Jahrhundert die germanische »Donareiche« fällte

fand. Bonifatius empört sich wiederholt darüber, wie sehr die Bevölkerung noch im »heidnischen Irrwahn« gefangen sei. Daher müssten »geistliche Hacken« bereitgestellt werden, um das »Unkraut auszurotten« und zum »Verbrennen« wegzuschaffen.[220] Auch in diesen Briefen wird gegen spirituelle Praktiken an Bäumen, Quellen und gegen »Wahrsagerei, Losdeuten und Zauberwahn« polemisiert. Der Papst fordert, die »unbebauten Gefilde« der Einheimischen mit der »Pflugschar des Evangeliums« zu beackern.[221] Triumphierend berichtet Bonifatius ihm, wie beim Fällen der »Donareiche« die christliche Vorsehung von oben mitgeholfen habe: Als er den Baum nur ein wenig angehauen habe, »wurde sofort die gewaltige Masse der Eiche von höherem göttlichen Wehen geschüttelt und stürzte mit gebrochener Krone zur Erde, und wie durch höheren Winkes Kraft barst sie sofort in vier Teile«.[222]

Bei einer solchen Sprache stellt sich die Frage, wo hier der vielbeschworene Friedensappell des Christentums geblieben ist: die Sätze der Bergpredigt etwa, wonach die Sanftmütigen und Friedfertigen selig sind und man auch seine Feinde lieben soll. Studiert man die vielen, über Jahrhunderte reichenden Angriffe des Christentums auf seine paganen Vorgänger, so kommen durchaus Zweifel an seiner grundsätzlichen Friedfertigkeit auf. Zu vehement ist die Dämonisierung anderer Glaubensrichtungen und zu gewaltig die Opferzahlen von »Heiden«, »Hexen« und Häretikern. Daher muss die Frage offenbleiben, ob das Christentum in seinem Kern wirklich eine Religion der Liebe und des Mitgefühls ist oder ob nicht bereits in seinen Grundannahmen Alleinherrschaftsanspruch und Intoleranz schlummern.

Bei meinen Drehreisen, auf denen mich meine Freundin Christine in inspirierender Weise begleitete, waren wir erstaunt, wie viele Spuren dieser längst vergangenen geistigen Kämpfe noch in den Wäldern Deutschlands zu finden sind. Zahlreiche Dolmen, Steinkreise und mysteriöse Felsenklippen tragen Namen wie »Teufelsstein«, »Düwelsteen«, »Teufelsbackofen«, »Druidenstein«, »Heidenopfertisch« oder »Heidenfelsen«. Dies sind natürlich keine Namen aus germanischer Vorzeit, aber sie spiegeln Erinnerungen des Volkes an einstige Dämonisierungspraktiken der Kirche wider. Die ursprünglich kraftspendenden Naturorte wurden über Jahrhunderte mit abschreckenden Namen versehen, um die Menschen davon abzuhalten, dorthin zu pilgern und Rituale abzuhalten. Vor allem in den ausgedehnten Waldgebieten der Eifel fanden wir zahlreiche solcher Orte, die gutes Bildmaterial für meinen Film hergaben. Wir stießen nicht nur auf unheimliche Schluchten mit Namen wie »Grüne Hölle« oder »Teufelsloch«, sondern auch auf Reste paganer Kultstätten, die noch heute eine starke Aura besitzen. So etwa das »Diana-Denkmal« in der Nähe von Bollendorf, das für die Göttin des Waldes und der Jagd im 2. Jahrhundert n. Chr. von einem reichen Römer errichtet worden war. Von dem Gedenkstein ist nur noch der Sockel mit Gewandresten und Beinen einer weiblichen Figur sowie Teilen eines Hundes erhalten. Laut der Überlieferung wurde die obere Hälfte einst von dem Bischof Willibrord aus dem nahen Echternach abgeschlagen. Der stille Andachtsort vor einem steil aufsteigenden Waldweg berührte uns auch deshalb, weil bunte Stoffbänder den Stein umflatterten, was auf die Besuche von spirituellen Sympathisanten schließen ließ.

Ähnlich eindrucksvoll war das »Fraubillenkreuz« auf dem einsam gelegenen Ferschweiler Plateau: ein ehemaliger riesiger Menhir, der – ebenfalls von Willibrord – durch heftige Gewalteinwirkung zu einem Kreuz umgewandelt worden war. Leicht geneigt und von Moos bewachsen, steht das Monument einsam an einer Wegkreuzung: ein unglückliches Zwitterwesen zwischen neolithischer Naturreligion und christlichem Auferstehungsmythos, das jetzt weder zur einen noch zur anderen Glaubensrichtung passt. Die enorme physische Kraft, die die Umgestaltung dieses einst

Das »Fraubillenkreuz« in der Eifel, ein zum christlichen Kreuz umgestalteter Menhir der Urzeit

auch phallisch konnotierten Symbols erfordert haben muss, sprang uns förmlich an. Sie löste – ähnlich wie die Riesenaxt des Bonifatius – auch ein Gefühl des Schmerzes in mir aus. Zu befremdlich muten solche brachialen Gewaltakte uns heute an.

Immer wieder denke ich über die Frage nach, warum die Kirche eine solche Angst vor der damaligen animistisch-polytheistischen Religion hatte und warum sie deren Götter nicht tolerieren oder einbeziehen konnte. Was war so schlimm daran, die Majestät von Bäumen anzubeten, das klare Rieseln von Quellen zu verehren oder die Kraft großer alter Steine zu bewundern? Was war so furchterregend an Gottheiten wie Diana, Aphrodite, Artemis, Pan, Bacchus, Dionysos, Wotan, Thor und Loki? Die starken und damit auch unberechenbaren Naturkräfte, die sie verkörperten? Das Elementare, Animalische und Sexuelle, das in ihnen schlummerte und von dem »sanften« Christengott nicht integriert werden konnte? Natürlich waren die damaligen germanischen und keltischen Stämme nicht nur »edle Wilde«, die ihr Leben einer sanften spirituellen Ökopoesie gewidmet hatten. Es waren auch kriegerische Völker, die nicht zimperlich mit ihren Feinden umgingen und gelegentlich Menschen opferten sowie einen Kult um die Kopfjagd betrieben.[223] Doch davon ist seltsamerweise in den Texten der Bischöfe und Kirchenväter kaum die Rede. Vermutlich war ihnen insbesondere der pantheistische Hintergrund der paganen Religionen ein Dorn im Auge, der übrigens bis heute von vielen Theologen abgelehnt wird: der Gedanke einer Trennung von Schöpfer und Schöpfung, der dazu führen konnte, dass man in Bäumen, Quellen und Felsen schon selbst etwas »Göttliches« wahrnahm. Diese Praxis einer Vergöttlichung der Natur wurde als eine schlimme Form von Blasphemie angesehen und daher als »Götzendienst« heftig bekämpft.

5 | Gutenborn: Wasserkultstätten und Quellheiligtümer

Alle alten Kulturen Europas verehrten auch das Wasser als numinose Macht und errichteten an Quellen, Flüssen, Seen und Mooren zahlreiche Kult- und Opferstätten. Allein in Irland soll es noch heute an die 3000 »heilige Quellen« geben, von denen wir bei unseren Recherchen einige besuchten. In meinem online zugänglichen Reisefilm »Magisches Irland« habe ich davon erzählt.[224] Auf der »Grünen Insel« muss die Christianisierung sanfter verlaufen sein als bei uns, denn die dortigen Quellheiligtümer umweht eine Atmosphäre, die sowohl christliche als auch keltisch-heidnische Elemente enthält. Wo einst ursprüngliche Wassergeister verehrt wurden, wachen heute Heilige der katholischen Kirche über das kostbare Nass, das immer noch Heilkraft und Reinigung verspricht.[225]

Manche dieser Quellen Irlands liegen verborgen in entlegenen Wäldern, und wir mussten sie für unsere Filmaufnahmen lange suchen. Von einem ganz besonders berührenden Heiligtum im Bezirk Kerry hatte ich vor unserer Reise im Internet ein Foto gesehen, das mich elektrisierte. Verblichene Marmorgestalten standen dort in einem »heiligen Hain«, in dem Raum und Zeit aufgehoben zu sein schienen. Das Foto hatte eine so starke Anziehungskraft, dass ich beschloss, diesen Ort unbedingt zu finden. Nur spärliche Hinweise hatte ich auf den irischen Internetseiten gefunden, sodass wir uns aus vielen eher vagen Angaben die genaue Lage selbst zusammenreimen mussten. Stundenlang streiften wir durch einen Wald mit alten Autoteilen in der Nähe von Kilpadder und klingelten an verlassenen Farmhäusern in der Hoffnung, genauere Hinweise auf die Quelle zu bekommen.

Es war ein heißer Sommertag, und wir hatten schon aufgegeben, als ich – einer letzten Fährte folgend – plötzlich die weißen Skulpturen durch die Bäume schimmern sah. Selten hat mich ein spiritueller Ort so tief berührt wie dieser: Eine verrostete und aus den Angeln gehobene Tür führte auf einen kleinen Platz im Wald, der für mich genau das verkörperte, was das Wort »heiliger Hain« umschreibt. Undenkbar, in Deutschland einen Ort mit einer solchen Stimmung zu finden, aber im weniger wohlhabenden Irland mit seinen oft wilden und urwüchsigen Landschaften war so etwas möglich. Überall lauerten Spuren des Verfalls, die aber nicht unangenehm wirkten, sondern die Atmosphäre geradezu magisch aufluden. Ein Gekreuzigter stand unter den Bäumen, daneben Maria Magdalena und ein Jünger, von Moosflechten überwachsen und von unzähligen Regengüssen abgewaschen. Die weißen Skulpturen wirkten nicht strahlend rein wie in Kirchen, sondern abgeblättert, durchlässig und dadurch verletzbarer. Wie verzaubert standen sie neben einer kleinen halbversiegten Quelle, deren Rieseln kaum mehr zu hören war. Summende Insekten und kleine Vögel umschwirrten ihre Häupter. Hier gab es keine eindringliche Predigt, die mich von Gott überzeugen wollte, keinen Weihrauch, kein Orgelspiel und keinen Gemeindegesang. Still harrten die Figuren unter den schattenspenden Bäumen und überließen mir selbst, was ich in diesem Moment denken und fühlen wollte. Natur war an diesem heiligen Ort kein störendes Element, das draußen gehalten werden musste, sondern sie durchfloss mit ihren Tönen, Lichtspielen und Gerüchen den wunderlichen Hain. Schlamm, nasse Erde, Vogelkot, Moos, Bienen und Mücken gehörten zu dem Ensemble der Statuen und Bäume dazu und bereicherten es. Hier war ein Christentum spürbar, das nicht ausgrenzend oder belehrend war, sondern an ältere Traditionen anknüpfte und ihnen Luft zum Atmen ließ. Es war mir, als ob ab und zu noch die alten Götter zu Besuch kämen, um intime Zwiesprache mit den neuen zu halten. Heidnische und christliche Elemente, die in mir meist als Gegensätze existieren, konnten sich hier die Hand reichen und neue Formen der Verständigung finden, was starke Gefühle von Glück und Erlösung hervorrief.

Auch wenn wir solche Stätten in Deutschland nicht entdeckten, so trafen wir auch hier auf zahlreiche alte Quellen, die von den Archäologen als Kult- und Opferplätze anerkannt werden. Ganz unterschiedliche Orte waren dabei, die durch ihre Naturumgebung auch einen gewissen Zauber verströmten. So etwa die Rhumequelle bei Göttingen, die wohl von allen Quellen Deutschlands am längsten als »heiliger Ort« aufgesucht wurde. Es ist eine Karstquelle, die sich aus unterirdischen Zuläufen von Flüssen speist und in der man Opfergaben fand, die vom Neolithikum bis ins Mittelalter und in unsere Zeit reichen.[226] Bei Ausgrabungen kamen Flintbeile, Fibeln, ein Kruzifix und eine bronzene Schiffsglocke zum Vorschein sowie eine Unmenge alter und neuer Münzen, die von Besuchern ins Wasser geworfen worden waren. Die eigentliche Quelle ist unscheinbar und eher verborgen, aber die Umgebung ist ein grünes Wald- und Teichparadies, in dem man gerne längere Zeit verweilt.

Ein völlig anderes Quellheiligtum begegnete uns im römisch-keltischen Sironabad in Nierstein südlich von Mainz. Untergebracht in einem Keller unter einem unscheinbaren Häuschen, konnten wir die Quelle erst betreten, nachdem wir im Rathaus einen Schlüssel dafür abgeholt hatten. Niemand fragte uns, was wir dort wollten, und beim Eintreten hatten wir den Eindruck, dass hier schon lange keiner mehr gewesen war. Eine alte vermoderte Treppe führte uns in eine nach Schwefel riechende Unterwelt hinab, in ein archaisches Badehaus aus römischer Zeit, wie ich es in Deutschland nicht vermutet hätte. Um für die Filmaufnahmen eine entsprechende Stimmung zu schaffen, hatten wir Kerzen mitgebracht, deren flackerndes Licht uns bald auf eine Zeitreise schickte.

Ich sah im Halbdunkel Menschen in den leicht vernebelten Hallen hocken, die vom rieselnden Geräusch der vier verschiedenen Quellen erfüllt waren. Wie eine vielstimmige Mediationsmusik breiteten sich diese Klangmuster aus und hüllten uns in eine Stimmung, die uns die Zeit vergessen ließ. Im Hintergrund erblickten wir im Dämmerlicht eine Statue der Quellgöttin Sirona und einen Altar, den eine römische Offizierstochter ihr zum Dank für eine erfolgreiche Heilung gestiftet hatte. Ich musste an die Seine-Quelle unweit von Dijon denken, die ebenfalls eine Heilstätte gewesen war, was viele Holzskulpturen von Menschen mit körperlichen Gebrechen bezeugen, die man dort fand. Sie verkörpern das Schicksal von Erkrankten, die dorthin pilgerten, um von der dortigen Göttin Sequana Heilung und Linderung zu erfahren.

Erhoffen wir uns heute nicht Ähnliches von dem Wellnesskult rund um Thermen und Solebäder?, dachte ich kurz, verwarf aber die Analogie rasch wieder. Auch wenn wir die beruhigenden und kräftigenden Energien des Wassers immer noch schätzen, so fehlt doch unserer Badekultur die spirituelle Basis. New-Age-Musik im Hintergrund und farbige Lichtstimmungen in der Sauna ersetzen noch nicht ein Weltbild, das einst an das »Göttliche« der Elemente glaubte. Jedenfalls für mich nicht, andere mögen das lockerer und vielleicht auch »zeitgemäßer« sehen. Ich aber tauche lieber in die Aura alter Kultplätze ein, wo ich immer noch Verbindungen zum Numinosen und Transzendenten spüren kann.

Das geschah auch an dem dritten von uns besuchten Quellheiligtum bei Kindsbach in Rheinland-Pfalz. Es ist das einzige in Mitteleuropa, welches noch gut erhalten ist und sich an seinem alten Platz befindet. Ähnlich alt wie das Sironabad, stellt es eine Mischung aus römischen und keltischen Elementen dar und liegt unter einem Felsvorsprung, der »Heidenfelsen« genannt wird – wieder eine Anspielung auf einen alten, vom Christentum geächteten Kultort. Von der Felsenkuppe aus kann man über das weite Land blicken, aber nicht auf endlose Wälder, sondern auf die US-Militärbasis Rammstein, von der die Geräusche landender Flugzeuge zu uns vordrangen. Ich liebe solche Konfrontationen, auch als Filmemacher, der sich dann nicht weltenthoben fühlt, sondern als wacher Zeitzeuge, der verschiedene Sphären miteinander verbindet. Auch hier gab es keine anderen Besucher, sondern nur Waldeinsamkeit mit gelegentlichen Motorgeräuschen aus der Ferne, in die sich das Murmeln der alten Quelle mischte. Ein kleines Holzdach wölbte sich über einem Steinrelief mit Darstellungen von Erd- und Wassergöttinnen, gleich neben ihnen sprudelte klares Wasser aus einem Felsen hervor. »Gutenborn« heißt dieser Ort, und noch zu Beginn des 20. Jahrhunderts behandelten Nonnen eines nahen Kinderheimes Bindehautentzündungen ihrer kleinen Patienten erfolgreich mit dem borhaltigen Wasser.

Als ich meine Dreharbeiten beendet hatte, blieben wir – meine Freundin und ich – noch eine Weile still an dem berührenden Ort sitzen. Fragen stiegen in uns auf: Warum besuchten wir im Jahr

Das keltisch-römische Quellheiligtum »Gutenborn« im Pfälzer Wald

2019 solche Stätten in unserer Heimat? Glaubten wir denn noch an die Gottheiten, die dort jahrhundertelang verehrt wurden? Konnten wir uns wirklich in die damalige Kultur hineinversetzen, mit ihren völlig anderen Lebensumständen, Nöten, Ängsten und Wünschen? Waren wir nicht nur spirituell interessierte Touristen, die sich über einen malerischen Rastplatz im Wald freuten?

Die Fragen verunsicherten mich, aber mir wurde auf einmal eine Bedeutung der Worte »heilig« oder »Heiligtum« klar, über die ich vorher nie nachgedacht hatte. Die von Göttinnen bewachte Quelle wirkte plötzlich wie ein Vergrößerungsglas auf mich, das die besondere Qualität dessen verstärkte, was dort aus der Erde sprudelte. Es war mehr als »bloßes Wasser«, was ich dort hörte und in seiner sprühenden Frische bis auf die Haut wahrnahm. Es war ein glitzerndes und flüchtiges Geschenk, das seit Jahrhunderten ohne Unterlass aus den geheimnisvollen Tiefen des Berges rinnt: wortlos, unschuldig, rein und ohne jemals eine Gegengabe zu fordern. »Heiligtümer«, so dachte ich, schärfen den Blick auf das Kostbare,

Qualitative, niemals Selbstverständliche, und mir fielen Nachrichten über den katastrophalen Wassermangel in vielen Teilen dieser Erde ein. Fast die Hälfte der Weltbevölkerung lebt in Gebieten, in denen es zu wenig Wasser gibt, z. B. in Afrika, China oder Indien. Über 500 Millionen Menschen – darunter viele Kinder und alte Menschen – sterben jährlich aufgrund von Erkrankungen, die durch unsauberes Wasser entstehen. Manche Prognosen gehen davon aus, dass in nicht allzu ferner Zukunft über 100 Millionen Menschen zu Flüchtlingen infolge von Wassermangel werden. Gerade die Machenschaften einer weltweiten Wasserindustrie, so dachte ich, bezeugen, mit wie viel Gier und hemmungslosem Egoismus die Elemente dieses Planeten ausgebeutet werden. Diese Gedanken hatte ich auch schon zu Hause gehabt, wenn ich erschütternde TV-Dokumentationen sah, z. B. über einen Konzern, der mit der Privatisierung von Wasser ein Riesengeschäft macht. Doch hier unmittelbar vor uns wirkte der Zauber eines spirituellen Gegenbildes, vielleicht gerade, weil es so unscheinbar, machtlos und verletzbar war. Eine alte, immer noch gepflegte Kultstätte erinnerte mich daran, was ein Wort wie »Quelle« alles bedeutet: nicht nur den Ursprung von lebenserhaltender Flüssigkeit, sondern ganz allgemein einen Ursprungsort, aus dem ganz natürlich und ungezwungen etwas hervorsprudelt – etwa ein »Quell der Freude« oder »Lebensquell«. In einer Welt des grenzenlos Machbaren rieselte hier ein Sinnbild vollkommener Selbstlosigkeit aus dem »Heidenfelsen«, das wir heute genauso dankbar bestaunen sollten wie frühere Kulturen, die diesen Ort zu etwas Besonderem weihten.

Wieder einmal verflüchtigten sich durch mythologische Bilder die Grenzen zwischen meinem Geist und der Natur, zwischen bedrängender Gegenwart und Erlebnisräumen der Vergangenheit. Und ich spürte einmal mehr das »wilde Denken« in mir, das – wie Claude Lévi-Strauss so schön sagt – in jedem menschlichen Geist blüht, »zeitgenössisch oder alt, nah oder fern«. [227]

Neben zahlreichen Wasserkultstätten findet man in Deutschland auch immer noch alte Heiligtümer, die der Fruchtbarkeit der Erde gewidmet sind. Wir erinnern uns an den Pachamama-Kult der Andenvölker, die mit alljährlich stattfindenden Ritualen der Erdmutter für ihre Großzügigkeit danken. Wie erstaunt war ich, als ich auch in meiner Heimat auf solche Mythen und Kultplätze stieß. Auch hier entpuppte sich die Eifel wieder als Fundgrube alter und immer noch lebendiger Kraftorte. Vor allem in der Nähe von Bad Münstereifel kann man verschiedene Matronenaltäre aus der Römerzeit besuchen, deren schönster bei dem Dorf Pesch auf einer bewaldeten Anhöhe liegt.

Ein Schild mit der Aufschrift »Heidentempel« geleitete uns auf einen Wanderweg, der hinauf zum Heiligtum führte. Oben belohnte uns ein wunderbarer, unter alten Bäumen gelegener Ort, der immer noch eine ganz besondere Ausstrahlung hat. Wir betraten einen alten Tempelbezirk, der einst Schauplatz einer Vielfalt von vorchristlichen Glaubensvorstellungen war, die weit über die Grenzen Deutschlands hinausreichten. Germanische, keltische, römische und griechische Götter gaben sich hier ein Stelldichein, ohne dass die einen die anderen verdrängen mussten. Neben Bildnissen der Matronen fanden die Archäologen auch Statuen des römisch-griechischen Gottes Jupiter bzw. Zeus und der altorientalischen Muttergöttin Kybele.

Vor diesen Einflüssen aus dem Mittelmeerraum waren die Matronenaltäre reine Baumtempel gewesen, ohne Figuren in Menschengestalt, die erst römische Bildhauer hinzufügten. Ein einzelner eindrucksvoller Baum konnte bei den Germanen und Kelten schon die »Erdmutter« verkörpern, die immer wiederkehrende Vegetationskraft, die jedes Jahr den Tod neu überwand.[228] Später integrierten die Römer solche vom germanischen Stamm der Ubier übernommenen Vorstellungen in ihr Pantheon und gestalteten sie weiter aus. Dadurch entstanden Weihesteine, auf denen meist drei Matronen sitzen, die Fruchtkörbe in ihren Händen halten. Mit unserem abfälligen Gebrauch des Wortes »Matrone« hat die damalige Bedeutung nichts zu tun. Früher, so die Matronenforscherin Sophie Lange, wurde damit »eine einflussreiche, verehrungswürdige Dame bezeichnet, deren Lebenserfahrung und Weisheit gefragt ist«.[229] Die Matronen sind »die Freigiebigen« und verkörpern die großzügige Vielfalt der Natur. Ihre Altarsteine zieren nicht nur Bilder von Fruchtkörben, sondern auch von Pinienzapfen, Vögeln, Füllhörnern, Bäumen, Pflanzen und Schlangen, die hier keine sündigen Tiere, sondern Verbündete einer Göttin sind.[230]

Auf dem Gelände des Heiligtums von Pesch steht auch ein alter Brunnen, der bezeugt, dass das Element Wasser ebenso zu dieser Form von Naturverehrung dazugehörte. »Wer sich Muße nimmt für eine meditative Betrachtung«, schreibt Sophie Lange, »wird von der steinernen Gelassenheit der drei thronenden Göttinnen eingefangen (…), eine typische Kultgegend, eine heilige Landschaft, ein Stück Irland, ein keltisches Paradies.«[231]

Wir haben dies auch so empfunden und waren berührt von den vielen Opfergaben auf den Altarsteinen, die bezeugten, dass der Ort auch heute noch häufig besucht wird. Fotos, Blumen, schön geformte Kieselsteine, Weizenkörner, Nüsse, Früchte, Perlen und kleine Zettel mit Aufschriften ließen mich tatsächlich an viele Quellheiligtümer in Irland denken, wo wir auch solche Spuren gefunden hatten.

Während unseres Besuchs war erst niemand zu sehen. Später näherte sich eine Mutter mit ihrer erwachsenen Tochter, und beide setzten sich auf eine Bank, um in Ruhe den friedlichen Ort zu betrachten. Vermutlich kommen vor allem Frauen zu diesem Platz, an dem sie Inspiration für eine Spiritualität suchen, in dem das

Das keltisch-römische Matronenheiligtum bei Pesch in der Eifel

Weibliche seinen gebührenden Anteil hat. Für das langsam sich ausbreitende Christentum muss gerade dieser Aspekt ein Dorn im Auge gewesen sein. Im Zuge der Christianisierung in Germanien wurden viele Matronensteine nicht nur zerstört, sondern auch als

Baumaterial für Kirchen benutzt. So fanden Archäologen unterhalb des Bonner Münsters zahlreiche Reste von ehemaligen Weihesteinen, die man als »unbrauchbar gewordenes Altmaterial« so zurechtgeschnitten hatte, dass sie in die Vermauerung passten.[232]

Die nahe bei Pesch gelegene Kirche von Weyer geht heute anders mit diesen Matronensteinen um: Hier dürfen sie im Kirchenraum neben den christlichen Reliquien stehen und von Touristen bewundert werden. Eine freundliche Küsterin brachte uns den Schlüssel und ließ uns für die Dreharbeiten alleine in der Kirche, wo wir über das Nebeneinander von christlichen und heidnischen Elementen meditieren konnten. Eine solch innige Verbindung wie an dem Quellheiligtum in Irland stellte sich bei mir jedoch nicht ein. Ich nahm eher eine ehrenwerte Geste der Toleranz wahr als einen echten Dialog zwischen zwei Glaubensformen, die auch für die heutige Kirche keinesfalls gleichberechtigt nebeneinanderstehen.

Einen weiteren Kultplatz der »großen Göttin« und »Erdmutter« fanden wir an einem Ort, der von seiner Atmosphäre her spirituelle Empfindungen nicht gerade begünstigt. Es war der Isis- und Magna-Mater-Tempel mitten im Einkaufscenter der Mainzer »Römer-Passagen«, wo Archäologen 1999 verschiedene übereinander gelagerte religiöse Stätten freigelegt hatten. Die tiefste Schicht besteht aus einem keltischen Frauengrab, darüber erheben sich ein römischer Magna-Mater-Tempel und die Reste eines Klosters aus dem 14. Jahrhundert.[233] Was für eine erstaunliche Konstellation verschiedener Kultstätten bot sich mir hier! Im lauten Getriebe einer Einkaufspassage führte uns eine Treppe hinab ins Dämmerlicht vergangener Zeiten, wo unterhalb des christlichen Vatergottes noch andere Göttinnen residierten, deren Ausstrahlung immer noch zu spüren ist. Ein Abstieg in die spannenden Tiefen europäischer Psychohistorie begann, der seine Wirkung auf uns nicht verfehlte.

Unten angekommen, betraten wir einen großen dunklen Raum, der nur von einigen kleinen Lichtquellen erleuchtet war. Als Erstes bemerkte ich die freigelegten Grundmauern des ehemaligen Isis- und Magna-Mater-Heiligtums, das im 2. Jahrhundert n. Chr. von vielen Menschen besucht worden war. An der Seite lag in einer Vitrine die mit einem Tuch bedeckte keltische Fürstin neben ihren Grabbeigaben, und in der Mitte des Raumes waren Bildnisse der Göttinnen Isis und Kybele, der Magna Mater, zu sehen. Sie wurden auf dünne Glasplatten projiziert, wirkten sehr durchlässig und leuchteten nur ab und zu auf: eine gelungene Visualisierung von eigentlich kaum darstellbaren numinosen Kräften. Die aus dem orientalischen Raum um 260 v. Chr. nach Rom eingewanderte Kybele war nicht nur eine Fruchtbarkeitsgöttin, sondern galt auch als »Herrin der Tiere«. Sie wurde zusammen mit ihrem verstorbenen Geliebten Attis verehrt, dessen Tod und Wiedergeburt in den Kybele-Kulten eine große Rolle spielte, ähnlich wie der zerstückelte Osiris, der von Isis neu zusammengesetzt wurde. In diesem Heiligtum wurden also nicht nur Göttinnen wegen ihrer Fruchtbarkeit verehrt, sondern auch wegen ihrer regenerativen Kräfte, die über den Tod hinausreichten: Als Herrscherinnen der Unterwelt verhießen sie auch ein glückliches Jenseits. Viele Fundstücke in den Vitrinen des Mainzer Tempels bezeugen die ausgelassenen Feste, die im römischen Reich zu Ehren von Isis und Kybele gefeiert wurde. Sie fanden zur Zeit der Wintersonnenwende statt, nach der die Tage wieder länger wurden und Kälte und Dunkelheit langsam nachließen. Es gab reichlich Essen und Wein, was etwa die Statue eines kleinen betrunkenen Zwerges bezeugt.[234] Vor allem aber brachte man den Göttinnen Opfergaben dar; viele von ihnen konnten die Archäologen bei ihren Ausgrabungen bergen: Getreide, Nüsse, Früchte, Eier, Datteln, Pfirsiche, Feigen, wohlriechende Salben, Terrakotten, aber auch Hähne und Singvögel, die in brennende Opferfeuer geworfen wurden. Hunderte von gefundenen

Öllampen lassen ahnen, in welches Zauberlicht der Tempel damals getaucht war. Manche Stücke in den Vitrinen zeigen auch, dass man an so etwas wie Liebes- oder Schadenzauber glaubte. Durchbohrte Puppen und Aufschriften mit Wünschen oder Verwünschungen weisen darauf hin:

»Der Prima Aemilia, der Geliebten des Narcissus«, so heißt es auf einem Bleitäfelchen, »soll es so ergehen: was auch immer sie versuchen wird, was auch immer sie tun wird, alles soll ihr verkehrt sein. Von Sinnen soll sie sich erheben, von Sinnen soll sie ihre Sachen tun. Was auch immer sich erheben wird, alles soll sich verkehrt erheben.«[235]

Kahlköpfige oder mit Kronen geschmückte Priester übten die Opferzeremonien aus, die mit einer Trank- und Weihrauchspende begannen und in einem Brandopfer mit Tieren endeten. Die Innereien von Hühnern und Vögeln waren für die Göttinnen bestimmt, die Reste wurden gekocht und beim Abschlussmahl von allen Kultteilnehmern verzehrt. Räucherwerke aus Weihrauch, Pinienzapfen und Baumharzen verbreiteten einen angenehmen Geruch und stellten mit ihrem aufsteigenden Nebel den Kontakt zu den Göttern her.

Welcher Gegensatz erwartete uns, als wir wieder aus dem mystischen Untergrund ans Tageslicht stiegen. Eine lärmende Schulklasse drängte uns entgegen, die von einer Lehrerin eine Führung bekommen sollte. Erinnerungen an meine Schulzeit in Köln stiegen auf, wo wir oft von Lehrern durch römische Ausgrabungsstätten geführt worden waren, was mich jedoch damals nur langweilte. Aber hier fand ich den Besuch nicht nur wegen der gut gemachten Ausstellung interessant, sondern mich faszinierte auch das Aufeinandertreffen von so verschiedenen Frauenbildern aus unterschiedlichen Epochen. Oben im Einkaufscenter dominierten die Werbewände mit den geschminkten Models, die Frisör- und Kosmetikläden, in denen sich junge Mädchen ihre Haare und

Nägel machen ließen. Hier wie auch in den Medienabteilungen der großen Kaufhäuser herrschten andere »Göttinnen«: Top-Models, Popikonen und Filmschauspielerinnen, die immer schön und jung sein mussten und diesem Ideal häufig auch mithilfe kosmetischer Operationen nacheiferten. Dies waren die Kultfiguren von heute, die glamourösen »Stars«, die angebetet wurden und für deren Produkte man viel Geld ausgab. Was wussten die Menschen, die im Obergeschoss shoppen gingen, von den alten Göttinnen im Bauch der Einkaufspassage?

Ich musste wieder an das Buch von Catherine Nixey über die Zerstörung antiker Skulpturen durch die frühen Christen denken und sah die verstümmelten Gesichter von Aphrodite, Venus und Athena vor mir. Warum hatte man diese Göttinnen vernichten wollen und was war an ihre Stelle getreten? Die keusche und immer nur demütig schauende christliche Muttergottes? Verkörperte sie nicht gegenüber Isis, Demeter, Diana, Artemis und Kybele ein stark verengtes Frauenbild? Wo waren die wilden, sinnlichen, erotischen und auch dämonischen Anteile des Weiblichen bei der Jungfrau Maria geblieben? Wäre es nicht an der Zeit, für heutige Frauen neue vielschichtige »Göttinnen« zu entwerfen oder aus dem Grab der Geschichte heraufzuholen? Vorbilder und Ikonen, die mehr und anderes zu bieten hatten als eine Heidi Klum oder junge weibliche »Influencer« auf Instagram? Hatte das Christentum mit seiner Verfolgung heidnischer Göttinnen, die damals »Töchter des Satans« genannt wurden, nicht auch ein gespaltenes Frauenbild geschaffen, unter dem wir heute noch heute leiden? Ein Bild, das das Weibliche in die Kategorien reine Madonna und verruchter Vamp einteilt? Ich dachte an die Pornoindustrie, an die Me-Too-Debatte und den gnadenlosen Jugend- und Schönheitskult, dem in unserer Gesellschaft vor allem Frauen ausgesetzt sind. Wo war der erbauliche mythologische Gedanke geblieben, wonach die »Große Göttin« – wie die Jahreszeiten – auch reifen und »welken« darf? Die anrührende Vorstellung, dass diese mythische Gestalt im Frühjahr erblüht, im Sommer reift und im Herbst vergeht wie die Blätter an den Bäumen? Die Vision, dass alle diese Zustände nur gleichwertige Teile eines großen, sich immer wiederholenden Zyklus sind, der auch über den physischen Tod hinausreicht? Die großen Mysterienkulte der Antike hatten die Aufgabe, ein solches ganzheitliches Weltbild zu vermitteln, etwa in den Heiligtümern von Delphi und Eleusis, wo die Erdmütter Gaia und Demeter herrschten.

2000 Jahre alte Kultstätten mitten in Deutschland hatten uns wieder mit solchen alten Vorstellungen vertraut gemacht: das Waldheiligtum der Matronen in der Eifel und der unterirdische Isis-Tempel in Mainz. Ein Stück »wildes Europa« mitten in unserer heutigen Gesellschaft, die momentan ganz anders über diesen Kontinent und seine Zukunft diskutiert: ökonomisch, politisch, bestenfalls über das Medium der Kunst, aber niemals in einem spirituellen Sinn. Was hatten Kuratoren des Humboldt Forums für betretene Gesichter gemacht, als ich im Gespräch mit ihnen Begriffe wie »Spiritualität«, »Mythologie«, »Mystik«, »Magie«, »Heiligtum« erwähnt hatte. Einer von ihnen meinte, ich solle auf all diese Termini verzichten, weil man damit gleich in die »Esoterikecke« geschoben würde. Auf meinen Reisen aber hatte ich die Lebendigkeit dieser alten Vorstellungen neu erfahren und mich immer wieder gewundert, wie viele aktuelle Bezüge in ihnen schlummerten. Die alten Erdgöttinnen waren nicht tot, ich fühlte sie weiterleben auch in Zusammenhängen, die nicht auf den ersten Blick erkennbar waren.

Auf unserer Reise konnten wir manchmal abends im Fernsehen sehen, wie viele junge Frauen wieder auf die Straße gehen, um für die Rechte von »Mutter Erde« zu protestieren. Sie bewegten sich im Gefolge von Gaia, Demeter, Isis, Artemis und Kore, ob sie es wussten oder nicht. In der Schule hatten sie vermutlich nie etwas darüber erfahren, aber als Archetypen wirkten diese Urbilder unterschwellig weiter und schienen nur darauf zu warten, aus ihrem Dornröschenschlaf erweckt zu werden. Bewegt verließ ich die inspirierendste Einkaufspassage, die ich je besucht hatte, mit dem guten Gefühl, dass die Schilderung meiner dortigen Erlebnisse vielleicht so etwas mitbewirken könnte.

7 | »Satan« und »heilige Grünkraft«: Der innere Kampf der Hildegard von Bingen

Bei unserer Drehreise zu Orten des »wilden Europa« kamen wir auch an zwei Klöstern vorbei, an denen vor ca. 900 Jahren eine berühmte spirituelle Lehrerin des Frühmittelalters gewirkt hatte: die Mystikerin, Dichterin, Komponistin und Universalgelehrte Hildegard von Bingen (1098–1179). Auf dem Disibodenberg in Rheinland-Pfalz finden sich nur noch Ruinen des Klosters, in das diese außergewöhnliche Frau bereits mit acht Jahren eintrat. Aber die moderne Abtei St. Hildegard bei Rüdesheim führt heute ihr Erbe mit Retreats, Seminaren und einer großen Buchhandlung weiter. Beide Orte sind zu Pilgerzielen für spirituell suchende Menschen, vor allem Frauen, geworden, die mit den konfessionellen Kirchen nicht mehr viel anfangen können. In den von alten Bäumen umstandenen Ruinen auf dem Disibodenberg umgab uns eine meditative Stille, in der wir uns gerne aufhielten und mit interessanten Menschen ins Gespräch kamen. Wie die Matronenaltäre in der Eifel erinnerte mich auch dieser Ort an Irland. Wie überrascht war ich, als ich erfuhr, dass hier der irische Wandermönch Disibod 670 n. Chr. eine Siedlung gegründet hatte, aus der später Hildegards erstes Kloster hervorging.

Auch die hoch in den Weinbergen über dem Rhein gelegene Abtei St. Hildegard ist ein von vielen Menschen besuchter Pilgerort. Als wir uns den mit Efeu bewachsenen Klostermauern näherten, hörten wir das laute Summen von Tausenden von Bienen, die

Skulptur der Hildegard von Bingen in der Abtei St. Hildegard in den Weinbergen über Rüdesheim

in dem Blattwerk eine intensive Klangwolke erzeugten. Ich musste an Hildegards Tierliebe denken und sah sie im Geiste in Beobachtungen versunken an der Mauer stehen. Im Klostergarten steht eine wunderbare Skulptur der berühmten Namensgeberin, die deren Fragilität und Durchlässigkeit gut zum Ausdruck bringt.

Im Restaurant kann man nach ihren Rezepten hergestelltes Dinkelbrot und Grünkernbratlinge genießen, nebenan lädt das reichhaltige Angebot einer Buchhandlung zum Stöbern ein. Man findet dort Biographien, Kalender, Kochrezepte, Fastenratgeber, Pilgerbücher, aber auch Salben, Kräutertropfen, Heilsteine, Liederbücher und CDs mit Hildegards Gesängen. Ihr Name ist längst zu einem erfolgreichen Markenartikel geworden, der in Dutzenden von Produkten angeboten wird, die nicht immer von hoher Qualität sind. Die Seherin vom Rhein wird heute vor allem als sanfte Heilerin, spirituelle Ratgeberin und »weise Frau« vermarktet, und manch einer meint vielleicht, dass er ihrem Geiste schon mit einer bestimmten Kräuterteemischung nahe ist.

Tatsächlich war Hildegard eine große Kennerin der Natur, die Dutzende von Tier- und Pflanzenarten beschrieben hat, von denen einige Wirkstoffe gegen körperliche und seelische Krankheiten enthalten.[236] Aber vom medizinischen Standpunkt aus ist vieles überholt, und die Liebhaber der sogenannten »Hildegard-Medizin« übersehen gerne, wie tief viele Rezepte in eine mittelalterliche Kosmologie eingebettet sind, die auch befremdliche Züge enthält. Auch ich war zuerst betört von der sanft klingenden Naturmystik, die einem aus vielen Veröffentlichungen über Hildegard entgegentönt, vertiefte mich dann aber auch in ihre Originaltexte. Dort weht ein zum Teil ganz anderer Wind, der mich aber ihr Denken noch besser verstehen ließ und meine Wertschätzung nicht unbedingt schmälerte.

Beim Lesen ihrer Hauptwerke irritierte mich zunächst, dass mir auf nahezu jeder Seite das Wort »Teufel« entgegenschlug, auf einigen Seiten sogar mehrmals. Hildegard war nicht nur meditierend durch ihren Kräutergarten gewandelt, sondern hatte lebenslang einen erbitterten Kampf gegen »Luzifer«, den »Teufel« und »Satan« geführt, gegen den »Antichristen« und den »Götzenkult« der damaligen Heiden, das »Gift der Sünde« und häretische »Irrlehren«.[237] Es ist geradezu erschütternd zu lesen, von wie vielen »Mächten der Finsternis« sie sich umstellt sah, und vermutlich teilte sie dieses Gefühl mit den meisten ihrer Zeitgenossen. Manchmal beschwört Hildegard sogar apokalyptische Endzeitszenarien herauf, bei denen große Feuersbrünste endlich eine Reinigung der Erde von »Schmutz«, »Fäulnis« und »höllischem Gestank« vornehmen sollen, nach der nur noch auserwählte Märtyrer, Jungfrauen und Mönche am Leben bleiben.[238] In diesen Momenten verschwindet die »weise Kräuterfrau« hinter einem christlichen Bekehrungsfuror, und man ahnt, unter welchen inneren Erschütterungen sie ihr

Werk hervorgebracht hat. Oft betont sie, wie »ungelehrt« sie sei und wie sie ihre Kosmologie in heftigen Visionen geschaut habe, die immer auch Schmerzen und Erschöpfungszustände mit sich gebracht hätten. Ihre leibliche Struktur, so schreibt sie, sei wie aus »Luft« gewesen, sodass sie »in keiner Weise eine körperliche Sicherheit in sich« verspürt habe.[239]

Befremdlich für uns heute ist nicht nur die ausgeprägte Dämonologie, die Gott und Teufel, Licht und Finsternis, Tugend und Sünde in starkem Kontrast gegenüberstellt, sondern auch Hildegards Angst vor der Welt der sinnlichen Begierden. So wie sie den Kampf gegen »Satan« beschwört, geißelt sie auch jede Form von Sexualität als »Unzucht«, die außerhalb von Ehe und Fortpflanzung geschieht, wozu auch Onanie und Homosexualität gehören.[240] Schon ein unbeabsichtigter nächtlicher Samenerguss lässt ein Übermaß an »brennender Glut« beim Mann vermuten, die durch vegetarische Ernährung, Abstinenz und körperliche Züchtigung erstickt werden muss. Hildegards Naturphilosophie ist also alles andere als ein geistiger Überbau für eine esoterische Wellness-Oase, in der man die Seele baumeln lassen kann, wie es viele Produkte unter ihrem Namen suggerieren. Ihre Ausführungen zur äußeren und inneren Natur sind immer mit hohen ethischen Forderungen verbunden, die unserer Spaßgesellschaft geradezu entgegengesetzt sind. Die Elemente der Natur sind für Hildegard keine wertneutralen Phänomene, sondern können auch in Form von Feuersbrünsten und Überschwemmungen als Strafgericht über uns hereinbrechen. Gewitter, Sonnenfinsternisse oder Sturzregen erinnern den Menschen immer wieder daran, dass er der »Lust des Fleisches« oder den »Gelüsten böser Geister« nachgegeben hat, statt sich mit »heller Vernunft« davon abzugrenzen.[241] Dutzende Male taucht in ihren Schriften das Wort »Fleisch« auf, immer negativ konnotiert, bisweilen wirkt die häufige Wiederholung wie ein exorzistischer Akt.[242] Für Hildegard ist das Leben eine ständige

Gratwanderung zwischen Gott und Sünde, zwischen dem Begehren des »Fleisches« und der »Sehnsucht nach der himmlischen Heimat«. Sie sieht unsere Seele als einen gefährdeten »Geisthauch von Gott« an, der ständig zu vergessen droht, woher er kam und was seine Aufgabe auf dieser Erde ist: »Deshalb ist der Mensch stets in innerer Bedrängnis.«[243]

Interessant war auch zu lesen, wie viele magisch-heidnische Vorstellungen in Hildegards Theologie unterschwellig herumgeistern, die zu ihrer Zeit immer noch eine starke Wirkung gehabt haben müssen. So listen ihre naturkundlichen Schriften neben bekannten Tierarten auch mythologische Wesen wie Drachen, Einhörner und Basilisken auf, und viele Wirkstoffe von Tieren und Pflanzen werden zur Vertreibung alter heidnischer »Geister« aufgerufen. In ihrer christlichen Kosmologie blitzt immer wieder das alte »wilde Denken« Europas auf. So soll Pulver aus der getrockneten Leber vom Wels demjenigen helfen, der »teuflischen Trugbildern« und Schadenzauber entgehen will. Sperberfett, vermischt mit Kampfer, könne die Glut von sexuell überhitzten Männern vermindern, wenn sie fünf Tage lang ihre Schamgegend und Flanken damit einrieben. Der Knochen eines Eisvogels sei eine beruhigende Medizin für Schlaflose, die von schrecklichen Träumen heimgesucht würden, »denn die bösen Geister verachten die gute Natur und die Kraft der Eisvogelknochen und meiden sie«. Das aus seinem Körper gewonnene Pulver sei, vermischt mit Muskatnuss, Nelkenpulver und Wasser, sogar ein guter Trank für Schlaganfallpatienten, wenn sich »diese Krankheit nicht über lange Zeit bei ihm festgesetzt hat«.[244]

Mit diesem animistischen und in Analogien verlaufenden Denken schließt Hildegard an alte, bis in die Antike zurückgehende magische Traditionen an. So empfiehlt sie auch die Alraune, die im alten Griechenland der Göttin Aphrodite geweiht war und von Plinius als »Circekraut« zur Stärkung der Liebeskräfte empfohlen wurde. Hildegard ist zu viel heidnischer Eros allerdings verdächtig und sie rät, die Alraune so lange in eine sprudelnde Quelle zu legen, bis sie »nicht mehr zu Magischem und Phantastischem taugt«. Dann funktioniere die Wurzel nicht mehr als Aphrodisiakum, sondern helfe vielmehr – wenn man sie drei Tage und Nächte über dem Nabel trüge –, den Sexualtrieb zu schwächen.[245]

Hildegard listet auch viele Pflanzen auf, die gegen »Zauberei« helfen, etwa Schierling, Farn, Betonie, Bibernelle, Myrrhe, Zypresse, Tannenholz und Schlüsselblume.[246] Edelsteine, die man in Wachs legt und in einen Lederbeutel einnäht, könnten als Amulette gegen »böse Geister« oder vom »Teufel angestachelte Liebe« benutzt werden, etwa Saphir, Topas, Karfunkel oder Diamant.[247] Die Heilkraft der edlen Steine rührt nach Hildegard daher, dass sie in von Sonnenglut erhitzten Bergen wachsen und einen betörenden Glanz ausstrahlen. Dieser schrecke den Teufel ab, weil er ihn an seinen einstigen Glanz als Lieblingsengel Gottes (Luzifer) erinnere sowie an das Höllenfeuer, in dem er jetzt schmoren müsse. Gott, so weiß Hildegard, hatte einst auch Luzifer mit Edelsteinen geschmückt, aber dieser verfiel wegen seiner Schönheit in Hochmut, worauf er von seinem Schöpfer in die Unterwelt gestürzt wurde. Vermutlich wissen nicht alle Benutzer von Hildegards Heilsteinen heute von dieser Bedeutung, die die Mystikerin in ihrem Werk »Physika« ausführlich beschreibt.[248]

Neben solchen Relikten magischen Denkens gibt es bei Hildegard allerdings auch modern anmutende und nüchterne Naturbeobachtungen, etwa von Fischen, die die Äbtissin in den Gewässern rund um ihr Kloster aufmerksam studiert haben muss. So weiß sie genau, welche Art gerne auf dem Grund von Flüssen lebt und welche eher in der Mitte, welche mehr die Sonne liebt und welche das Mondlicht. Sie unterscheidet Fischarten, die unentwegt laichen, und andere, die dazwischen eine Erholungspause einlegen müssen, und weiß viel über deren Bekömmlichkeit und Heilkräfte für den Menschen.[249] Erstaunlich sind auch ihre detaillierten Kenntnisse der Wirkungen von Kräutern und Pflanzen, die heute das Fundament der sogenannten »Hildegard-Medizin« bilden. Sie lobt vor allem den Dinkel, weil er »warm, fett, reichhaltig und wohlschmeckender als andere Getreidesorten« ist, weiß aber auch um die Wirkungen von Hafer, Gerste, Hirse, Roggen sowie vielen Gemüse- und Gewürzsorten. Muskatnuss und Lilienduft, so schreibt sie, öffneten das Herz, Rosenpulver wirke gegen Zorn und Hauswurz stärke die Samenkraft des Mannes.[250]

Je länger ich in diesem umfangreichen Werk las, desto deutlicher wurde mir Hildegards gewaltiges inneres Ringen in aufgewühlten Zeiten bewusst: Einerseits sah sie sich streng an christliche Dämonologie und Erlösungssehnsucht gebunden, andererseits war sie noch tief verwurzelt in animistischer Naturmagie und gleichzeitig auch beseelt von moderner Empirie, dem genauen Hinschauen auf die Phänomene. Es muss diese Visionärin manchmal innerlich zerrissen haben, derart zwischen den Welten zu stehen, zumal sie ja vorgibt, vieles nicht selbst erdacht, sondern als Sprachrohr höherer Mächte empfangen zu haben. Tausende von Seiten hat Hildegard verfasst, dazu viele Gemälde und Kompositionen, während sie als Äbtissin noch ein großes Kloster leiten musste.

Das erzeugt erst einmal Bewunderung für ein universales Talent, das sich selbst nie schonte und mutig gegen die Engstirnigkeit eines selbstgefälligen Klerus kämpfte. So kritisierte sie im Jahre 1161 die Geistlichen im Kölner Dom in einer Form, wie es zuvor niemals eine Frau in der Geschichte des Christentums gewagt hatte. Sie geißelte die Faulheit und Eitelkeit der Kleriker, die sich an Trunkenheit, Geldgier und Ausschweifungen ergötzten, anstatt das Volk zu »erleuchten und zu bilden«. Gott, so klagte sie, drohe immer mehr in ein »Vergessensdunkel« hinabzusinken, der Glaubensakt sei kein von innen kommendes »Sehnen und Suchen« mehr, sondern nur noch routiniertes Alltagsgeschäft.[251] Echter Glaube dagegen habe damit zu tun, dass die Seele immer neu entflamme für die »Wunderwerke der Schöpfung«, die man mit unermüdlicher Wachheit zu studieren habe.[252]

Welches Erbe bleibt von dieser faszinierenden und bis heute nicht ganz durchschaubaren Persönlichkeit? Was fangen wir mit ihren über 800 Jahre alten Texten, Bildern und Kompositionen an? Fehl am Platze ist sicher ein rein erbaulicher Konsum, der sich nur an Kräutertees, Dinkelplätzchen und der Schönheit ihrer Gesänge labt. Aber Hildegard ist auch nicht nur die sinnenfeindliche Dogmatikerin, die in der Natur einen entsakralisierten Bereich sieht, der freigegeben ist für die Unterwerfung durch den Menschen. Vielleicht ist es überzogen, sie eine frühe »Öko-Theologin« zu nennen, aber sie hat in ihren Schriften immer wieder auf die Wunder der Natur hingewiesen, die man achten und pflegen müsse. Der dafür an vielen Stellen eingesetzte Begriff lautet bei ihr »heilige Grünkraft«: eine eigene Wortprägung, die auf poetische Weise viele Facetten der Schöpfung umschreibt. Dies schien mir auch eine Gegenfarbe zu den vielfach erwähnten schwarzen Sphären »Luzifers« zu sein: eine positive Beschwörung der lichten, aufbauenden und heilenden Kräfte des Universums. Hildegard verhalf der in der christlichen Malerei vernachlässigten Farbe Grün zu neuen Ehren. Während diese früher neben Rot, Blau und Gold nur eine untergeordnete Rolle spielen durfte, etwa als schmaler grüner Bodenstreifen, auf dem die himmlischen Ereignisse stattfinden[253], taucht sie in Hildegards Werk häufig auf. Liebevoll spricht sie von der »Sancta Viriditas«, der »Heiligen Grünen«, der »milden Grünen«, der »allergrünsten Jungfrau«, »Gottes grünem Finger« oder dem »grünen Lichtquell aus dem Herzen des Vaters«.[254] Damit ist vor allem die Lebenskraft gemeint, die jedes Naturphänomen durchströmt und die Tiere und Pflanzen wachsen und reifen lässt.

Als Christin kann Hildegard nicht umstandslos vom »Göttlichen« in allen Dingen reden, da sie Schöpfung und Schöpfer trennen muss, aber in der »Grünkraft« klingt etwas Ähnliches an. Sie meint nicht nur eine chemisch analysierbare Wachstumskraft, sondern auch ein Metaphysikum, welches geheimnisvoll bleibt. Die »heilige Grünkraft« lebt in der Wärme und in der Feuchtigkeit, in Regen und Tau sowie in der Luft, die für Hildegard die »Seele der Erde« ist. »Viriditas« bezeichnet aber auch jene »auffliegende« Vitalität, die ein älterer Mensch oder der Herbstmonat Oktober in dem Maße nicht mehr besitzen.[255] Jemandem, der müde Augen hat, rät Hildegard, lange auf eine grüne Wiese zu schauen, bis seine Augen vom Weinen nass werden. Oder sie empfiehlt, sich auf einer solchen Wiese vorzustellen, dass die Kräfte aus den Graswurzeln den eigenen Körper durchströmen und beleben: eine, wie die Psychotherapeutin Ingrid Riedel schreibt, Vorwegnahme des »katathymen Bildererlebens«, wie es auch die moderne Medizin wiederentdeckt hat.[256]

Die »heilige Grünkraft« ist also auch ein wichtiger Begriff in der Heilkunde Hildegards, weil für sie jede Krankheit durch ein Ungleichgewicht dieser Energie bewirkt wird: »Halte deinen Tempel mit Umsicht in Ordnung«, schreibt sie daher, »damit jene Grünheit, mit der du Gott in Liebe umfängst, nicht Schaden nehme, weil Gott deine Seele sehr lieb hat.«[257] Körperliche und seelische Gesundheit hängen für Hildegard vor allem mit dem Maßhalten zusammen, mit vernünftigem Essen und Trinken, aber auch mit einer spirituellen Lebensführung, die sich nicht durch zu viele Verführungen ablenken lässt. Schädlich für die allgemeine Gesundheit sind für sie auch Hochmut, Neid, Hektik, Gier, Egoismus sowie zu wenig Muße und Schlaf. Ihre Lebensphilosophie mag einer der Gründe sein, warum in unserer Leistungsgesellschaft so viele Menschen Erholung während der »Einkehrwochen« der Abtei St. Hildegard suchen, wo ausgewogene Ernährung, Spaziergänge und Meditation eine große Rolle spielen.

Aktuell wird der Mystikerin wegen ihrer Einbeziehung des Weiblichen in die Theologie wieder verstärkte Aufmerksamkeit zuteil, was für die damalige Zeit etwas unerhört Neues war. Daher musste dies auf eine poetisch-mehrdeutige Art geschehen, wie es etwa in Hildegards Gemälden zu beobachten ist, die vielleicht das interessanteste Erbe der Theologin sind. Während ihr Schreiber, der Mönch Volmar, darauf achten musste, dass er die kühnen Visionen seiner Herrin in ein theologisch akzeptables Kirchenlatein übertrug, konnten die Malerinnen mit Andeutungen arbeiten. So enthalten viele von Hildegards Bildvisionen metaphorische Umschreibungen einer mystischen Weiblichkeit, mit denen sie ein zu eng gefasstes patriarchales Gottesbild auflockern wollte. In einem Bild stellt sie das Weltall in Eiform dar, was auch Assoziationen an eine Vulva hervorruft. Ingrid Riedel sieht darin eine »Form des Keimenden, das unendlich viel Potenzial zur Entfaltung enthält« und das auf das alte Symbol der Mandorla, des Muttermundes, verweist.[258] Es regt zu der spannenden Frage an, ob am Anfang aller Zeiten tatsächlich nur ein männlich gedachter Schöpfergott existierte. Verschiedene weibliche Gestalten auf Hildegards Bildern lassen diese Frage berechtigt erscheinen, etwa die geheimnisvolle »Frau vom Berge«: eine riesige, aus einem grauen Bergmassiv herauswachsende Gestalt, die Blätter wie Arme zu einem Kelch ausbreitet, in dem viele kleine Menschen sitzen. Was stellt sie dar? Eine unbekannte Naturgottheit? Eine Mischung aus heiligem Berg und heiligem Baum? Einen Nachhall antiker Fruchtbarkeitsgöttinnen? Ihr Kopf, der eine Krone trägt, ist in Silber gemalt, was traditionell für Mondlicht und Weiblichkeit steht. Die Jungfrau Maria ist es nicht, diese scheint eher in einer kleinen Gestalt mit langen Haaren und rotem Kleid verkörpert zu sein, die auch Platz in dem Kelch hat. Ingrid Riedel vermutet in der »Frau vom Berge« eine Erscheinung der geheimnisvollen Sophia-Gestalt, wie sie bereits im Alten Testament und in den Apokryphen auftaucht: die weibliche Verkörperung der Weisheit, die Gespielin, Geliebte und Mitschöpferin Gottes, die »Werkmeisterin aller Dinge«, die laut alten Überlieferungen schon lange vor den ersten Meeren, Quellen und Bergen existiert habe.[259] Damit integriert Hildegard den Archetyp des Weiblichen in ihre christliche Theologie und erweitert sie um Dimensionen, die bis heute von der Kirche kaum erreicht wurden. Vielleicht war das einer der Gründe, warum Papst Benedikt XVI. Hildegard im Jahre 2012 heiligsprach, allerdings erst 833 Jahre nach ihrem Tode.

Auch andere Bilder veranschaulichen diese Integrierung des Weiblichen ins Gottesbild, etwa eine Frauengestalt in einem mit Edelsteinen bestickten grünen Mantel, der auf die »heilige Grünkraft« verweist: wiederum eine Manifestation der »Sophia« oder zumindest eine Mariendarstellung, in der »Sophia« inkarniert ist. Der grüne Mantel ist das Kleid der Schöpfung, die Außenseite einer Weisheit, die für Hildegard nicht nur männlich bestimmt, sondern auch »sanft und milde« ist.[260] Ähnliche Empfindungen löst ihr Bild »Kosmos-Rad« aus, auf dem die kreisförmig ausgebreiteten Arme einer riesigen weiblichen Gestalt zu sehen sind. Sie tragen einen Menschen, der in vielfältiger Art mit den Elementen und Tieren verbunden ist: ein Schlüsselbild von Hildegards Kosmologie, in dem die Wertschätzung der »Grünkraft« und der »Sophia« miteinander verbunden werden. Hier spielt kein männlich gedachter Gottvater die Hauptrolle; sein kleiner bärtiger Kopf lugt oben aus dem Haupt der weiblichen Gestalt heraus und schaut fast verdutzt um sich.

Das Universum ist eher durch eine Art Göttin repräsentiert, die alles hält und umfängt. Ihre ausgebreiteten Arme bilden ein riesiges Rad, das in mehreren Schichten Feuer, Wasser und Luft verkörpert. Durch das Ätherreich segeln Wolken, aus denen Regen auf den in der Mitte stehenden Menschen strömt, der wie ein Tänzer wirkt.[261] Vom Rande des Bildes aus hauchen Leoparden, Löwen, Hirsche, Bären und Krebse ihren Atem zu ihm hin; sie verkörpern wichtige Eigenschaften, ohne die es in der Welt kein Gleichgewicht geben

Das Bild »Kosmos-Rad« der Hildegard von Bingen, in dem der Mensch von einer weiblichen Figur gehalten wird

kann. Alle diese »Winde«, so Hildegard, halten den Menschen »mit ihren Kräften und Diensten«.[262]

Denn Tierhaftes wirke nicht nur in der äußeren Natur, sondern auch im Menschen selbst, etwa die Klugheit der Schlange, die Standhaftigkeit des Krebses, die Geduld des Lammes oder der Zorn des Bären. Es komme auf die »richtige Mischung der Säfte« an, ob diese Energien einen stärken oder schwächen, aber diese müsse jeder Mensch für sich selber finden.[263]

Vor allem dieses Bild ließ mich Hildegards Werk als eine ganzheitliche Kosmologie verstehen, die trotz ihrer Befangenheit in einer veralteten Dämonologie heute noch faszinieren kann. Sie zeigt die Theologin als schöpferische Künstlerin, die orthodoxe Lehren nicht nur nachbetete, sondern mutig um eigene Inspirationen ergänzte. Gerade die Gratwanderung zwischen individuellen Erneuerungen und übernommenen Glaubensinhalten macht ihr Werk interessant. Es vibriert förmlich von dieser Spannung, die Hildegard sicher auch psychisch und körperlich zugesetzt hat. Die Mystikerin wirkt auf mich nicht wie eine gelassene Heilige, die mit sich und dem Kosmos im Einklang war, sondern wie eine geistig ringende Frau, die ihrer Zeit weit voraus war. In dieser kreativen Unruhe liegt ihre eigentliche Faszination und nicht im Klischee einer sanften New-Age-Priesterin, zu der sie immer noch von vielen Anhängern stilisiert wird.

8 | »Hagazussa«: Die Nachtfahrten der Hexen

Hildegard von Bingen hatte das Glück, dass ihre Texte von hohen Geistlichen wie Papst Eugen III. oder dem Zisterzienserabt Bernhard von Clairvaux abgesegnet worden waren.[264] Wer weiß, ob sie sonst nicht wegen ihrer kühnen Ideen als Häretikerin verfolgt worden wäre. Ihre Lobpreisung einer göttlichen »Grünkraft« in der

Natur und die Integrierung des Weiblichen in das Gottesbild ihrer Zeit stellten damals eine große Ausnahmeerscheinung dar.

Viele andere Frauen, deren spirituelle Vorstellungen von der Amtskirche abwichen, hatten weniger Glück als die Mystikerin vom Rhein. Darunter waren auch viele Heilerinnen, Hebammen und naturkundige Kräuterfrauen, die zum Teil visionäre und schamanische Fähigkeiten besaßen. Die Forschung schätzt heute, dass etwa 60 000 von ihnen im 16. und 17. Jahrhundert als »Hexen« umgebracht wurden, 80 Prozent davon waren weiblichen Geschlechts.[265] Ihre brutale Verfolgung ist wohl das düsterste Beispiel dafür, wie in Europa das »wilde Denken« von einem sich langsam ausbreitenden Christentum verdrängt wurde, das die absolute Alleinherrschaft beanspruchte.

Auf unseren Drehreisen filmten wir auch an alten Hexentürmen, die noch heute eine Atmosphäre des Schreckens ausstrahlen, etwa am Turm von Lindheim in Hessen, wo im 17. Jahrhundert viele Frauen gefoltert wurden. Isoliert steht das Gemäuer in einem verwilderten ehemaligen Schlosspark und verbreitet mit seinen verwitterten Mauern und verrosteten Eisenhaken eine unheimliche Stimmung. Im 19. Jahrhundert wurde der Turm von dem Schriftsteller Leopold Sacher-Masoch bewohnt, der seinen morbiden Reiz als Inspiration für seine erotischen Romane nutzte.

Nicht alle von der Kirche verfolgten »Hexen« besaßen schamanische Fähigkeiten, viele waren einfach nur Außenseiterinnen, die in Krisenzeiten als Sündenböcke für alle möglichen Missstände herhalten mussten. Aber zahlreiche Wissenschaftler sind sich einig darüber, dass die Geständnisse vieler »Hexen« auf das Weiterleben älterer magischer und naturreligiöser Vorstellungen in der damaligen Gesellschaft schließen lassen.

»Wir wissen heute, dass im 16. bis 18. Jahrhundert Zehntausende von Unschuldigen gefoltert und hingerichtet wurden«, schreibt der Ethnologe Thomas Hauschild, »auch weil man fürchtete, sie könnten dem damals in Europa unterschwellig grassierenden schamanistischen Brauchtum gefolgt sein, dem Tanz auf Hügeln in fruchtbarkeitsträchtigen Nächten oder der Ekstase unter dem Einfluss von Drogen, Musik und Tanz (...) Es ist heute unbestreitbar, dass sibirischer, lappländischer, russischer und ungarischer Schamanismus tief mit der religiösen Praxis in West- und Südeuropa verbunden gewesen ist, bis Hexenjagd, Aufklärung und Industrialisierung dieses Moment kurzfristig stark zurückgedrängt haben.«[266]

Bereits die Herkunft des Wortes »Hexe« gibt darüber interessante Aufschlüsse. Es kommt von dem altdeutschen Begriff »Hagazussa«, der eine Frau bezeichnet, die auf einem Zaun (»Hag«) sitzt, wobei eines ihrer Beine in Richtung Dorf und das andere in Richtung Wildnis zeigt.[267] Die »Hexen« waren also Grenzgängerinnen, die oft alleine und unverheiratet am Dorfrand lebten und Berufen nachgingen, die als eher dubios angesehen wurden. Dazu zählten auch Kräuterfrauen und Geburtshelferinnen, die besonders stark in

Der »Hexenturm von Lindheim«, in dem im 17. Jahrhundert zahlreiche Frauen gefoltert wurden

den Fokus von Verdächtigungen geraten konnten.[268] Sie besaßen oft ein großes Wissen über Pflanzen, die als Heilkräuter, aber auch als Rauschmittel und Gifte eingesetzt werden konnten. Damit reichten ihre Kenntnisse tief in die Bereiche von Krankheit, Tod, Geburt, Sexualität und Rausch hinein, die für die damaligen Menschen vielfach mysteriös und undurchschaubar waren. Geburtshelferinnen und Kräuterfrauen halfen bei Entbindungen und Abtreibungen, verschrieben Medikamente, hörten sich die seelischen Probleme der Menschen an und boten Liebeselixiere und Kondome aus Tierdarm oder Schlangenhaut an. Bei schwierigen Geburten setzten sie gelegentlich auch krampflindernde Drogen (z. B. Mutterkorn) ein oder empfahlen den Müttern, während der Wehen zu masturbieren.[269]

Solche Methoden standen in starkem Gegensatz zu der leibfeindlichen Theologie der damaligen Zeit und hüllten die Heilerinnen und Hebammen in eine dunkle Wolke des Anrüchigen. Dieser Ruf verfestigte sich zusätzlich durch die Vertrautheit der Heilerinnen mit halluzinogenen Pflanzen wie Stechapfel, Mutterkorn, Eisenhut, Tollkirsche und Bilsenkraut, die in Berichten vieler »Hexen« über Trancereisen und Flugabenteuer auftauchen.[270] So entwickelte sich im Lauf der Zeit bei Kirche und Bevölkerung ein düsterer Hexenwahn, der die Frauen als vom Satan verführte Unheilbringerinnen darstellte – mit der Folge, dass Tausende von ihnen den Tod auf dem Scheiterhaufen erleiden mussten.

Einige Forscher haben die »Flugsalben« der Hexen, die in Schriften von Magiern, Astrologen und Ärzten überliefert wurden, selbst getestet. Der neapolitanische Arzt Giambattista della Porta beschrieb 1558 in seinem Buch »Magia Naturalis« eine Mischung aus alkaloidhaltigen Rauschmitteln, Weihrauch und Fledermausblut, die von bestimmten Frauen auf ihrem »Flug zum Hexensabbat« eingesetzt worden sein soll.[271] Forscher, die diese Salben auftrugen, berichteten tatsächlich von intensiven Flugträumen und

Visionen, so etwa der Ethnologe Will-Erich Peuckert. Er hatte nach alten Rezepturen eine ölige Mischung aus Bilsenkraut, Tollkirsche, Mohn, Eisenhut, Sellerie und Pferdebohnen hergestellt, deren Wirkung er so beschrieb: »Wir träumten erst wilde und dann doch gehemmte Flüge, drauf wüste Feste, welche einem entfesselten Jahrmarktstreiben glichen, und mündeten schließlich in erotische Zügellosigkeit ein, auf welche das Erwachen und ein arger, ungemütlicher ›Kater‹ folgten.«[272] Das Phänomen, dass manche »Hexen« sich bei solchen Trancereisen auch in Tiere verwandelt sahen, führte der Pharmakologe Hermann Führer auf die durch Halluzinogene bewirkte Erregung von Hautnerven zurück, die das Gefühl erzeugten, es wüchsen einem Flügel oder ein Fell.[273]

Schon der Abt Regino von Prüm hatte im Jahre 906 vor »verbrecherischen Frauen« gewarnt, die – durch Dämonen verführt – bekannten, »des Nachts zusammen mit der heidnischen Göttin Diana und einer unzählbaren Menge von Frauen auf gewissen Tieren (zu) reiten, in der Stille der dunklen Nacht große Entfernungen zurückzulegen, die Weisungen der Göttin zu befolgen, als wäre sie ihre Herrin«.[274] Diese Bilder waren so wirkmächtig, dass sie hundert Jahre später wieder vom Bischof Burchard von Worms aufgenommen und an Geistliche weitergeleitet wurden mit der Aufforderung, solche Vorstellungen zu bekämpfen. Interessant ist die Sprache dieses Textes, die gleichzeitig Beklemmung und Faszination ausdrückt. Das Bild des »Reitens« auf Tieren spiegelt die Angst der Geistlichen vor dem Sexuellen und Animalischen wider, das den alten Naturreligionen zugeschrieben wurde, die »Stille der dunklen Nacht« umschreibt den unheimlichen Raum von Wald und Wildnis.

Der Ethnologe Philippe Descola hat herausgearbeitet, dass die Domestizierung des »Wilden« vor allem ein Projekt westlich-christlicher Kultur war, das man so in indigenen Gesellschaften nicht findet. Für die Native Americans und die Aborigines in Australien ist das »Wilde« nicht das Undomestizierte, sondern das ungeteilte Ganze. Indigene in Kolumbien sehen auch im Wald einen großen Baumgarten, der von einem Gärtnergott kultiviert wird, dessen Wohlwollen man einholt, bevor neue Flächen gerodet werden.[275] Auch gibt es hier keine starre Grenze zwischen Haus- und Wildtieren: Während erstere von den Menschen großgezogen werden, übernehmen dies bei den Wildtieren bestimmte Geister, denen aber nichts »Böses« zugeschrieben wird. Auch in China, Indien oder Japan – so Descola – findet man nicht die Dichotomie des Wilden und Domestizierten, wie sie der Westen jahrhundertelang festgeschrieben hat. Berge und Wälder sind in der chinesischen Landschaftsmalerei keine düsteren Gegenräume zum bewohnten Dorf, sondern von Gottheiten bewohnt, die man nicht zu fürchten braucht. Sie wechseln von einer Zone zur anderen, steigen im Frühjahr von den Bergen herab, um zu Gottheiten der Reisfelder zu werden, und nehmen im Herbst den umgekehrten Weg, »um an den ›Tempel der Tiefe‹ zurückzukehren, meist eine topographische Unebenheit, wo man ihren Ursprungsort und ihre wahre Wohnstatt ansiedelt«. Oft diente das Wort für »Berg« buddhistischen Klostergemeinschaften sogar als Synonym für »Kloster«, während in derselben Zeit der Benediktinerorden vor der Welt floh, um an abgelegenen Orten »den Wald zu roden und durch schwere Arbeit seine Wildheit auszutreiben«.[276]

Descola weist daraufhin, dass bereits die Römer mit dem Roden der Wälder Germaniens begonnen hatten, die sie als Gegensatz zum häuslich abgesicherten Bereich sahen. Die Kirche setzte diese angstbesetzte Trennung fort und fürchtete in den »Hexen« heidnische Zauberinnen, die nachts in der Wildnis in anzüglicher Form die alten Götter anbeteten.

Dass die von Regino von Prüm beschriebenen Nachtfahrenden im Gefolge der Göttin Diana keine Ausnahme waren, hat der italienische Historiker Carlo Ginzburg in seiner vielbeachteten Studie zum »Hexensabbat« herausgearbeitet. In Dutzenden von Protokollen aus Deutschland, Schottland, Italien, Frankreich, Rumänien und Ungarn fand er Hinweise auf schamanische Vorstellungen von »Seelenflügen« und Tierverwandlungen, über die »Hexen« in Verhören erzählt hatten. »Diana« ist nur einer von vielen Namen, die der Göttin gegeben wurden, in deren Gefolge diese Frauen nachts zu subversiven Festen aufbrachen. Manchmal heißt sie auch »Oriente«, »Hulda«, »Fraw Berthe«, »weise Sibylle«, »Elfenkönigin«, »gute Herrin« oder »Frau des guten Spiels«.[277] Oft wird ihr Heilwissen zugeschrieben, gelegentlich ist sie mit Katzenpfoten oder Pferdehufen ausgestattet und erscheint als Mischwesen zwischen Mensch und Tier. Sie kann auf nächtliche Berge fliegen, aber auch in die Unterwelt, um die Seelen der Toten zu besuchen. Für Ginzburg spiegelt sich in diesen Bildern »das verzerrte Echo eines eksta-

Die iberische »Dama de Elche«: für den Historiker Carlo Ginzburg eine mögliche Veranschaulichung der »Göttinnen«, denen die »Hexen« in ihren Trancereisen folgten

tischen Kultes keltischer Tradition«.[278] Auch der Ethnologe Hans Peter Duerr sieht darin den Reflex älterer mythologischer Vorstellungen, die zum Ausbrechen aus der Alltagswirklichkeit und aus sozialen Rollen aktiviert werden konnten. Für ihn geschah in der Trance der »Hexen« ein bewusstes Einreißen von Grenzziehungen zwischen Mensch und Tier, Lebenden und Toten, Realität und Traum, und zwar im Rückgriff auf alte Formen »wilden Denkens«, die immer mehr von staatlichen und kirchlichen Normierungen verdrängt wurden.[279]

Nicht nur Frauen berichteten von solchen Grenzüberschreitungen, sondern auch Männer, die ebenfalls als »Hexer« hingerichtet wurden, so etwa der Allgäuer Viehhirte Chonrad Stoeckhlin, der im Jahre 1586 erzählte, dass er immer an den kirchlichen Bußtagen in Trance seinen Körper verlasse, um einer »Nachtschar« in eine jenseitige Welt zu folgen.[280]

Ähnliche Geschichten fanden sich in Norditalien, Slowenien oder Ungarn, wo »Benanadanti«, »Kresniks« oder »Táltos« ebenfalls über schamanische Erfahrungen berichteten und dadurch in Schwierigkeiten mit kirchlichen Behörden kamen.[281] Für den ungarischen Historiker Gábor Klaniczay handelt es sich hierbei nicht nur um Phantasmagorien, sondern um Menschen mit außergewöhnlichen Kräften, die diese – ähnlich wie indigene Schamanen – zum Nutzen ihrer Gemeinschaft einsetzten. So nahmen diese »Zauberer« etwa Kontakt mit Verstorbenen auf, kämpften gegen »böse Geister«, die die Ernten bedrohten, sahen die Zukunft voraus und heilten Krankheiten.[282] Die ungarischen »Táltos« setzten sich, wie ihre Kollegen in Sibirien, gelegentlich Geweihkronen auf und benutzten während ihrer Trance Trommeln, mit denen sie auf den »Weltenbaum« flogen. Frauen in Transsylvanien berichteten, dass ihre Seele den Körper in Form einer Fliege, eines Käfers oder Schmetterlings verlassen konnte, während ungarische Hirten »in Wolfsgestalt« die Herden ihrer Kollegen verhexten.[283] Klaniczay hält es angesichts dieser vielen

Beispiele für berechtigt, »von einer mannigfaltigen Integration schamanistischer Elemente in den Hexenglauben in Mitteleuropa und auf der Balkanhalbinsel zu sprechen.«[284]

Interessant sind die Vergleiche, die die Ethnologin Godula Kosack zwischen Hexenphänomenen in Afrika und Europa zieht. Auch bei den von ihr erforschten Mafa gibt es bis heute die Vorstellung, dass bestimmte Frauen ihren Körper zu nächtlichen »Flügen« verlassen und mit ihrer »Mentalkraft« Gutes wie auch Schlechtes bewirken können. Kosack kommt aufgrund eigener Erfahrungen zu einem sehr differenzierten Bild auch der europäischen »Hexen«. Sie glaubt, dass diese Frauen neben positiven Wirkungen auch Schadenszauber verübt haben könnten, und versucht, sich in die Ängste der damaligen Bevölkerung hineinzuversetzen. Da sie in Afrika das Wirken von Magie auch als Irritation erlebt hat, hält sie es für möglich, dass dies einst in Mitteleuropa ähnlich gewesen sein könnte. Auch damals – so Kosack – lösten Menschen mit magischen Fähigkeiten wohl nicht nur bei der Kirche, sondern auch bei der normalen Bevölkerung ambivalente Gefühle aus, die sich zu heftiger Abwehr steigern konnten. In einem tief von magischen Praktiken bestimmten Alltag gab es immer auch gute und schlechte »Zauberer«, einen »ständigen Krieg zwischen weißer und schwarzer Magie«.[285] Die »Hexen« der heutigen Esoterikszene, so die Ethnologin, griffen sich nur einen einzigen Aspekt dieses Bildes heraus, nämlich die heilkundige »weise Frau«, die ihre Kenntnisse in den Dienst notleidender Menschen stellte. Solche Romantisierungen ignorierten, dass auch die europäische Bevölkerung in Angst vor der mentalen Fremdeinwirkung anderer gelebt habe. Die Selbstbezeichnung als »neue Hexen« lege darüber hinaus ein Sich-rückwärts-Wenden nahe: »Ein Wiederaufleben alter Kulte ist weder möglich noch sinnvoll. Sie entspringen weitgehend der Fantasie der sie Ausübenden. Auch kann es nicht das Anliegen der heute Lebenden sein, auf das geistige Niveau einer früheren Menschheitsepoche zurückzufallen. Neue Wege müssen beschritten werden.«[286]

Doch trotz dieser kritischen Haltung – und das macht das Besondere von Kosacks Studie aus – erfuhr die Ethnologin in Afrika auch eine Sensibilisierung für andere Wahrnehmungsebenen, die es wohl auch bei uns einst gegeben hat. Befremdet von einem engstirnigen Rationalismus warnt Kosack davor, das Kinde mit dem Bade auszuschütten. Die Tatsache, dass bestimmte magische Fähigkeiten auch zum Schaden anderer genutzt werden können, solle nicht dazu führen, diese generell negativ zu bewerten.

»Ist nicht unser heute gültiges Weltbild ein Ergebnis der Hexenverfolgung, insofern die Menschen Jahrhunderte lang gezwungen waren, grundsätzlich allen eigenen mystischen und transzendentalen Erlebnissen und Erfahrungen zu misstrauen? Feuer und Schwert überantworteten damals der Institution Kirche und den an den Universitäten betriebenen Naturwissenschaften die Definitionsmacht darüber, was vom Teufel und was von Gott kommt oder was als real und was als irreal zu betrachten sei.« Das zur Zeit der Hexenverfolgung entstandene wissenschaftliche Weltbild, so Kosack, sei so verinnerlicht worden, dass sich Menschen aus Furcht vor Verfolgung eigenen, nicht rational erfassbaren Erlebnissen gegenüber immer mehr verschlossen hätten.[287]

In seinem immer noch aktuellen Buch »Traumzeit« kommt der Ethnologe Hans Peter Duerr zu ganz ähnlichen Schlüssen. In dem Kapitel »Angst vor dem Fliegen« zeigt er auf, wie oft grenzüberschreitende Erfahrungsebenen von Theologen, Wissenschaftlern und Psychiatern vorschnell als »Wahn« oder »Projektion« abgeurteilt würden. Meist sahen diese Skeptiker in den Erlebnissen von Schamanen, Mystikern und auch Nahtoderfahrenen im Namen eines eng definierten Realitätsbegriffes nur »Halluzinationen«. Aber – so fragt Duerr – kann man das einfach so behaupten, ohne den Kontext von Menschen mit derartigen Erfahrungen genauer zu betrachten, sowohl bei den Seherinnen der Antike, den »Hexen« der Frühen Neuzeit als auch bei indigenen Schamanen und heute lebenden Menschen mit »hellsichtigen« Fähigkeiten? Was ist eigentlich »wirklich« und was meinte das Bild des »Fliegens«, das Frauen zur Zeit der Hexenverfolgungen gerne verwendeten?

Der Ethnologe Duerr hatte selbst eine Nahtoderfahrung und ist vielleicht deshalb vorsichtig mit einer Aburteilung von Erlebnissen, die nicht sofort in unser rationales Weltbild passen.[288] Er konstatiert in unserer abendländischen Geschichte einen Prozess der Ich-Panzerung, der immer mehr ausschloss, dass es außerhalb unseres im Gehirn lokalisierten »Geistes« noch etwas »draußen« geben könne. Das habe dazu geführt, auch die Erfahrungen der »Hexen« zu disqualifizieren und ihre »Nachtflüge« als dämonische oder psychotische Erfahrungen abzutun. Doch Duerr weist – mit Ludwig Wittgenstein – darauf hin, dass es keine neutrale Erfahrungsinstanz gebe, die das sicher beurteilen könne.[289] Was »wirklich« sei, zeige sich nur im Rahmen einer »Lebensform«, und die könne in verschiedenen Kulturen ganz unterschiedlich aussehen. Der Ethnologe solle lieber selbst zu einer zaunreitenden »Hagazussa« werden, statt sich vorschnell als »intellektueller Polizist« aufzuspielen. Seine Aufgabe könne nur sein, den Käfig seiner eigenen Lebensform zu erkennen und sich von anderen Lebens- und Erkenntnisformen erschüttern zu lassen.[290]

Das sind mutige und radikale Worte, die nicht jeder Volkskundler oder Anthropologe heute über die Lippen bringt. Ich selbst habe bei Gesprächen mit Vertretern dieser Wissenschaften oft bemerkt, wie viel Ängste im Umgang mit Spiritualität, Magie und Mythologie gerade in Deutschland existieren. Dies wird alles unter »Esoterik« subsumiert und ist damit vom wissenschaftlichen Diskurs ausgeschlossen: eine unheilvolle Ausgrenzung, die die in der Esoterikszene tatsächlich grassierenden Überspanntheiten nur noch stärker aufblühen lässt.

Für mich sind die »Hexen« und ihre schamanischen Fähigkeiten ein weiterer Beleg dafür, dass das »wilde Denken« auch in Europa existiert hat und in vielen Formen im Verborgenen weiterlebte. Als Agnostiker muss ich offenlassen, was diese Frauen auf ihren »Flugreisen« erlebt haben. Waren es transpersonale Erfahrungen, bei denen sie in Wirklichkeitsschichten vordrangen, die den meisten anderen Menschen verschlossen sind? Oder nur kreative Träumereien in ihrem Kopf, mit denen sie sich im harten Alltag ihrer Zeit ein wenig Erleichterung verschafften? Ihr Akt des »Fliegens« könnte auf jeden Fall ein Versuch gewesen sein, sozial vorgeschriebene Trennlinien zu überschreiten: etwa Grenzen zwischen Wachbewusstsein und Rausch, Realität und Traum, Mensch und Tier, christlicher Moral und sexueller Fantasie. Beflügelt von halluzinogenen Drogen und mythischen Vorstellungen, konnten die »Hexen« vor allem verordneten Frauenbildern davonfliegen und mussten daher von Staat und Kirche diszipliniert werden. Sie erschütterten die Vorstellungen dessen, was »normal«, »real«, »weiblich« und »gottgefällig« war, und gefährdeten damit etablierte Herrschaftsformen, die zu Beginn der Neuzeit immer zentralistischer wurden.

Dieser Ruf des Anarchischen haftet dem Bild der »Hexe« bis heute an. Man assoziiert damit keine böse alte Frau mit Hakennase mehr wie in unseren Volksmärchen, sondern denkt eher an junge »wilde« Frauen, die – mit welchen Mitteln auch immer – herkömmliche Vorstellungen von »Rationalität« und »Religiosität« überschreiten. Wie bei den Neo-Schamanen sind solche Aktivitäten heute jedoch meist harmlose »Freizeitbeschäftigungen«, die weit vom existenziellen Ernst ihrer historischen Vorläufer entfernt sind. Die moderne Medien- und Esoterikindustrie hat diese mythische Welt längst in leicht konsumierbare Produkte umgewandelt, die niemanden mehr ernsthaft irritieren. Es ist fast so, als habe der heutige Rationalismus erst mithilfe dieser Unterhaltungsindustrie seinen vollen Sieg errungen: Mythos und Magie werden nicht mehr ernst genommen, sondern sind nur noch bunte Seifenblasen einer Freizeitkultur, der man eine gewisse Narrenfreiheit einräumt. Ihre Protagonisten verkleiden sich am Wochenende als »Hexe« oder »Schamane«, stehen aber am Montag pünktlich um acht Uhr und korrekt gekleidet wieder auf der Matte, um als Bankangestellte oder Sachbearbeiter ihren Dienst zu tun.

Zu welchen Zerrbildern die Relikte einstigen »wilden Denkens« in Europa verkommen sind, kann man heute etwa an der Vermarktung der Hexenmythologie im Harz beobachten. Ferienwohnungen heißen »Hexenstübchen«, ein Wanderweg auf den Brocken »Teufelsstieg« und ein Café auf dem Berg »Hexenklause«, wo auch allerlei Souvenirs zum Thema angeboten werden. An jedem 30. April wird in verschiedenen Städten im Harz die sogenannte »Walpurgisnacht« gefeiert, zu der Hunderte von verkleideten Akteuren und Zaungästen strömen, die mit allen Formen des Klamauks dem europäischen Hexenwesen endgültig den Garaus machen.

Schwarze Hüte, bemalte Gesichter, Attrappen von langen Nasen und Reisigbesen sind dabei allgegenwärtig. Inzwischen wird die »magische Nacht« auch mit Lasershows und Rockopern (»Faust«) aufgepeppt, damit wirklich jeder auf seine Kosten kommt. Heavy-Metal-Musik, Pyrotechnik und die Wahl eines »Hexen-Topmodels« huldigen dem Zeitgeist und verbannen die letzten Reste des europäischen Schamanismus dorthin, wo sie für die Gesellschaft am sichersten sind: in die Sphären von albernem Spuk und unverbindlichem Spaß. Die »Hagazussa« hat ihren Stachel endgültig verloren. Sie ist zum Opfer einer vergnügungssüchtigen Tourismusindustrie geworden, die sich wie eine knallbunte Plastikfolie über die immer noch magische Landschaft des Harzes gelegt hat und jeden Hauch von »Mythos« erfolgreich erstickt.

9 | Faust als moderner Schamane? Goethe und die »Walpurgisnacht«

Mit welch anderen Augen wanderte noch Johann Wolfgang von Goethe durch die Wälder rund um Wernigerode, Thale und Schierke, auf den Spuren des »wilden Denkens« im alten Europa. Viermal besuchte er den Harz, das erste Mal 1777 als 28-Jähriger, als er mitten im schneereichen Dezember den Brocken bestieg. Das war damals nicht ungefährlich, doch Goethe hatte den Termin bewusst ausgesucht, um mit dem Aufstieg auch eine Art »Initiation« zu erleben. Er schrieb, dass er oben »auf dem Teufels Altar meinem Gott den liebsten Dank geopfert habe«.[291] Eine mehrdeutige Bemerkung, die Goethes Interesse an ehemaligen heidnischen Kulten spiegelt, aber auch den Berg als Herausforderung beschreibt, die er annimmt. Wahrscheinlich unternahm der Dichter die schwierige Besteigung des Brockens auch als eine »Befragung der Götter um sein Schicksal«. Die Tatsache, dass er sich bei der nächtlichen Wanderung nicht verirrte und trotz Schnee und Sturm den Gipfel erreichte, gab ihm – so der Germanist Heinrich Henel – »die Gewißheit, daß er auch seiner inneren Nöte Herr werden wird«.[292]

Mit »Teufels Altar« meinte Goethe wohl die seltsam geformten Klippen auf dem Brocken, die noch heute »Teufelskanzel« und »Hexenaltar« heißen. Dies sind keine Bezeichnungen aus vorchristlicher Zeit, sondern Namen, die den Felsen erst um 1700 im Zuge des langsam entstehenden Fremdenverkehrs verliehen wurden.

Aber wie auch die »Teufelsmauer« bei Thale spiegeln solche Namen sicher ferne Erinnerungen der Bevölkerung an die Dämonisierung heidnischer Bräuche durch die Kirche. Goethe besuchte solche Orte gerne während seiner Harzreisen, etwa auch die »Rosstrappe«, den »Hexentanzplatz«, den »Ahrensklint«, die Schnarcher- und Feuersteinklippen sowie die sagenumwobenen Felsruinen am

Die von Goethe besuchte »Teufelskanzel« auf dem Brocken im Harz

»Regenstein«. Goethe war kein Christ, sondern bezeichnete sich als Pantheist, der es liebte, das »Göttliche« aus den Wundern der Natur herauszulesen.[293] Beim abendlichen Abstieg vom Brocken im Dezember 1777 kam diese naturreligiöse Seite zum Vorschein. Als der Dichter bemerkte, dass die Purpurfarbe der untergehenden Sonne die Schatten auf dem gelblichen Schnee langsam in Meer- und Smaragdgrün verwandelte, glaubte er sich plötzlich »in einer Feenwelt zu befinden«.[294]

Der Harz war für Goethe eine magische Landschaft, in der seine pantheistische Spiritualität Nahrung fand, und deshalb reagierte er auch auf Geschichten, die vom Naturkult ehemaliger Völker in dieser Gegend erzählten. 1799 verfasste er mit der »Ersten Walpurgisnacht« eine Ballade, die viel Sympathie für heidnische Frühlingsfeste bekundet, die einst von »dumpfen Pfaffenchristen« als teuflischer »Höllenbroden« verdammt worden seien. Ohne historische Quellen anzugeben, hatte Goethe mit dieser Feststellung recht, denn im »Altsächsischen Taufgelöbnis« aus dem 8. Jahrhundert wurden tatsächlich germanische Götter als »Teufel« bezeichnet, denen die »Heiden« abschwören sollten.[295] In einem Brief an Carl Friedrich Zelter zeigte sich der Dichter fasziniert von den alten »deutschen Heiden-Priestern«, die ihren Gottesdienst in »heiligen Hainen« abgehalten hätten, bis sie von den christlichen Missionaren auf die »wüsten, unzugänglichen Gebirge des Harzes« getrieben worden seien. Dort hätten sie heimlich eine große Flamme entzündet und ihr Gebet zu dem »gestaltlosen Gott des Himmels und der Erde« gerichtet.[296] Goethe wusste, dass er solche Aussagen nicht überprüfen konnte, und gab zu, dass ihn vor allem die poetische Kraft der Bilder interessierte. Er empfand Sympathie für vorchristliche Kulte, deren Anhänger nicht an einen personenhaften Gott glaubten, sondern an eine »gestaltlose« kosmische Kraft in der Natur. Damit huldigte er einem ähnlichen »wilden Denken« wie indigene Völker und benutzte, wie diese, bildhafte Analogien, um die animistische Beseeltheit des Universums zu umschreiben.

Goethe hatte indigene Kulturen nicht selber kennengelernt, aber er hörte von ihnen durch Alexander von Humboldt und interessierte sich für den Schamanismus sibirischer Völker. Eine prominente Adresse für die Beschäftigung mit solchen Themen war damals die Universität Göttingen, zu der der Dichter rege Kontakte unterhielt. Der Arzt Georg Thomas von Asch sandte viele ethnographische Exponate aus Russland nach Göttingen, u. a. ein gut erhaltenes Schamanenkostüm der Tungusen, das Goethe wohl 1801 dort gesehen hat. Auch entlieh er häufig aus der Weimarer Bibliothek Reiseberichte, in denen ausführlich über die Tätigkeit von Schamanen berichtet wurde, etwa Johann Gottlieb Georgis »Beschreibungen aller Nationen des Russischen Reiches«.[297] Georgi listet dort – auch mit Abbildungen – die Mythen und Bräuche sibirischer Völker auf, etwa der Samojeden, Tungusen, Kamtschadalen und Tschuktschen.

In dem Kapitel »Das schamanische Heidenthum« beschreibt er die Trachten der Schamanen, die mit »Blechgötzen, Schellen, Glöcklein, Ringen (...), Adlersklauen, ausgestopften Schlangen, Pelzstreifen besetzt« seien. Die sibirischen Heiler, so heißt es, zögen diese Kleidung beim Entzünden von Opferfeuern »unter Schaudern an, als ob ein anderer Geist in sie führe«. Mit ihrer Trommel riefen sie die Geister herbei und verehrten Sonne, Mond, Wolken, Berge und Flüsse als Gottheiten, ebenso Bären, Schlangen und Eulen, denen »mit Achtung begegnet wird«. Die Dauer der Welt werde von den sibirischen Völkern als ewig angesehen, und jede Seele erfahre nach dem Tode eine verbesserte Fortsetzung des jetzigen Lebens. Weil die Christen nach dem Tode einen Himmel ohne solche Herrlichkeiten beträten, bedauerten die schamanischen Kulturen sie und priesen ihr eigenes Glück. Ihre Kultstätten seien oft seltsame geformte Felsen, in denen man Wohnungen der Götter sehe. Ausführlich beschreibt Georgi auch das Frühlingsfest dieser Völker, bei dem ein großes Feuer angezündet und Milch und Bier versprüht werde.[298]

Goethe hatte also indirekt Kenntnisse vom indigenen Denken anderer Völker, die ihn in seiner Annahme bestärkten, dass es noch andere Perspektiven auf die Welt gab als die von Christentum und Aufklärung. Er war an einer möglichst breiten Palette von Weltzugängen interessiert, wozu nicht nur die Naturwissenschaften gehörten, sondern auch magische, okkulte und spirituelle Lehren. Goethe teilte nicht den engen Rationalitätsbegriff der Aufklärung, die in solchen Vorstellungen nur abergläubischen Unsinn sah. »Wir wandeln alle in Geheimnissen«, sagte er zu Eckermann. »Wir sind von einer Atmosphäre umgeben, von der wir noch gar nicht wissen, was sich alles in ihr regt und wie es mit unserem Geiste in Verbindung steht. So viel ist wohl gewiss, dass in besonderen Zuständen die Fühlfäden unserer Seele über ihre körperlichen Grenzen hinausreichen können und ihr ein Vorgefühl, ja auch ein wirklicher Blick in die nächste Zukunft gestattet ist.«[299] Solche Bemerkungen, die über unser traditionelles Goethebild hinausgehen, zeigen, wie eingehend der Dichter sich mit den Grenzen unseres Denkens und Wahrnehmens beschäftigte. Er war fest davon überzeugt, dass nicht unser Gehirn alleine Einfälle und Ideen produziert, sondern dass wir im kreativen Akt an eine höhere Macht angeschlossen seien. Alle großen Gedanken, so Goethe, habe der Mensch »als unverhoffte Geschenke von oben, als reine Kinder Gottes« zu betrachten und »mit freudigem Dank zu empfangen und zu verehren«. Solche Inspirationen seien auch mit dem »Dämonischen« verwandt, das zuweilen übermächtig mit dem Menschen verfahre, wie es ihm beliebe, und dem er sich bewusstlos hingebe, »während er glaubt, er handle aus eigenem Antriebe«.[300] Goethe ahnte, dass es – wie Shakespeare Hamlet sagen lässt – mehr Dinge im Himmel und auf Erden gibt, »als unsere Schulweisheit sich träumt«. Er glaubte fest daran, dass es neben unseren »leiblichen Augen« auch noch »Augen des Geistes« gebe.[301] Daher interessierte er sich z. B. für den schwedischen Mystiker Emanuel Swedenborg und scheute auch nicht vor Besuchen bei »Wunderdoktoren« zurück, die von der offiziellen Medizin als Quacksalber verspottet wurden. So traf er 1779 im Schweizerischen Emmental den Bauer Michael Schuppach, der für seine erstaunlichen Heilerfolge berühmt war. Fasziniert schrieb Goethe in Briefen über dessen »helle und scharfe Augen«, die scheinbar mühelos jede Krankheit des Patienten sofort erkennen konnten.[302]

Kein Wunder, dass ein so aufgeschlossener Geist sich auch für Kräuterfrauen, »Hexen« und deren »schamanische« Fähigkeiten interessierte. Tatsächlich hatte man auch im Harz seit Mitte des 16. Jahrhunderts viele Frauen als »Hexen« verbrannt, die als Heilerinnen mit magischen Praktiken und Kräuterwissen unterwegs waren. Einige von ihnen arbeiteten auch mit »Kristallen«, die sie zur Wahrsagerei verwendeten, und riefen Naturgeister wie »Elben«

Abbildungen von Schamanen in dem Buch »Beschreibungen aller Nationen des russischen Reiches«, das Goethe kannte

oder »Hollen« an, um deren Kräfte für ihre Therapien zu nutzen.[303] Solche Praktiken hatte bereits Karl der Große unter Androhung der Todesstrafe verbieten lassen.[304] Goethe las viel Literatur zu diesem Thema und probierte sogar selbst eine der halluzinogenen Drogen aus, die Bestandteil der »Hexensalben« war: das Bilsenkraut. Im Gegensatz zu den Hexenverfolgern, so der Germanist Thomas Höffgen, sei dies für ihn jedoch kein Teufelszeug gewesen, sondern ein Heilmittel, das ihm vielleicht sogar die Fantasie vom Hexenflug nähergebracht habe. Goethes Arzt, der dem Dichter das Bilsenkraut verschrieb, berichtete, dass sein Patient der Pflanze sehr zugetan war, da sie ihm »ergötzliche Träume« verschafft habe, an die er sich nach dem Erwachen noch erinnern konnte. Demnach, so Höffgen, wusste Goethe genau, wovon er sprach, als er Faust und Mephistopheles in die »Traum- und Zaubersphäre« der Walpurgisnacht entließ.[305]

Goethe ließ sich bei seinen Harzwanderungen also durch vielfältige Erfahrungen für die Gestaltung seines Hauptwerks inspirieren. Kann man so weit gehen wie die amerikanische Germanistin Gloria Flaherty, die Faust einen »modernen Schamanen« nannte?[306] Sicher waren Goethes Kenntnisse indigener und vorchristlicher Mythen eine große Inspiration für ihn, und viele Elemente daraus tauchen tatsächlich im »Faust« auf. Goethe nahm jedoch mythologische und ethnologische Quellen nicht wörtlich, sondern benutzte sie als Schriftsteller; er machte sich – wie er an Zelter schrieb – eine »poetische Fabel« daraus.[307]

Goethe wollte kein Historiker sein, sondern verwendete Elemente des »wilden Denkens« dafür, seinen Protagonisten in intensive Grenzerfahrungen zu schicken. Faust ist ein Gelehrter in mittleren Jahren, der nahezu alles gelesen hat, aber inmitten seiner Studierstube immer mehr verzweifelt. Er fühlt sich von den wirklichen Lebenskräften abgeschnitten und nur die Osterglocken, die an seine Kindheit erinnern, halten ihn vom Suizid ab. Dafür schenkt ihm der bald auftauchende Mephisto einen »kleinen Tod«, wie ihn auch Schamanen beim Initiationsritus erleben: eine Sprengung der Ich-Grenzen durch Erfahrungen, die die Seele über ihren bisherigen Rahmen hinaustragen. Orgiastische Erlebnisse gehören dazu genauso wie erotische, die Faust mit dem jungen Gretchen teilt. Ebenso Einweihungserfahrungen in der Natur, wie Goethe sie etwa in der Szene »Wald und Höhle« beschreibt. Faust zieht sich ins Innere einer Höhle zurück und »geheime tiefe Wunder« eröffnen sich ihm. Sein Sensorium schärft sich für »silberne Gestalten« aus der Vorwelt, die aus Felswänden hervorschweben und ihn »den Göttern nah und näher« bringen. Faust lernt plötzlich die »Brüder im stillen Busch, in Luft und Wasser« kennen und spürt in einer animistischen Naturerfahrung die Beseeltheit aller Kreaturen.[308]

Eine Erfahrung mit schamanischen Elementen macht Faust auch in der »Walpurgisnacht«, die eine Art halluzinogener Trip ist, wie er nie zuvor in der Literatur beschrieben wurde. In der Nacht zum 1. Mai steigt Faust mit Mephisto – wie Goethe einst selbst – auf den Brocken und erfährt dort eine intensive Entgrenzung seines Daseins. Wie bei Teilnehmern einer Ayahuasca-Sitzung lösen sich bei Faust alle festen Konturen auf, und er gerät in einen Wirbel von Energieströmen, die ihm das eigentliche Gesicht der Wirklichkeit zeigen. Er schaut ins Innere der Natur und erfährt, wie Fichten »fühlen«, Bäche »singen«, Erze im Berg »glühen«, Bäume »Gesichter schneiden« und lebendige Wurzeln sich wie Schlangen um seine Füße winden. Die ganze »Traum- und Zaubersphäre« um ihn herum ist in Bewegung: »Alles, alles scheint zu drehen.«[309] Quellen rieseln wie »Adern« den Berg hinunter, und die Felsen erscheinen Faust als »Rippen« eines großen lebendigen Erdorganismus, von dem er nur ein winziger Teil ist. Zu diesen animistischen Erlebnissen gehört auch die Auflösung der Grenze zwischen Mensch und Tier.

Bildnerische Darstellung von »Hexen« des Malers Hans Baldung Grien (1485–1545)

Frauen, die sich mit psychoaktiven Salben eingerieben haben, fliegen auf stinkenden Böcken und Schweinen an Faust vorbei, und als er mit einer jungen Hexe tanzt, huscht ihr plötzlich »ein rotes Mäuschen« aus dem Munde. Goethe hat dieses Bild von dem Gelehrten Johannes Praetorius übernommen, der von einer Magd berichtete, die beim Obstschälen eingeschlummert war: »Wie sie ein wenig stille gelegen, siehe, da kreucht ihr zum offnen Maule herauß ein rothes Mäuselein«. Praetorius beschreibt hier eine außerkörperliche Erfahrung, bei der die Seele den Körper in Form eines Tieres verlässt.[310]

Faust begegnet nicht nur den Elementargeistern der Natur, sondern nimmt auch den »Ausflug« einer Seele wahr. Er gerät sogar in Kontakt mit Verstorbenen, etwa mit Gretchen, die die »Augen einer Toten« hat und um ihren Hals »ein rotes Schnürchen« trägt, das nicht breiter ist »als ein Messerrücken«.[311] Ein gespenstisches Bild der wegen Kindsmord hingerichteten Geliebten, deren Seele nun auf dem Hexensabbat erscheint. Faust macht eine ähnliche Erfahrung wie ein Schamane, der nicht nur zu den Geistern von Tieren, Bergen und Bäumen reist, sondern auch zu jenen verstorbener Ahnen. Sein Wahrnehmungsfeld hat sich um übersinnliche Fähigkeiten erweitert, und zwar ganz ohne Drogen, wie es auch Goethes spiritueller Praxis entsprach. Als Dichter genügte ihm die magische Kraft seiner Worte, das analogische Denken, das das begrifflich-diskursive um ein Vielfaches transzendieren kann.

Die »Walpurgisnacht« im ersten Teil des »Faust« endet in sexuellen Ausschweifungen und in Strömen von Blut. Goethe entwirft ein umgedrehtes Bild einer christlichen Messe, in der »Satan« auf einem Thron als Gegenpapst Huldigungen in Form von Küssen auf den Hintern entgegennimmt. Er fordert seine Bewunderer zu sexuellen Freizügigkeiten auf, die Goethe aus der Endfassung des »Faust« herausstrich, weil er einen Skandal befürchtete. Es sind Passagen, in denen der »glänzende Schwanz und der weibliche Schoß« als die herrlichsten Dinge auf Erden besungen und die Menschen zu entfesseltem Tun animiert werden:

> *»Seid reinlich bei Tage und säuisch bei Nacht!*
> *So habt ihr's auf Erden am weit'sten gebracht.«*[312]

Goethe rückt hier den von den Missionaren verteufelten gehörnten Frühlingsgott wieder in ein gutes Licht und dreht die Verhältnisse um. Nicht »Satan« personifiziert das »Böse« in diesem Spektakel, sondern die am Ende der »Walpurgisnacht« auftretende »graue und schwarze Brüderschaft«: unheimliche Männer in Kutten, die die für die Inquisition verantwortlichen Franziskaner- und Dominikanerorden verkörpern. Noch einmal erinnert Goethe an die Ströme von Blut, die während der Hexen- und Ketzerverfolgung geflossen sind, und beschreibt, wie Gretchen vor einem Richtblock kniet und ihr der Kopf abgeschlagen wird. War sie selbst auch eine »Hexe« oder sah die Kirche sie als Kindsmörderin mit dem »Teufel« im Bunde?

Viele Äußerungen des Dichters zeigen, wie nahe ihm die Grausamkeiten der Hexenverfolgung gingen. Noch in seinem Geburtsjahr wurde in Würzburg eine Nonne verbrannt, und in seinem 26. Lebensjahr enthauptete man in Kempten eine Dienstmagd – »als Hexen, die eingestandenermaßen dem Bösen sich verschrieben, am Hexensabbat teilgenommen und mit dem Teufel Unzucht getrieben hatten«.[313] Aus detaillierten Chroniken kannte Goethe die unsäglichen Qualen, die viele dieser Frauen erleiden mussten: die Zertrümmerung ihres Leibes, das Auseinanderziehen der Glieder, das Herausdrücken der Augen, Ausrenken von Gelenken, Quetschen mit Schrauben, Stechen mit Nägeln, Versengen mit Fackeln und brennendem Öl.[314] In seinem »Faust« hat er diesen Frauen nicht nur ein Denkmal gesetzt, sondern auch die Gewalt kritisiert, mit der christliche Missionare die heidnischen Glaubensvorstellungen in Europa eliminierten. Die Verteufelung ihrer Bräuche durch die Kirche war für Goethe auch eine Verteufelung der Natur. Daher ist die »Walpurgisnacht« – wie viele andere Stellen in seinem Werk – auch ein Versuch, an die mythologische Weltanschauung älterer Völker zu erinnern, um Elemente für eine neue, auf Beobachtung und Naturverehrung gegründete Spiritualität zu finden.

10 | Das »Rauschen der Haine«: »Wildes Denken« in der deutschen Romantik

Goethe stand mit einem seinem Bedürfnis, alten Mythen wieder mehr Aufmerksamkeit zuteilwerden zu lassen, nicht alleine da. Auch Johann Gottfried Herder, Friedrich Schiller, Heinrich Heine, Friedrich Hölderlin, die Brüder Grimm und Schlegel plädierten für eine »Neue Mythologie«, die sie als Gegenreaktion zu christlicher Dogmatik und zum Rationalismus der Naturwissenschaften verstanden. Mit Galileo Galilei, René Descartes und Isaac Newton hatte sich im 17. Jahrhundert ein mechanistisches Weltbild etabliert, für das keine animistisch beseelte Natur mehr existierte. Tiere, Pflanzen, Wälder, Berge und Flüsse waren nicht länger von »Geistern« bewohnte Sphären, sondern messbare Räume, die aus der Wechselwirkung von Atomen und Zellen bestanden. Viele Theologen, Philosophen und Dichter protestierten gegen eine solche verengte Weltsicht und erinnerten leidenschaftlich an das »wilde Denken« früherer Kulturepochen. Bereits Johann Gottfried Herder plädierte 1767 für einen »neuen Gebrauch der Mythologie« und deutete die Bilderwelt der antiken Sagen als poetisches Werkzeug, das noch viel Potenzial für die Gegenwart bereithielt; ebenso Friedrich Schlegel in seiner »Rede über die Mythologie«.[315]

1788 hatte Friedrich Schiller mit seinem Gedicht »Die Götter Griechenlands« einen ähnlichen Versuch gewagt, woraufhin er als Atheist heftig beschimpft wurde. Schiller beschwor den sinnlichen Reichtum der antiken Mythenwelt und bedauerte den Verlust dieser pantheistischen Weltdeutung.[316] Die Griechen, so der Dichter, hätten die »Wahrheit« noch in Bildern dargestellt und die »Lebensfülle« der Schöpfung in personifizierten Kräften sichtbar gemacht, statt sie auf ein dürres Gerüst mechanischer Gesetze zu reduzieren. Kein »seelenloser Feuerball« sei damals über den Himmel gezogen, sondern der Sonnenwagen des Gottes »Helios« und »Dryaden« und »Najaden« hätten Bäume und Flüsse bewohnt. Man ehrte die Elemente, indem man sie mit »Faunen« und »Nymphen« bevölkerte, und eine Göttin wie »Demeter« verkörperte aufs Schönste die Fruchtbarkeit und Würde der Erde. Zudem sei in der Antike der Tod nicht als grässlicher Knochenmann gefürchtet worden, sondern man habe dem Verstorbenen einen geflügelten Genius, Hermes, zur Seite gestellt, als Sinnbild für das Fortleben der Seele nach dem

Tode. Nach dem Verlöschen der Körperfunktionen sei nicht alles zu Ende gewesen, sondern der »frohe Schatten« des Toten habe in »Elysiens Hainen« seine Angehörigen wieder treffen können.

»Schöne Welt, wo bist du?«, fragte Schiller am Schluss des langen Gedichtes: »Kehre wieder, holdes Blüthenalter der Natur (...) Von jenem lebenswarmen Bilde blieb nur das Gerippe mir zurück. Alle Blüthen sind gefallen von des Nordens winterlichen Wehn. Einen zu bereichern, unter allen, musste diese Götterwelt vergehn!«[317]

Schiller kritisiert hier die rigide Alleinherrschaft des Monotheismus, der keine anderen Götter mehr neben sich duldet und überhaupt alles »Göttliche« von der Natur abspaltet. Doch für den Dichter ist die »entgötterte Natur« auch eine entpoetisierte: Er beklagt, dass die moderne Welt keine Mittel mehr bereithält, um die vielfältigen seelischen Resonanzen zwischen dem Menschen und den Wunderwerken der Natur auszudrücken.

Ganz ähnlich dachte Friedrich Hölderlin, der im Tübinger Stift mit seinen Studienkollegen Hegel und Schelling ebenfalls eine »Neue Mythologie« gefordert hatte. Inmitten eines »mechanischen« Räderwerkes von Staat, Verfassung, Regierung und Gesetzgebung müsse die Poesie wieder zur »Lehrerin der Menschheit« werden, was sie auch am Anfang aller Kultur gewesen sei. Gegenüber Christentum und Aufklärung sei eine neue »sinnliche Religion« vonnöten und sie werde »das letzte, größte Werk der Menschheit sein«.[318]

In seinem berühmten Gedicht »Brot und Wein« schreibt Hölderlin solche Gedanken fort und ruft – wie Schiller – die Mythenwelt der Antike an, wo die Dichter sich noch in »heiliger Nacht« vom »frohlockenden Wahnsinn« ergreifen ließen: ein Tribut an das alte »indigene« Denken Europas, in dem noch schamanische und animistische Elemente die Weltdeutung mitbestimmten. Damals, so Hölderlin, sei das Universum ein »Haus der Himmlischen« gewesen, dessen Boden das Meer und dessen Tische die Berge waren. In dieser Zeit habe man noch Eingebungen in den Orakeln, z. B. in

Delphi, gesucht und auf den »kommenden Gott« gewartet. Doch heute seien die Tempel und »alten heiligen Theater« verstummt: »Wir kommen zu spät«. Hölderlin räumt ein, dass die Götter zwar noch in fernen Welten lebten, aber unser »schwaches Gefäß« könne ihre »göttliche Fülle« nicht mehr fassen. Er tröstet sich damit, dass die heutigen Dichter, wie einst »des Weingotts heilige Priester«, daran erinnern könnten, dass auch Brot und Wein von übernatürlichen Mächten kämen: das Brot als eine vom Licht gesegnete Frucht der Erde und der Wein als Gabe vom »donnernden Gott« Dionysos. Auch die »immergrünende Fichte« und der belebende »Aether« seien letztlich eine »Spur der entflohenen Götter«, die uns trotz ihrer Abwesenheit ins »Finstere« hineinleuchten könnten.[319]

Alle diese Dichter beschwören eine vorchristliche und künstlerisch ausgestaltete Mythologie, die sie einer als bedrohlich empfundenen Mechanisierung der Welt entgegengehalten. Der Dichter Heinrich Heine sieht in diesem Bekenntnis zum Pantheismus sogar die »verborgene Religion Deutschlands« und feiert deren modernisierte Auferstehung in dem »großen Heiden« Goethe.[320] Heine lässt in Essays und Gedichten selbst das »wilde Denken« germanischer, keltischer und griechisch-römischer Zeit wieder aufleben. Auch er hat ein Gedicht über die »Götter Griechenlands« geschrieben und beklagt, dass diese einst lebendige Welt zu Fabel und Aberglauben herabgesunken sei. Wie Schiller trauert auch er um die Schatten der »verlassenen Götter«, die von einem neuen »tristen« und »schadenfrohen« Gott besiegt worden seien, der »im Schafspelz der Demut« daherkomme. Heine möchte dessen Tempel, die Kirchen, brechen, um vor den alten Kultstätten der Heiden zu knien und zu beten. In Götterkämpfen, so schreibt der Dichter, hielte er es immer mit der »Partei der besiegten Götter.«[321]Intensive Naturerfahrungen auf Norderney inspirieren Heine zu dem Gedichtzyklus »Die Nordsee«, wo er beschreibt, wie er im aufgewühlten Meer das Echo »verschollener Sagen« hört und nachts »Luna, die Göttin«

aufsteigen sieht. Der Dichter verbringt eine Nacht am Strand und lässt sich vom Nordwind »dunkeltrotzige und zaubergewaltige« Runensprüche erzählen. Er spürt, wie in den Meerestiefen »wahnsinnige Träume« und »Seegespenster« rumoren und wie ihm bei der Lektüre von Homers »Odyssee« der »Atem der Götter« entgegenweht, bis schließlich in der aufgepeitschten See der Meeresgott Poseidon erscheint.[322] Auch an anderen Orten Deutschlands sucht der Dichter nach dem verlorenen heidnischen Erbe seiner Heimat. So beschreibt Heine in dem Aufsatz »Die Elementargeister« eine Wanderung durch Eichenhaine Westfalens, wo er noch »Stimmen der Vorzeit« und »alte Zaubersprüche« zu hören glaubt.

Diese Bilder sind ganz typisch für die Verehrung der Romantiker von Wäldern und Bäumen; oft besingen Gedichte des 19. Jahrhunderts das »Rauschen der Haine« oder »der Waldnacht heilig' Rauschen«[323].

Der Maler Caspar David Friedrich hat solche Stimmungen gemalt, und der Komponist Carl Maria von Weber ließ sich von ihnen für seine Oper »Der Freischütz« inspirieren. Auch Richard Wagner hörte im Wald mehr als nur Vogelgesang und Blätterrauschen. Er verglich den musikalischen Organismus seiner Partituren mit der »Waldesmelodie«, die der Großstädter beim Eintreten in einen Wald vernehme. In dem Moment, wo man die Geräusche der Stadt hinter sich ließe, könne man ein »immer beredter werdendes Schweigen« vernehmen: eine neue Sprache, die einen andächtig mache »wie sonst nur der tiefblaue Nachthimmel«.[324] Die Metapher der »Waldesmelodie« beschwört ebenso wie das »Rauschen der Haine« eine spirituelle Naturerfahrung, die im Wald mehr vernimmt als den Wind oder das Murmeln von Bächen. Indigene Kulturen nehmen das ähnlich wahr, wenn sie in der belebten Stille von Wäldern die Gegenwart von Göttern oder Geistern erleben. Hier wird der »heilige Hain« zu einem Naturtempel, in dem weniger biologische Gesetze als numinose Kräfte walten.

Leider wurden solche Erlebnisse im 19. Jahrhundert auch mit völkisch-nationalistischer Ideologie aufgeladen, sodass über der deutschen Waldmystik eine Art Schatten schwebt. Der Dichter Joseph Eichendorff z. B. führte eine spirituelle Wahrnehmung des Waldes als Beleg für das »Großartige des deutschen Wesens« an, das in »totalem Gegensatz« zur übrigen alten Welt stehe.[325] Ähnlich die Brüder Grimm, für die der einheimische Wald ein Hort von Göttern und Elementargeistern war, aus denen sie eine »deutsche Mythologie« rekonstruieren wollten, um ihr Vaterland zu »erheben«[326]: ein gescheiterter Versuch, der viel zu spekulativ blieb und in seiner Vermischung von mythologischen und politischen Interessen fatale Folgen zeitigte. Denn auch im Nationalsozialismus wurde der »ewige Wald« als tiefster Hort deutscher Identität beschworen und notorisch gegen den »oberflächlichen Geist« anderer Kulturen abgegrenzt.[327]

Wie unsinnig die nationale Vereinnahmung einer spirituellen Walderfahrung ist, zeigt ein oberflächlicher Blick in die Kulturgeschichte. Nicht nur europäische Völker haben den Wald als etwas »Heiliges« erlebt, sondern auch Japaner, Inder, Indigene Nord- und Südamerikas sowie die Pygmäen in Zentralafrika.[328] Das von den Romantikern besungene »Rauschen der Haine« stammt eigentlich aus der griechischen Mythologie, die davon erzählt, dass im Eichenheiligtum von Dodona der Gott Zeus durch das Wispern der Blätter sprach.[329] Auch die Kelten kannten »heilige Haine«, aber sie waren ein über ganz Europa ausgebreitetes Volk, sodass man ihre Waldverehrung nicht für nationalistische Zwecke vereinnahmen kann.[330]

Nicht alle Schriftsteller des 19. Jahrhunderts bewegten sich in solch bedenklichen Bahnen. Die spirituellen Naturerfahrungen etwa von Goethe, Schiller, Hölderlin und Annette von Droste-Hülshoff sind frei von völkischen Untertönen, hier geht es nur um die individuelle Begegnung mit dem Numinosen. Goethe beschrieb in »Dichtung und Wahrheit«, wie er einmal an einem

»ernsten Platz« im tiefen Wald vorbeikam, »wo die ältesten Eichen und Buchen einen herrlich großen beschatteten Raum bildeten«. »Warum«, so rief er entzückt aus, »liegt dieser Platz nicht in tiefer Wildnis, warum dürfen wir nicht einen Zaun umherführen, ihn und uns zu heiligen und von der Welt abzusondern!«

Für ihn, so Goethe, gebe es »keine schönere Gottesverehrung als die, zu der man kein Bild bedarf, die bloß aus dem Wechselgespräch mit der Natur in unserem Busen entspringt«.[331] Friedrich Hölderlin teilte eine ähnliche Erfahrung, als er in einem Gedicht Eichen als »Götter« beschrieb, die wie die Sterne des Himmels »in freiem Bunde« zusammenleben: ein eher republikanisches Ideal als die Vorstellung vom Wald als Sinnbild einer »Volksgemeinschaft«.[332]

Auch die Dichterin Annette von Droste-Hülshoff machte in den Wäldern und Heidelandschaften ihrer Heimat spirituelle Naturerfahrungen jenseits politischer Absichten. Bei den Dreharbeiten zu meinem Film über das »Wilde Denken« konnten wir im Park des Gutes Abbenburg filmen, der die Schriftstellerin zu vielen Gedichten inspiriert hat. Hier steht heute noch ihr alter moosüber-

Der alte Steintisch in Gut Abbenburg, an dem die Dichterin Annette von Droste-Hülshoff (1797–1848) viele ihrer Gedichte schrieb

wachsener Steintisch. Der weitläufige Park vereint wie in einem Brennglas viele Naturstimmungen, die in der Lyrik der Droste vorkommen. Neben uralten Bäumen filmten wir auch schilfbestandene Teiche und verfallene Hütten, jenen ähnlich, in denen die Dichterin ihre mystischen Verse herbeiträumte.

Der Ethnologe Wilhelm E. Mühlmann hat von der »schamanischen Existenz« dieser Künstlerin gesprochen, von ihrer »genuin schamanischen Poesie«, die nicht erdacht, sondern durch Schauungen empfangen worden sei.[333]

Annette von Droste-Hülshoff muss außergewöhnliche Fähigkeiten besessen haben. Fritz Beneke, ein Zeitgenosse, nannte sie eine »Zauberjungfrau«, deren Geständnisse über paranormale Vermögen einen tiefen Eindruck auf ihn gemacht hätten: »Ihr erscheint sehr häufig im Traum ein Gesicht, nicht widrig, aber stets das nämliche, sie mit Grauen erfüllend. Es gibt ihr stets Rat zu zauberischen Versuchen, sagt ihr Dinge vorher, die stets eingetroffen, ja beurkundet sich auf die unwidersprechlichste Weise durch kleine Gaben der sonderbarsten Art.«[334] Die mit der Droste befreundete Schriftstellerin Elise Rüdiger erwähnte ihr »blaues Nixenauge« und das »merkwürdige Sibyllenantlitz, das in die Geisterwelt hinüberzusehen schien«.[335]

Immer wieder wurde die Dichterin von Vorahnungen geplagt, dem in Westfalen weitverbreiteten »Zweiten Gesicht«, und dann schossen innere Bilder »wie Mückenschwärme« aus ihrem Unbewussten empor.[336] Annette von Droste-Hülshoff schrieb, dass solche Fähigkeiten in ihrer westfälischen Heimat nichts Besonderes gewesen seien:

»Größere Aufmerksamkeit (…) verdient das sogenannte ›Vorgesicht‹, ein bis zum Schauen oder mindestens deutlichen Hören gesteigertes Ahnungsvermögen, ganz dem Secondsight der Hochschotten ähnlich, und hier so gewöhnlich, daß, obwohl die Gabe als eine höchst unglückliche eher geheimgehalten wird, man doch

Der Ethnologe Wilhelm E. Mühlmann sprach von der »schamanischen Poesie« der Droste, der Philosoph Jochen Kirchhoff von ihrer »Natursichtigkeit«.

überall auf notorisch damit Behaftete trifft, und im Grund fast kein Eingeborner sich gänzlich davon freisprechen dürfte.« Diese Gabe, so die Droste, überkäme den Betroffenen zu jeder Tageszeit, häufig bei Mondnächten, wo er dann Leichenzüge, Heereskolonnen und Kämpfe sehe, deren Einzelheiten er genau beschreiben könne. Auch andere, normalere Begebenheiten könne der »Vorschauer« voraussehen, z. B. einen Erntewagen, der erst in der Zukunft umfallen wird und deren begleitende Personen er ebenfalls leibhaftig vor sich sieht.[337]

Die Droste erwähnt auch die Begabung des Geistheilens bei ihren Landsleuten. Mehrfach sei sie Zeugin von Akten magischen »Besprechens« geworden, deren »seltsame Erfolge sich durch bloßes Hinwegleugnen keineswegs beseitigen lassen«. Es gebe Menschen in ihrem Umfeld, die mit weißen Stäben in der Hand Felder umkreisten, auf denen danach kein Schädling mehr zu sehen sei, oder solche, die Fernheilungen von Tieren bewirken könnten. So sei ein

Schimmel, der sich die Zunge durchgebissen hatte, alleine dadurch wieder gesund geworden, dass man ein mit dessen Blut beflecktes Tuch einem Heiler geschickt habe, der es aus der Ferne »besprach«. Dergleichen, so schrieb die Dichterin, sei täglich passiert, sodass als Erklärung »wohl nur die Kraft des menschlichen Glaubens, die magnetische Gewalt eines festen Willens über die Natur als letztes Auskunftsmittel bleiben dürfte«.[338] All diese Äußerungen klingen glaubhaft und lassen auf Relikte eines »wilden Denkens« auch in der jüngeren Vergangenheit Deutschlands schließen.

Ein »schamanischer« Zug der Dichterin war auch ihr Vermögen, mit den Seelen der Toten zu kommunizieren. So schreibt sie, dass die »stillen, strengen Toten (…) aus Wasser, Erde, Feuer, Luft« zu ihr sprächen und dass sie zuweilen in eine »tief trunkene Flut« versinken könnte, in der sie das Atmen von Verstorbenen hörte.[339] Aus diesen Zeilen wird auch ersichtlich, dass Annette von Droste-Hülshoff an ein Fortleben der Seele nach dem Tode glaubte. Hatte die Dichterin in jungen Jahren auch einmal eine Nahtoderfahrung? In einem frühen Gedicht beschrieb sie Flugerlebnisse ihres Geistes, der dabei das »engende Band« der Sinne hinter sich ließ, um in »Meere voll Lichtes« einzutauchen, die sich in »Klarheit« und »leuchtender Pracht« vor ihm auftaten. Dort wurde ihm jedoch signalisiert, dass er noch nicht bleiben dürfe, sondern zurück zur Erde müsse, wo ihm nach diesem Erlebnis alles kärglich und arm erschien. Seinem »lichttrunkenen Geist« blieb nur die »süße Erinnerung« an den »Strahlenduft« des mächtigen Lichtes, das er in seiner Vision geschaut hatte. Er konnte dies zwar seiner Mitwelt nicht mitteilen, aber hatte von nun an jede Angst vor dem Sterben verloren:

»Dem Tode schaut froh er ins blasse Gesicht,
Er ist ihm ein Bote, er führt ihn zum Licht;
Sein Geist schwingt sich frei in die Welten hinaus;
Sie grüßt er bekannt, wie sein heimisches Haus.«[340]

Man kann diese Verse natürlich als rein künstlerische Imagination deuten oder als Niederschlag gnostischer Glaubensinhalte, die die Droste vielleicht gekannt hat. Aber sie enthalten auch viele Elemente einer echten Nahtoderfahrung: Das Sich-Lösen von Körper- und Sinneswelt, das Eintauchen in ein mächtiges Licht, von dem man sich angenommen fühlt, die Aufforderung, wieder ins Leben zurückzukehren, die Schwierigkeit, mit anderen über das Erlebte zu reden, und das Schwinden der Todesangst. Prägten auch solche Erfahrungen das »Sibyllenantlitz« der Droste, »das in die Geisterwelt hinüberzusehen schien«, von dem ihre Freundin Elise Rüdiger sprach? Man muss solche Fragen offenlassen, aber es gibt keine andere Künstlerin des 19. Jahrhunderts, bei der sie sich so aufdrängen.

Die Annahme, dass unsere Seele ein bewegliches Fluidum ist, das zuweilen den Körper verlassen kann, spiegelt sich auch im animistischen Weltbild der Dichterin wider. In ihren intensiven Naturschilderungen scheint sich ihre Seele mit jener von Tieren und Pflanzen verbinden zu können. Bereits die vier Elemente sind für die Droste keine bloßen Molekülverbindungen, sondern feinstoffliche Erlebnisräume, in die sie tief eintauchen kann. So spricht sie vom Himmel als »Äthersaal«, von der Luft als »Himmelsodem« und vom Wasser als »der Erde köstlich Blut«.[341] Wenn sie im Gras liegt, hört sie »der Raupe Nagen«, und im Turm ihres Schlosses ist ihr manchmal zumute, als könne sie sich in die Falken und Mauereulen verwandeln, die dort hausen.[342] Ihr Gemüt, das sie die »Iris der Seele« nennt, vermag auch noch in kleinste Lebensformen und Organismen zu schlüpfen, etwa in Tautropfen auf Blättern, in das Bein einer Biene oder in Muschelscherben.[343] Die ganze Natur ist für diese Dichterin von Leben und Bewusstsein erfüllt, von numinosen Kräften, die der Volksmund ihrer Heimat gerne auch als mythologische Wesenheiten deutete.

So tauchen in ihren Gedichten die Jagd- und Waldgöttin »Diana« auf, der »Wassermann«, »Heidemann«, »Schlosself«, die »Sonntagsspinnerin« sowie »Najaden«, »Kobolde« und »Langhüte«, wobei diese Sagengestalten oft auch Schrecken verbreiten können.[344] Wir tendieren heute dazu, solche Vorstellungen als abergläubische Fantasien einer unaufgeklärten Landbevölkerung abzutun. Für die Droste waren sie jedoch keine Hirngespinste, sondern Metaphern, die sie tiefer in das Erleben von Heide- und Moorlandschaften hineinführten. Wenn sich die stechende Sonne in der Mittagsstille auf einem Teich spiegelte, sah sich die Dichterin einem unbekannten Organismus gegenüber, der von biologischen Begriffen nicht zureichend erfasst werden kann. Ein uraltes Ökosystem lag dann vor ihr, das sich regenerieren kann und in seiner vom Menschen unabhängigen Daseinsform auch etwas Fremdes ausstrahlt:

»Allein, ob nicht vielleicht der Wassermann
Dort in den langen Kräutern hocken kann?
Ich geh, ich gehe schon – ich gehe nicht –
Mich dünkt, ich sah am Grunde ein Gesicht –
Komm laß uns lieber heim, die Sonne sticht!«[345]

Ähnliche Empfindungen überfielen die Dichterin in den dunklen Moorlandschaften Westfalens, was etwa ihr bekanntes Gedicht »Der Knabe im Moor« gut zum Ausdruck bringt. Das unheimliche Knistern in den »Riesenhalmen« der Schilfrohre verweist nicht auf dort lebende Tiere, sondern auf Geistwesen und Wiedergänger, die im Totenreich keine Ruhe finden konnten: die »unselige Spinnerin (…) die den Haspel dreht im Geröhre«, die »verdammte Margret« oder der »diebische Fiedler Knauf, der den Hochzeitsheller gestohlen«.[346] Wie die Kelten und Germanen erlebte die Droste Jahrhunderte später das Moor auch als ein Tor zur »Anderswelt«, als Übergangsort zu Seelenräumen, die nur von Mythologie oder Poesie

Moorlandschaft in der Heimat der Droste bei Münster

erfasst werden können. Die Dichterin schien solche Orte nicht zu fürchten, sondern es zog sie immer wieder magisch dorthin. Lieber als in ihrem Schloss hielt sie sich in den weiten und unberührten Heideflächen auf, sogar, wenn dort gefährliche Feuer ausbrachen. Dann war die Stunde des mysteriösen »Heidemannes« gekommen, der seinen weißen Rauch wie ein Totentuch allmählich über die Landschaft legte.[347]

Ganze Stunden verbrachte die Droste wie entrückt in verfallenen Waldhütten. Hier schärften sich ihre Sinne für winzigste Lebensformen, hier erschien ihr auch der Geist der Jagdgöttin Diana, spürte sie die Präsenz echter spiritueller Erfahrungen. Durch das animistische Gespür der Dichterin für die tiefe Verbundenheit aller Lebensformen können ihre Gedichte zu Augenöffnern werden, die einem neue Erlebnisräume erschließen. Diese reichen manchmal sogar bis in anorganische Sphären hinunter, etwa in dem Gedicht

»Die Mergelgrube«, wo die Dichterin einen Initiationstod stirbt, um Teil eines mineralischen Wunderreiches zu werden.[348]

Bei diesen Versen, die zu den merkwürdigsten des 19. Jahrhunderts gehören, steigen interessante Fragen auf: Warum steigt eine 45-jährige Adelige tief in verfallene Kreideschächte hinunter, in denen sie langsam zu versanden und zu versteinern droht? Sie erzählt uns, wie sie dort »mit berauschtem Ohr« dem Wind zuhört, der mit seinem »Scharren« und »Rispeln« eine Geistermusik erzeugt und Fossilien aus uralter Zeit freilegt. Raum und Zeit lösen sich während dieser halluzinogenen Erfahrung ohne Drogen auf, hellgrauer Kreidestaub rieselt unaufhörlich herab und hüllt die Dichterin in eine Art Leichenkleid. Als in diesem Moment ein Totenkäfer mit erlegter Beute ihren Weg kreuzt, scheint sie vollends zu einer »Mumie« zu werden und in einen transpersonalen Raum hinüberzugehen, wo kein festes Ich mehr existiert. Hineingekauert in die Mergelgrube, verbindet sich die Droste nicht nur mit Käfern und Wespen, sondern auch mit »Lämmerhaar« und fossilen »Medusen« auf Schieferplatten, die zeigen, dass hier einmal ein Meer gewesen war. In diesen Momenten macht sie eine ähnliche Erfahrung wie indigene Schamanen, tibetische Lamas oder der keltische Barde Taliesin: Sie verbindet sich mit der »Allseele«, mit einem Bewusstseinsstrom, der nicht nur in unserem Gehirn existiert, sondern überall im Universum.

Und wieder fragt man sich: Sind dies erdichtete Momente oder Verdichtungen von echten Erfahrungen, die über die Alltagswahrnehmung hinausgehen? Ich spüre in solchen Beschreibungen nicht nur das, was Psychologen bei Experimenten mit halluzinogenen Drogen »Hyperwirklichkeit« nennen, sondern auch ein Bedrängtwerden von Bildern, die irgendwie ausgesprochen werden müssen. Viele Gedichte der Droste lassen ahnen, wie einsam sie sich mit solchen Erfahrungen gefühlt haben muss. Geprägt durch ein adeliges Umfeld und eine christliche Kultur, nahm sie mysteriöse Dinge wahr, für die keine offizielle Sprache zur Verfügung stand, die sie aber im Freiraum ihrer Poesie ausdrücken konnte. Zwar gab sich die Dichterin offiziell als Christin aus und verfasste sogar einen Gedichtzyklus mit dem Titel »Geistliches Jahr«. Aber sie fügte im Vorwort hinzu, dieses Werk sei »schwankend in sich selbst, wie mein Gemüt in seinen wechselnden Stimmungen (…) Für die Großmutter ist und bleibt es völlig unbrauchbar, so wie für alle sehr frommen Menschen.«[349] Wenn die Droste irgendwo betete, dann nicht in der Kirche, sondern – wie sie selbst einmal schrieb – als »Kniende in Gottes weitem Tempel«.[350]

Ich denke, dass wir heute noch einiges von dieser ungewöhnlichen Dichterin lernen können. Sie regt uns an, gegenüber Erfahrungsformen des »Okkulten« und »Spirituellen« offen zu bleiben und in der Natur mehr zu sehen als bloße Schönheit. Jemand mit einem so empathischen Sensorium wäre heute kein schlechter Ratgeber, um unsere Sinne für die zunehmenden Verletzungen unserer Umwelt zu öffnen. Sie war eine Fürsprecherin der »ächzenden Kreatur«, wie es etwa der Naturphilosoph Jochen Kirchhoff formulierte: »Die ›unheimliche Sympathie‹ der Droste jedenfalls auch für das ›niederste animalische Leben‹ tut uns bitter Not.«[351]

Vielleicht nahm ihr Werk schon vor 150 Jahren etwas von dem vorweg, was wir heute als »Nature Writing«, »Achtsamkeit« und »Nachhaltigkeit« bezeichnen, und zwar mit einer leuchtenden Sprachkraft, die gegenwärtige Ökobewegungen nicht besitzen. Dass die Naturlyrik der Droste auch eine feministische Komponente enthält, bekundet ihr Aufruf »An die Schriftstellerinnen in Deutschland und Frankreich«, den sie sechs Jahre vor ihrem Tode veröffentlichte. Darin beklagt sie, dass ihre Kolleginnen »den Pfad verloren« hätten, und ruft sie zu neuen Taten auf. Vor allem die Dichterinnen hätten ein Gespür für die »unterdrückten Klagen der heiligen Natur«, was in einer Zeit besonders wichtig sei, in der diese zur »Dirne«, d. h. zur käuflichen Ware gemacht würde. »Weckt der Natur geheimnisreichste Laute«, ruft die Droste den Künstlerinnen ihrer Epoche zu: »Des Tempels pflegt, den Menschenhand nicht baute.«[352]

Wie Goethe, Schiller, Hölderlin, Novalis, Heine und Eichendorff hörte auch diese Dichterin auf das »Rauschen der Haine« und vernahm darin Klagelaute, aber auch Chiffren des Wunderbaren. Ihr Lauschen auf die Innenwelt der Natur war keine rückwärtsgewandte Träumerei, sondern enthielt auch zukunftsweisende und kämpferische Impulse. Heutige Naturphilosophen wie Jochen Kirchhoff und Andreas Weber sehen in diesen Romantikern bereits Vorformen eines spirituell fundierten ökologischen Denkens, das momentan nötiger ist denn je. Der »Tempel, den Menschenhand nicht baute«, ist das bedrohte Reich der »mehr-als-menschlichen Welt«, die immer mehr in Gefahr gerät, ausgelöscht zu werden. Um diese Zerstörung aufzuhalten, benötigen wir nicht nur wissenschaftliche Statistiken, sondern auch die Schärfung unserer Wahrnehmung und die Stärkung unserer Empathie. Wenn wir nicht fühlen, was wir zerstören, hören wir mit unserem destruktiven Handeln auch nicht auf. Rein rationale Berechnungen erreichen unser Herz nicht, unsere Verbindung mit der bedrohten Natur muss tiefer gehen und bedarf neben Politik und Wissenschaft auch künstlerisch-spiritueller Impulse. Die deutsche Romantik mit ihrer »pantheistischen Religion« (Heinrich Heine) hält dafür einen großen Schatz von Bildern bereit. Statt ihn als weltfremde Träumerei zu belächeln, tun wir gut daran, seine inspirierenden Impulse in unser heutiges Denken zu integrieren.

›WILDES DENKEN‹ HEUTE

Zwei lange Reisen liegen hinter uns. Nachdem wir die außereuropäische Mythenwelt nach Inspirationen für unsere Zeit befragt haben, sind wir durch Europa gereist, um zu sehen, ob auch dort Spuren des »wilden Denkens« zu finden sind. Zu unserem Erstaunen stellten wir fest, dass es diese tatsächlich seit vielen tausend Jahren gibt, zwar oft überwölbt von anderen Kulturschichten, aber in ihren Grundzügen deutlich erkennbar. In ihrer Biographie über Claude Lévi-Strauss hat Emmanuelle Loyer das »wilde Denken« als ein »Instrument« bezeichnet, »das zwischen den verschiedenen Reichen, dem pflanzlichen, tierischen, menschlichen, aber auch zwischen den Lebenden und den Toten (…) Übergänge sichert«.[353]

Diese Definition hat uns geleitet und wird uns auch als Fragestellung durch die beiden Schlusskapitel führen: Was können wir von indigenen Kulturen über den Umgang mit der Natur und mit dem Tod lernen? Gibt es zwischen Menschen, Tieren, Pflanzen sowie zwischen Leben und Tod noch subtilere Übergänge, als wir gemeinhin glauben? Dass das »wilde Denken« ganz andere Perspektiven für diese so wichtigen Fragen unseres Lebens bereithält, wurde ja an vielen Beispielen deutlich. Ob wir spirituelle Kulturen des außereuropäischen Raumes betrachteten oder vergangene Epochen in Europa: Alle sahen die Natur als einen beseelten Raum an, der von Geistern und spirituellen Wesen bevölkert ist, und alle glaubten an ein Fortleben unserer Seele nach dem Tod.

Sich vom »wilden Denken« auch in Bezug auf diese Fragen inspirieren zu lassen, bedeutet nicht, regressiv in frühere Menschheitsepochen abzutauchen und zu leben, wie man es vor 500 oder 5000 Jahren getan hat. Wir wollen stattdessen nach Impulsgebern in unserer Gegenwart suchen, die die Übergänge zwischen Mensch und Natur sowie zwischen Leben und Tod anders sehen als der Mainstream – und die damit ebenfalls eine Form des »wilden Denkens« praktizieren. Denn, wie schrieb Lévi-Strauss so ermutigend: »Das Denken im wilden Zustand blüht in jedem menschlichen Geist – zeitgenössisch oder alt, nah oder fern – solange es nicht kultiviert und domestiziert wird, um seinen Ertrag zu vermehren.«[354]

1 | »Defend the Sacred«: Spirituelle Tiefenökologie der Gegenwart

Im Jahr 2016 protestierten im US-Indianerreservat »Standing Rock« Tausende von Native Americans und zahlreiche Umweltorganisationen gegen die Verlegung der »Dakota Access Pipeline«, die über »heilige Orte« der dort ansässigen indigenen Bevölkerung gelegt werden sollte. In ihrer poetischen Sprache bezeichneten die Lakota diese Pipeline als »Schwarze Schlange« (»Zuzeca Sape«), weil sie auch befürchteten, dass eventuelle Rohrbrüche irreparable Schäden in ihrer Wasserversorgung verursachen könnten. Dies war insofern realistisch, als keine adäquate Umweltverträglichkeitsprüfung im Hinblick auf die Gefährdung von Trinkwasserreservaten stattgefunden hatte. Im Herbst desselben Jahres wuchsen die Massen der Protestierenden so stark an, dass ein riesiges Zeltlager errichtet werden musste und die Aktion zum größten Zusammentreffen nordamerikanischer Indianer seit 1920 wurde.[355]

Dabei prägte die Lakota-Aktivistin und Initiatorin der Proteste, Ladonna Bravebull Allard, den Slogan »Defend the Sacred«, der zum Ausdruck brachte, wie weit ihr ökologisches Bewusstsein reichte. Für die von der Pipeline betroffenen indigenen Kulturen ging es nicht nur um Ölverschmutzung, sondern um die Verteidigung von etwas »Heiligem«.

Der Kampf gegen den für den Bau verantwortlichen Energiekonzern war auch ein Kampf gegen das »koloniale Trauma«, gegen jahrhundertelange Demütigungen einer spirituellen Kultur, für die Wasser mehr war als nur eine Ansammlung von H_2O-Molekülen.[356] Der indigene Umweltaktivist Tiokasin Ghosthorse brachte dies treffend zum Ausdruck, indem er darauf hinwies, dass das Lakota-Wort »Mni« nicht nur Wasser meint, sondern auch »das, was mich und dich und alle Dinge miteinander verbindet«. Es sei kein Substantiv, sondern ein Verb, weil es das Lebendige an sich bezeichne, das immer in Bewegung sei. In der Schöpfungsgeschichte der Lakota stehe Mni auch für das »blaue Blut«, für den »glänzenden Spiegel, in dem das Universum sich erkennt«. Es umschreibe also auch die Mysterien und Schönheiten von Ozeanen, Flüssen, Seen, Teichen, Bächen und Regentropfen, sei eigentlich ein »Wesen«, das die universale Schöpferkraft versinnbildlicht: »Mni ist ein Kelch voller Sterne. Wenn du es trinkst, siehst du darin das glitzernde Licht und die Reflexionen der Sonne in den Wassern der Erde.«[357]

Allein durch seine bildhafte Sprache unterscheidet sich der Lakota grundsätzlich von unseren Umweltaktivisten, die sich eher in nüchternen wissenschaftlichen oder politischen Begriffen artikulieren. Aus seinen Worten spricht seine Sensibilität für das Kostbare, Geheimnisvolle und Nährende des Wassers, sein Sinn für die Schönheit der tausend Formen, in denen das Wasser uns täglich begegnet. Ohne den Begriff zu verwenden, umkreist Tiokasin Ghosthorse auch das »Heilige«: die Dankbarkeit für die unermess-

»Water is Life«: Aktivisten im Protest gegen die Verlegung der Dakota Access Pipeline in den USA

lichen Qualitäten des Wassers, die von vielen indigenen Kulturen ähnlich besungen werden. Diese poetischen Bilder bestätigen auch die Beobachtung von Claude Lévi-Strauss, wonach der Naturbegriff des »wilden Denkens« immer eine »übernatürliche Komponente« einschließt. Natur ist hier auch »das Terrain, auf dem der Mensch den Ahnen, den Geistern, den Göttern zu begegnen hofft.«[358]

Ein solches Bewusstsein findet man auch immer häufiger bei Philosophen, Anthropologen und Ökologen unseres Kulturkreises, die sich nicht scheuen, ihr Denken spirituell zu vertiefen. So fordert der Philosoph Jochen Kirchhoff die Erweiterung unseres Umweltbewusstseins zu einer »spirituellen Ökologie«, und der Biologe Andreas Weber konstatiert, dass wir in Bezug auf die Natur »eine neue veritable Metaphysik« brauchen.[359] Bereits 1997 hatte der Philosoph Johannes Heinrichs die Umweltverschmutzung als »Folge der Innenweltverschmutzung« beschrieben und festgestellt, dass wir ohne diese Perspektive die Frage nicht beantworten könnten, warum wir die Erde und uns selbst zerstören.[360] Es wird immer deutlicher, dass die ökologische Krise eine Bewusstseinskrise ist oder – wie der amerikanische Kulturanthropologe David Abrams sagt – die Folge »eines Wahrnehmungsproblems«. Der moderne zivilisierte Mensch, so Abrams, sei abgestumpft gegenüber den unendlichen Feinheiten der Natur und reagiere daher apathisch auf die Umweltsünden, von denen er täglich in der Presse liest. Er selbst sei auch erst im Umgang mit indigenen Kulturen in Nepal, Indonesien und Amerika für eine subtilere Wahrnehmung der außermenschlichen Welt sensibilisiert worden. »Wie nur«, fragt Abrams, »konnte der modernen westlichen Gesellschaft diese Aufmerksamkeit abhandenkommen? Immerhin hat auch die westliche Kultur indigene Ursprünge.«[361]

Ökologisch engagierte Wissenschaftler wie David Abrams, Andreas Weber und Stephan Harding sind sich einig darüber, dass das animistische Naturverhältnis allmählich durch eine andere Weltsicht abgelöst wurde, die sich vor 400 Jahren mit dem Aufkommen einer dualistisch orientierten Philosophie und Naturwissenschaft herausbildete.[362] Denker wie René Descartes, Francis Bacon, Galileo Galilei und Isaac Newton begannen, die Welt aufzuteilen in empfindende Subjekte und tote Objekte, denen fortan jedes Seelenleben und jeder »Geist« abgesprochen wurde. In seinem spannenden Buch »Lebendige Erde« beschreibt Stephan Harding, wie Sinnesempfindungen immer mehr als »sekundäre Qualitäten« aus der Naturforschung verdrängt wurden und nur die messbaren »primären Qualitäten« wie Größe, Form und Gewicht Geltung behielten. Die Mathematik wurde zur bevorzugten Sprache, in der sich die Forscher über die Natur unterhielten, deren Vielfalt und Schönheit man damit in das enge Korsett von Zahlen einsperrte. Der englische Philosoph Francis Bacon schlug sogar vor, die Natur mittels mechanischer Erfindungen »in Bande zu schlagen«, um ihr quasi gewaltsam ihre Geheimnisse abzupressen. Descartes lehrte, dass man jedes Wesen nur dann verstehen könne, wenn man es zerlege und seine Bestandteile isoliert untersuche. Empfindungen störten da nur, weshalb er seine Studenten bei Tierversuchen dazu anhielt, die Schreie der Tiere zu ignorieren, da sie nicht mehr seien als das Quietschen einer komplizierten Maschine.[363]

Der amerikanische Kulturanthropologe David Abram konstatiert eine weitere tiefgreifende Veränderung in unserem Verhältnis zur sinnlichen Fülle der Natur: die Verlagerung des einstigen »Lesens im Buch der Natur« auf die Schriftsprache. Während früher noch in Felsbildern oder in ägyptischen, chinesischen und indianischen Bilderschriften das Anschauliche der Umwelt präsent war, wurde es durch die abstrakten Zeichen des lateinischen Alphabets eliminiert. In außereuropäischen Sprachen blitzt noch gelegentlich das alte mythische Verhältnis zur Natur durch. Abram weist darauf hin, dass die Mehrdeutigkeit des chinesischen Wortes für Schrift

(»wen«) noch auf eine gegenseitige Durchdringung von menschlicher und nichtmenschlicher Sprache verweist. Denn »wen« bedeutet »einfaches Schriftzeichen«, was ein Wort in unserem Sinne meinen kann, aber auch Gesteinsadern, Holzmaserungen, Sternzeichen, Vogelspuren oder die Musterungen im Panzer einer Schildkröte.[364]

Der sinnliche Ausdruck und die Kunst des Geschichtenerzählens gingen in der Naturbeobachtung verloren. Das neue Alphabet verlieh den flüchtigen Eindrücken des Sehens, Hörens, Tastens und Riechens Permanenz und Autonomie. Endlich konnte sich das leiblich-seelische Selbst ganz von der Natur ablösen und in transzendente Geisteshimmel aufsteigen.[365] Kein Wunder, dass eine solche Entwicklung auch ein Denken beförderte, das mit Verachtung auf die sinnlichen Bildersprachen indigener Völker herabsah. Für den Biologen Andreas Weber war die dualistische Verengung des abendländischen Denkens mitverantwortlich für dessen spätere Kolonialisierungsversuche in aller Welt. Das »zivilisatorische Dogma« einer in lebendige Subjekte und tote Objekte aufgespaltenen Welt redete den Indigenen ihr »naives« animistisches Denken aus und behandelte sie wie »Kinder« oder »Tiere«. Mit dieser Verengung des Fühlens und Wahrnehmens kolonialisierte der Westen jedoch auch seine eigene Innenwelt. Die Annahme, die Welt bestünde aus Objekten mit klaren Grenzen, klammerte viele Erfahrungsbereiche aus und führte zu einer »kolonialen Unterjochung dessen in uns, was nicht nahtlos universalisierbar oder logifizierbar ist«. Aus Protest dagegen ruft Weber zu »Dekolonialisierung« unseres Denkens auf: »Wir müssen das Indigene in uns selbst wiederentdecken, es einladen, ihm vertrauen. Wir müssen wieder wild werden – aber wild, das heißt nicht regellos (…), sondern für den Austausch einer Welt in Gegenseitigkeit offen.«[366]

Was für wohltuende und inspirierende Sätze. Hatte ich nicht dasselbe gespürt, als ich die Seminarräume der FU in Berlin verließ, um in den Pausen zwischen zwei Vorlesungen das Ethnologische Museum aufzusuchen? Hatte ich nicht in dessen mythischen Welten auch meine Seele »dekolonialisiert« und in Freiräumen des »wilden Denkens« umherschweifen lassen?

Auch die Lektüre der neuen philosophischen Ansätze eines David Abram, Andreas Weber, Stephan Harding oder Jochen Kirchhoff kann dazu beitragen, die animistische Ader in uns wieder freizulegen und ihr unterdrücktes Leben zu offenbaren. Alle genannten Autoren sind sich einig darüber, dass nicht die Beseelung der Natur als unzulässige Projektion kritisiert werden muss, sondern das dualistische Dogma, das die Welt in empfindende Subjekte und unbeseelte Objekte aufteilte. Denn wir denken alle von Geburt an animistisch, wir sind – nach dem berühmten Buchtitel des Philosophen Bruno Latour – »nie modern gewesen«.[367] Für Stephan Harding ist das Wissen um die »Anima Mundi« »eine archetypische Wahrnehmungsweise«, die aus der menschlichen Psyche nie eliminiert werden kann, auch wenn es einer ganzen Kultur möglich ist, sie zu verdrängen. Nach Harding spüren viele indigene Stammesvölker diese Verdrängung des animistischen Bewusstseins, aber sie glauben, dass es wie ein Samen tief unter der Erde weiterlebt. Der europäische Kolonialismus, so glauben etwa die Aborigines, habe eine 500 Jahre währende »Ruhephase des archaischen Bewusstseins« ausgelöst, dessen Kraft »ins Innere der Erde« verschwunden sei.[368]

Doch gerade in unseren Tagen hat man den Eindruck, dass dieses Denken im Bewusstsein der Menschen wieder mehr Raum einnimmt; Harding spricht in einem Abschnitt seines Buches sogar von der »Wiederentdeckung des Animismus«.[369] Sein Kollege David Abram zitiert mit ähnlicher Absicht den Philosophen Maurice Merleau-Ponty, der schon vor 40 Jahren auf die enge Verflochtenheit von menschlicher und außermenschlicher Natur hingewiesen hat. Für Merleau-Ponty steht unser Erkenntnissubjekt nicht als feste Bastion einer klar definierbaren Objektwelt gegenüber. Der Philosoph sprach lieber von unserem »Leibsubjekt«, dessen Grenzen »eher Membranen als Barrieren« glichen, die in ständigem Austausch mit den sie umgebenden Böden, Pflanzen und Elementen stünden. Ein derart verstandenes Subjekt nähre »wiederum beständig die Luft, die kompostierende Erde, die Insekten, Eichen und Eichhörnchen, indem (es) unablässig sich selbst verströmt und zugleich die Welt in sich einatmet, so dass sich kaum ausmachen lässt, wo dieser lebendige Körper zu einem bestimmten Zeitpunkt beginnt und wo er endet«.[370] Daher stünden wir auch im Erkenntnisakt immer mitten drin im »Fleisch der Welt«: »Man könnte auch sagen, dass wir Organe dieser Welt sind, Fleisch von ihrem Fleisch, und dass die Welt sich selbst durch uns wahrnimmt.«[371]

In einer für Philosophen ungewöhnlich poetischen Sprache benennt Merleau-Ponty dafür ganz einfache Beispiele aus unserem Alltag. Bei jeder Beziehungsaufnahme zur Welt außer mir findet ein wechselseitiges Vordringen, Befragen und Betasten statt. Nie reicht alleine meine bloße Einstellung aus, »mich wirklich Blau sehen oder wirklich eine harte Oberfläche fühlen zu lassen. Das Sinnliche gibt mir nur wieder, was ich ihm leihe, doch habe ich noch dies selbst nur von ihm. Ich, der ich das Blau des Himmels betrachte, (…) ich überlasse mich ihm, ich versenke mich in dieses Geheimnis, es ›denkt sich in mir‹, ich bin der Himmel selbst, der sich versammelt, zusammennimmt und für sich zu sein anschickt, mein Bewusstsein ist verschlungen von diesem grenzenlosen Blau.«[372]

Müssen wir nicht bei diesen Sätzen an die bildhaft-empathische Beschreibung des Wassers durch Tiokasin Ghosthorse denken? Ragt nicht hier bei Merleau-Ponty »wildes Denken« tief in einen modernen philosophischen Diskurs hinein und öffnet ihn für Wahrnehmungen, die lange aus der abendländischen Geistesgeschichte verbannt waren?

Wie uns das »Himmelsblau« in dem oben genannten Beispiel anspricht, so scheint es auch mit den anderen Elementen der Natur zu sein, wenn wir nur genau hinschauen und hinhören. Andreas

Weber spürte ein solches »Angeblicktwerden« durch die Natur etwa an uralten »heiligen Stätten« der Aborigines in Australien:

»Wer sich darauf einlässt, an der Emily Gap (...) einen Teil des Nachmittags zu verbringen, unter der sengenden Hitze, umgeben von einer die Ohren verstopfenden Stille, spürt mit den eigenen Sinnen die schöpferische Gegenseitigkeit, von der die Geschichten erzählen, spürt mit einem Teil seiner Haut, dass auch in uns etwas Steinernes ist, etwas Luftig-Leichtes, das Stille durchzieht, unterirdisches Strömen, das sich nach Vereinigung sehnt.«

In den geheimnisvollen Raupenwesen auf den Felszeichnungen der Aborigines, die immer wieder mit Farbe aufgefrischt werden, fühlt Weber die Allgegenwart einer schöpferischen Energie, die alles durchströmt. Sie lebt sogar im Flüstern des trockenen Eukalyptuslaubes, das den Biologen an die romantische Metapher vom »Rauschen der Wälder« erinnert. Weber erfährt in dieser Landschaft auf überwältigende Weise, dass auch »andere Wesen die Welt in Form seelischer Erfahrungen erleben (...) Die Welt setzt sich aus Subjekten zusammen, deren Stimmung spürbar ist.«[373]

Auch Stephan Harding hat lebhaft beschrieben, wie er die Natur als eine »Gemeinschaft von Personen« erlebt, als einen »Wald von Augen«. Das ist für indigene Völker nichts Ungewöhnliches; Harding erwähnt etwa die Ojibwe-Indianer im südlichen Zentralkanada, die von »Vogel-Leuten«, »Bären-Leuten« und sogar von »Stein-Leuten« sprechen.[374] Eine ähnliche Präsenz der nichtmenschlichen Welt erfuhr der amerikanische Forstwissenschaftler Aldo Leopold, als er in den Bergen von New Mexico eine Wölfin anschoss und danach ihr langsames Sterben miterleben musste. Leopold war bis zu diesem Zeitpunkt ein Befürworter der Ausrottungspläne für Wölfe gewesen, die für ihn eine Konkurrenz für die Jäger darstellten. Als er jedoch bei dem verwundeten Tier ankam, stieß er auf etwas, das er so noch nie erlebt hatte. »Was ihn erwartete«, so erzählt Harding diese anrührende Begebenheit, »entzündete einen Funken in einem Teil seiner Seele, der bis dahin in tiefem Schlummer gelegen hatte. Er sah ein wildes, grünes Leuchten in den Augen der alten Wölfin, das langsam erlosch.« Zum ersten Mal fühlte sich Leopold vollkommen eins mit der ihn umgebenden Realität und spürte, »dass sie die Fähigkeit besaß, eine heilige Erhabenheit zu vermitteln«. In einem initiationsähnlichen Moment erlebte er das Ökosystem »als ein großes Wesen, als in sich würde- und wertvoll« und wurde zu einem Pionier der amerikanischen Naturschutzbewegung.[375]

Auch wenn in seinen Büchern das Wort »Animismus« nicht vorkommt, so beschreibt der Philosoph Jochen Kirchhoff doch vergleichbare Erfahrungen von der »Innenseite« der Natur. Das beginnt schon auf der Ebene des Stofflich-Materiellen, die für ihn nicht vollkommen geistlos sein kann. Schon die Annahme von Naturgesetzen, so Kirchhoff, würde es ihm unmöglich machen, Materie als ein »pures Es« zu bezeichnen: »Die Naturgesetze deuten auf einen die Gesamtheit der Materie durchwaltenden Logos, der überhaupt so etwas wie Ordnung ermöglicht.« Würde man der Materie jede Wahrnehmungsfähigkeit absprechen, so müsste man anders erklären, »warum dieser blinde und tote Stoff so präzise auf Gesetze reagiert, die ganz offensichtlich nicht dieser Stoff selbst sind, sondern ihn in Gänze durchdringen und bestimmen«.[376] Für Kirchhoff ist daher die Annahme berechtigt, dass auch der kleinste Materieklumpen bereits einen Teil von geistiger Substanz in sich trägt. Die Naturdinge, so sagt er in der Tradition des Philosophen Friedrich Wilhelm Schelling, seien »Gestalt gewordene Gedanken«, die der Mensch bis zu einem gewissen Grad »nachdenken« könne. Wie sollte auch sonst eine geistige Erfassung oder Wechselwirkung möglich sein?[377]

Kirchhoff vertieft solche Gedanken vor allem am Beispiel der Pflanzenwelt, die für ihn – ähnlich wie für Weber, Abram oder Harding – mehr darstellt als eine bloße Ansammlung von Molekülen und Zellen. Kirchhoff spricht von einem »Pflanzen-Selbst«, das wir in uns tragen und das uns zutiefst mit der botanischen Welt »draußen« verbindet. Denn wir ernähren uns nicht nur von den Pflanzen und atmen den von ihnen produzierten Sauerstoff ein, sondern können auch im Schlaf erleben, wie das »Pflanzen-Selbst« uns auf eine halbbewusste Ebene des »Vegetativen« herabsinken lässt. Kirchhoff wird nicht müde, in animistischer Weise das Wunderbare der Pflanzen zu beschreiben und zu bestaunen. Er zeigt auf, dass sie Wahrnehmungs- und Empfindungskräfte besitzen, positive Energien ausstrahlen und uns in Form von Blumen, Tee und Tabak mit köstlichen Düften beschenken. Auch seien sie als psychoaktive Substanzen in der Lage, wie »Zauberkünstler« in unserem Geist »Gefühle, Gedanken, Träume und Intuitionen hervorzurufen«. Kirchhoff geht sehr weit, wenn er das Mysterium der Photosynthese als Beleg dafür anführt, dass die Pflanzen zu einem »kosmischen Licht« hin geöffnet seien, das mehr sei als bloße Wellenlängen. Sie sind für ihn »sternenoffene Wesen«, holen »Sternenferne mit all ihrer formgebenden Kraft in die Nähe«.[378] Kirchhoff fragt, ob nicht auch wir Menschen z. B. beim Sonnenbaden an diese Pflanzensensibilität angeschlossen seien und uns dabei an »ein sehr altes, verschüttetes Kosmosbewusstsein« erinnern würden.[379]

So sehr sich Kirchhoff dabei von der wissenschaftlichen Botanik entfernt, so nahe ist er doch mit solchen Überlegungen bei indigenen oder buddhistisch-hinduistischen Kulturen, für die Pflanzen »Götter« oder »Tore zu den Göttern« sind. Die Inder z. B. sprechen von den »Pflanzendevas« – »göttliche(n) Wesen von kosmischem Ausmaß«, die von den Sternen und Planeten auf die Erde herabwirken. Die Blumen, so zitiert Kirchhoff den Ethnobotaniker Wolf-Dieter Storl, der lange in Indien lebte, seien für die dortige Kultur nur die »Schatten« der Götter, ihre materialisierten »Abbilder«, ihr »kondensierter Atem«, ihre »auf der Erde verwirklichten

Gedanken«. Manche Seher würden die »Pflanzendevas« sogar als unsichtbare makroskopische Riesen beschreiben, von denen nur die »Haare« (die physische Vegetation) sichtbar seien.[380]

Eindrucksvoll sind auch Kirchhoffs Beschreibungen von intimen Erfahrungen mit Bäumen, die er in einer ganz eigenen Sprache zu formulieren versteht. Er schreibt über ekstatische Erlebnisse mit dem Duft von Linden, die ihn gleichzeitig erregen und gelassen stimmen. In dem Wurzelwerk großer Bäume sieht er nicht nur ästhetisch verblüffende Formen, sondern erschütternde »Bewusstseins- und Formprozesse«. Wurzeln werden ihm dann »zu Lurchen, Echsen, zu krabbelndem, kriechendem Getier. Mitunter scheinen auch menschliche Formen auf. Das Erstarrte gerät in vehemente Bewegung.« Kirchhoff sieht in den Gesten der Wurzeln »ein großes Bewusstseinsringen, ein Ringen um Form und Gestalt« und spürt, dass auch wir solchen Prozessen entstammen, dass sie sich in uns fortsetzen.[381] Flimmernde Baumkronen werden ihm zu »rätselhaften Zwischenzonen«, in denen sich jede Körperlichkeit verliert: »Man könnte vom Ätherischen sprechen oder vom Auratischen, vom Nicht-mehr-Sinnlichen und Noch-nicht-Übersinnlichen. Eine Anderswelt-Näherung, die etwas gleißend Helles vermittelt, das zugleich von äußerster Dichte und äußerster Feinheit und Zartheit ist.«[382]

Kirchhoff gerät bei solchen Beschreibungen oft an die Grenze seiner Sprachkunst. Vielleicht erlebt er hier Dinge, die in anderen Kulturkreisen von Schamanen erfahren werden, doch er tut dies bei klarem Bewusstsein, ohne Drogen und Trance. Zuweilen scheint es, als ob er geistige Linien aus der deutschen Romantik weiterführt oder mystische Naturerfahrungen aus der Zeit der Kelten und Germanen wiederbelebt – etwa, wenn er von Bäumen als wunderbaren Vermittlern zwischen Himmel und Erde spricht oder vom Wald als »Tempel der heiligen Natur«. Dann entstehen magische Stimmungen, die durch die Erwähnung der von Bonifatius gefällten Donareiche jäh konterkariert werden. Auch Kirchhoff versteht sich als Anwalt des von der Kirche unterdrückten »indigenen Wissens« Europas und spricht unverhohlen aus, was vor 1000 Jahren in unseren Breitengraden geschah: »Erst der Sturmlauf christlicher Eiferer (...) hat mit der Sakralität der Bäume, der nicht-menschlichen Natur überhaupt, auch die Anderswelt-Dimension als eine über die Natur erfahrbare Seinswirklichkeit auszulöschen versucht. Mit flächendeckendem und beklemmendem Erfolg.« Kirchhoff leidet spürbar mit den »heiligen Bäumen« und zweifelt an den Versuchen, deren Zerstörung »als notwendige Stufe der Selbstbewusstwerdung des Geistes« philosophisch zu rechtfertigen.[383]

Kirchhoffs tiefenökologischer Ansatz plädiert dafür, allem in der Natur eine »Subjekthaftigkeit« zuzusprechen, damit die Erde nicht zu einer bloßen Rohstoffhalde degradiert werde. Doch er geht weiter als viele Vertreter einer bloßen »Gaia-Theorie«, in der er oft nur einen verkappten ökomaterialistischen Ansatz sieht. Die Erde ist ihm mehr als nur ein sich selbst regulierender Organismus und der Mensch mehr als ein Teil davon, auf den »Gaia« auch getrost verzichten könnte. Kirchhoff wehrt sich entschieden dagegen, dass der Mensch, »dieses rätselhafte und auf Tiefe hin angelegte Wesen«, in modernen Umweltbewegungen zu einem bloßen »Systembestandteil« werde, zu einem »Strang im Gaia-Öko-Netzwerk«.[384] Denn die Erde wolle ja letztlich nicht die Ausmerzung des Menschen, sondern die Weiterentwicklung seines Geistes zu ökologisch bewussteren Formen.

Mit solchen teleologischen Erwägungen wird Kirchhoff zum Metaphysiker unter den hier zitierten Naturphilosophen. Die Evolution ist für ihn nichts weniger als »Göttersturz, Götterwerden und Göttererinnerung«. Wir seien nicht nur aus »Sternenstaub« gemacht, wie es auch die Astrophysik glaubt, sondern dieser sei in Wahrheit »Götterstaub«, dessen zerstreute Teile der Mensch wieder zusammenfügen müsse. In Anlehnung an kabbalistische Gedanken des jüdischen Mystikers Isaac Luria formuliert Kirchhoff den Kernsatz seiner spirituellen Ökologie: »Jede Form oder Gestalt der sinnlich-physischen Natur ist gleichsam ein Göttersplitter, der sich erneut zur Ganzheit emporringt.«[385]

Eine solche Sprache ist natürlich angreifbarer als die Öko-Poesie eines Andreas Weber oder David Abram, die sich bei aller Empathie vor solchen metaphysischen Aufschwüngen hütet. Vielleicht ist dies dem angelsächsischen Genre des »Nature Writing« geschuldet, dem sich beide Autoren verpflichtet fühlen: eine Traditionslinie, die bis zu Ralph Waldo Emerson und Henry David Thoreau zurückreicht und in John Muir, dem Pionier des amerikanischen Naturschutzes, einen Höhepunkt fand. Kirchhoff steht in einer anderen Tradition, die zur deutschen Romantik und zur Kosmologie eines Giordano Bruno zurückreicht. Bei aller Verschiedenheit teilen jedoch alle Autoren das Engagement für das, was Ladonna Bravebull Allard mit der »Verteidigung des Heiligen« umschrieb.

Oft habe ich mich gefragt, ob gegenwärtige Öko-Protestbewegungen wie »Fridays for Future« oder die Besetzer des Hambacher Forstes diese spirituelle Kategorie auch kennen. Vielleicht ist der Begriff des »Heiligen«, wie der Philosoph Thomas Steininger argwöhnt, in den Augen vieler Menschen heute altmodisch und verbraucht. Die europäische Aufklärung ließ ihn verblassen und in unserer Zeit ist der Begriff durch die Gräueltaten der »heiligen Krieger« des Islamismus wieder korrumpiert. »Trotzdem scheint es so zu sein«, sagt Steininger, »dass uns etwas verloren geht, wenn wir uns dem Heiligen ganz entziehen, wenn es in der öffentlichen Sphäre nichts Heiliges mehr geben darf (…) immer, wenn ich diesen Satz, ›Nichts ist mir heilig‹ höre, (…) läuft mir ein kalter Schauer über den Rücken.«[386]

Die gegen die Ölpipeline protestierenden Lakota hatten keine Probleme mit dem Begriff des »Heiligen«, und vielleicht können wir etwas davon lernen. Vor allem in Zeiten, wo die Nachrichten über die Erderwärmung, den Plastikmüll in den Meeren und die Abholzung der Regenwälder zunehmen, wovon ja auch Tausende von Indigenen betroffen sind. Stephan Harding führt ein überzeugendes Beispiel dafür an, warum der Begriff des »Heiligen« rehabilitiert werden sollte. Nachdem er aufgelistet hat, dass jeden Tag 100 Arten auf diesem Planeten aussterben und in 50 Jahren wohl ein Viertel aller Organismen verschwunden sein wird, überrascht er mit einer zusätzlichen Beobachtung. Viele Menschen, die zu seiner Arbeitsstätte, dem Schumacher College in Devon, kämen, würden fragen, warum ihn denn diese ganze Naturzerstörung so sehr störe: Sei sie denn nicht eine unvermeidliche Folge unseres fehlbaren menschlichen Wesens und seien wir nicht vielleicht sogar »Gaias Art und Weise, ein neues Massensterben herbeizuführen«, wie es schon viele im Verlauf der Evolution gab? Diese Fragen, so Harding, seien für ihn sehr beunruhigend, denn sie deuteten »auf ein tiefes Gefühl der Desillusionierung, Sinnlosigkeit und Unausweichlichkeit hin«. Der Biologe räumt ein, dass er sie nicht aus einer rein rationalen Perspektive beantworten kann, und konfrontiert seine Besucher gerne mit einem drastischen Vergleich. Sie sollten sich vorstellen, dass eine »internationale Bande geistesgestörter Fanatiker« ohne Grund alle großen Meisterwerke der Kunst zerschneiden und verbrennen würde:

»All die Monets, Renoirs, Caravaggios, Da Vincis, Rembrandts wären nicht mehr (...) Sie würden Wut, Verlust, Trauer und Abscheu empfinden und könnten sich wohl kaum mit den wohlmeinenden Worten eines Rationalisten anfreunden, dass ja alles gar nicht so schlimm sei, denn es würden große Künstler nachkommen, die wiederum große neue Kunstwerke schaffen würden.« [387]

Harding argumentiert, dass es genauso mit den biologischen Arten der Natur sei, von denen jede »ein einzigartiges Meisterwerk« darstelle. Jede Art verdiene genauso viel Respekt wie das Werk eines künstlerischen Genies, denn »schließlich haben dieselben großen schöpferischen Kräfte des Universums menschliche Künstler und nichtmenschliche Arten erschaffen.«

Für Harding ist die »Heiligkeit«, nicht die Nützlichkeit der biologischen Arten wichtig[388]; dies veranschaulicht er durch ein zur Meditation geeignetes Bild: Wir könnten versuchen, uns in Zukunft vorzustellen, dass wir jeden einzelnen Schritt nicht auf, sondern in der Erde tun. Wir sollten möglichst oft spüren, dass wir in einem großen planetaren »Wesen« leben, das uns mit seinem Mantel aus Grün und seiner Atmosphäre körperlich nähre und unsere Psyche mit seiner subtilen Sprache aus Wind und Regen besänftige. Wir müssten uns vergegenwärtigen, dass wir in einer »symbiotischen Beziehung zu Gaia« lebten und dass die Erde nicht nur metaphorisch, sondern wirklich und fühlbar lebendig sei: »Das sollte so weit gehen, dass wir die Freude über das Sonnenlicht auf den kahlen Ästen der winterlichen Bäume nicht nur als unsere Freude, sondern als die Freude des ganzen Kosmos erkennen können.«[389]

Mit solchen poetischen Formulierungen nähert sich Harding dem »wilden Denken« an, und es berührt, wie er und andere »Nature Writer« dessen Potenziale heute in eigene, neue Sprachformen übersetzen. Damit sensibilisieren sie nicht nur für die Gefahr der ökologischen Katastrophen, sondern geben auch den stark bedrohten indigenen Kulturen ein Stück Würde zurück, deren Schätze in den Museen der westlichen Welt bestaunt werden, während die Menschen selbst oft in Slums oder Reservaten unter erbärmlichen Zuständen vor sich hinvegetieren. Sowohl in Nord- als auch in Südamerika ist der Rassismus gegenüber der indigenen Bevölkerung immer noch sehr ausgeprägt und ihr altes Wissen wird bestenfalls als Folklore geduldet. In den modernen Schulen ist für ihre Mythen und Naturgeister kein Platz mehr, dort werden die indigenen Kinder mit den Errungenschaften der wissenschaftlichen Welt vertraut gemacht. In Brasilien, so erzählte mir der Journalist Thomas Fischermann, ist es ein Tabu, über die kolonialen Verbrechen der Spanier und Portugiesen an den Indios vor 500 Jahren zu sprechen. Lehrer, die so etwas wagten, hätten mit ernsthaften Sanktionen oder sogar gerichtlichen Verfahren zu rechnen. Auch Fischermann selbst bekam solchen Widerstand zu spüren, als er in Schulen über seine positiven Erfahrungen mit einem jungen indigenen Tenharim im Amazonas-Regenwald sprach. Jair Bolsonaro, der jetzige rechtsnationale Präsident Brasiliens, duldet nicht nur das Abbrennen der Waldgebiete indigener Minderheiten, sondern ist auch für rassistische Ausfälle gegen sie bekannt. Er hält sie für ein »Hindernis für das Agrargeschäft«, ein »primitives Volk« ohne Geld und Kultur, dem er »keinen Zentimeter indigenes« Gebiet mehr geben wolle. Bereits 1998 beklagte er, dass die brasilianische Kavallerie »nicht so effektiv war wie die Amerikaner, die ihre Indianer ausgerottet haben«.[390]

Nicht viel anders sieht es bei den ca. 3 Millionen Indigenen Nordamerikas aus, in deren ärmlichen Reservaten sich viele Suchtkrankheiten ausgebreitet haben und vor allem Kinder und Jugendliche vom Staat alleingelassen werden. Der einzige Trost sind oft nur noch die großen Feste (»Powwows«), bei denen die Menschen in ihren Trachten auftreten und ihre Musik, Tänze und Poesie zelebrieren. Die Tiefgründigkeit des »wilden Denkens« aber, seine komplexe Mythensprache und sein Wissen um die Schönheit und Heilkräfte der Natur drohen genauso auszusterben wie die Indigenen selbst. Daher ist es ermutigend zu sehen, wie immer mehr Umweltaktivisten, Ökologen und Philosophen sich an dieses Erbe erinnern, um es nicht nur zu ehren, sondern auch in neue Ausdrucksformen für das 21. Jahrhundert zu transformieren.

2 | »Endloses Bewusstsein«: Ein neuer Blick auf den Tod und das Leben

Im »wilden Denken« ist nicht nur die Beziehung zwischen Mensch und Natur eine andere, sondern auch die zwischen Leben und Tod. Anders als in unserer Gesellschaft wird in allen spirituellen Kulturen dieser Welt das Sterben nicht als endgültiges Ende angesehen, sondern als ein Übergangsphänomen: Diesseits und Jenseits sind nicht strikt voneinander getrennt, sondern durch Mythen und Rituale miteinander verknüpft. Auch in Europa gab es über die Jahrtausende Vorstellungen von der Wanderung der Seele in Toten- und Jenseitsreiche. Bereits die Grabbeigaben neolithischer Dolmen und keltischer Grabhügel lassen darauf schließen, aber auch Denker wie Pythagoras, Platon, Sokrates, Plotin und die keltischen Druiden waren davon überzeugt. Sogar im 19. Jahrhundert hielten etliche deutsche Künstler und Philosophen die Möglichkeit wiederholter Erdenleben für denkbar, z. B. Herder, Novalis, Lessing, Goethe, Schiller, Schopenhauer, Richard Wagner oder Moses Mendelsohn.[391]

Die christliche Religion verabschiedete sich auf dem Zweiten Konzil von Konstantinopel im Jahr 553 n.Chr. von der Idee einer persönlichen Wiedergeburt auf Erden, und diese Meinung gilt bis heute in weiten Kreisen der Kirche.[392] Auch die bei »Hexen« und Mystikern vorkommenden Visionen einer »Seelenreise« außerhalb des Körpers wurden von der Kirche als Einflüsterung des »Teufels« verurteilt. Die Mystikerin Teresa von Avila etwa, die von geistigen Erlebnissen außerhalb ihres Leibes »in einer fremden Region« berichtete, musste sich dafür vor Inquisitoren verantworten, die ihre Schriften konfiszierten. Sogar ihr Beichtvater bezeichnete solche Visionen als gefährlich, »weil Satan sich oft in einen Engel des Lichts (»ángel del luz«) verwandelt, um die zu narren, denen es an Demut mangelt«.[393]

Während Europa sich unter dem Einfluss von Christentum und aufkommenden Naturwissenschaften von solchen Vorstellungen verabschiedete, waren sie in außereuropäischen Kulturen weiterhin verbreitet und sind es zum Teil bis heute, wie wir z. B. bei den Reinkarnationsvorstellungen in Asien sowie dem Glauben an »Geisterkinder« und das Reich der Ahnen bei den Asmat in Papua-Neuguinea gesehen haben. Auch traditionelle Religionen in Afrika gehen davon aus, dass Kinder aus einem Geisterreich auf die Welt kommen, in das sie – wenn sie sich auf der Erde nicht angenommen fühlen – wieder vorzeitig zurückkehren können. So denken z. B. die Mosi in Burkina Faso, dass sich nach dem Tod die Seele (»siiga«) vom Körper des Menschen löst und als unsterbliche Substanz (»tundo«) ins Totenreich reist. Wer allerdings durch Mord, Suizid oder einen Unfall stirbt, hat es schwer, eine Heimat im Jenseits zu finden. Er irrt ruhelos als »roter Geist« umher, der von den Nachkommen mit Festen besänftigt werden muss.[394]

Es gibt viele solche Vorstellungen in noch heute existierenden Kulturen Amerikas, Afrikas, Asiens und Ozeaniens. Doch bei uns sind sie ausgestorben; Religionswissenschaftler sprechen in Hinblick auf Europa von einem »Jenseitsverlust der Moderne«. Während in der Türkei 98 Prozent aller Menschen an die reale Existenz eines jenseitigen »Himmels« glauben, haben solche Ideen für die meisten unserer »aufgeklärten« Zeitgenossen an Plausibilität verloren.[395] Zwar gibt es esoterische, buddhistische oder anthroposophische Kreise, die an Seelenwanderung glauben, aber in der Öffentlichkeit hält man sich zurück, weil der von der Wissenschaft geprägte Zeitgeist sehr skeptisch mit solchen Vorstellungen umgeht. Das von einer materialistischen Weltsicht geprägte Denken der Neurowissenschaften und Medizin kann nicht zulassen, dass ein geistig-seelisches Substrat unabhängig von einem Körper existiert. Zwar halten sich Forscher aus diesen Wissenschaftszweigen mit Werturteilen zurück, wenn sie dem 14. Dalai Lama begegnen, aber nicht aus Überzeugung, sondern aus »Höflichkeit« gegenüber einer anderen Kultur. Aus Gründen der »Political Correctness« und um nicht in neokolonialistische Stereotypen zu verfallen, gibt man sich dann »weltoffen« und lässt Reinkarnationsvorstellungen als andere »kulturelle Muster« gelten.

Einen offeneren Blick auf Berichte von »Seelenreisen« und »Jenseitsfahrten« wirft dagegen die aktuelle wissenschaftliche Nahtodforschung. Auch sie wird – obwohl auf empirischer Basis arbeitend – häufig von Naturwissenschaftlern und Theologen angegriffen, weil ihre Forschung an deren Dogmen rüttelt. Viele Untersuchungen mit Nahtodpatienten ergaben nämlich, dass es sich bei ihren erstaunlichen Berichten kaum um Halluzinationen oder Träume handeln kann. Vielfach konnte man das Gesagte mit der Wirklichkeit abgleichen und feststellen, dass Patienten im Zustand der Bewusstlosigkeit Dinge wahrgenommen hatten, die sie eigentlich nicht hätten sehen oder hören können.

Der holländische Kardiologe Pim van Lommel berichtete etwa von einem im Koma liegenden Patienten, dessen Gebiss vor einer Herzmassage von einem Pfleger entfernt wurde. Als der Patient, der erfolgreich wiederbelebt worden war, dem Mann eine Woche später wiederbegegnete, beschrieb er ihm genau, wo dieser das Gebiss deponiert hatte. Das war insofern erstaunlich, als sich alles zu einem Zeitpunkt abgespielt hatte, an dem der Patient in tiefem Koma lag und gerade reanimiert wurde. Weitere Nachforschungen ergaben, dass der Patient damals selbst sehen konnte, wie er im Bett lag, und dass er von oben auf die Pflegekräfte und die Ärzte herabsah, die ihn mit aller Kraft zu reanimieren versuchten. »Er konnte auch den kleinen Raum, in dem er wiederbelebt wurde, und das Aussehen der Anwesenden korrekt und genau beschreiben (...) Er war tief bewegt von dem, was er damals erlebt hatte, und sagte, dass er sich nicht mehr vor dem Tod fürchtete.«[396]

Ebenso erstaunlich ist der Fall einer Frau, deren Blut während einer Hirnoperation vollständig aus dem Gehirn gewichen war. Die an ihr vorgenommenen Messungen ließen erkennen, dass ihr Zustand allen heutigen Hirntodkriterien entsprach. Narkotisiert, die Augen mit Pflaster abgeklebt und die Ohren mit Impulsgeneratoren verschlossen, erlebte sie dennoch, wie sie aus ihrem Kopf »herausrutschte« und von oben auf ihren Körper auf dem OP-Tisch herabsah. Mit einer Wahrnehmung, die viel klarer gewesen sei als sonst, beschrieb sie detailliert das Aussehen der Operationsinstrumente und hörte, was die beiden anwesenden Ärzte besprachen. Dann erlebte die Patientin Szenen, wie sie in vielen Nahtoderfahrungen beschrieben werden: den Durchgang durch einen Tunnel, die Bewegung auf ein starkes Licht zu, das sie als »Atem Gottes« empfand, die Begegnung mit Angehörigen, den Aufruf, zurückzukehren, und die Angst davor: »Ich kehrte in meinen Körper zurück, und das fühlte sich an, als tauchte ich in Eiswasser. Es tat so weh.« Der behandelnde Neurochirurg bestätigte später die Richtigkeit der Beobachtungen, was die technischen Instrumente und den Dialog der beiden Ärzte betraf. »Ich kann mir nicht vorstellen«, so resümierte er erstaunt, »dass ein normales Gehör etwas wahrgenommen hat, schon wegen der Impulsgeneratoren, die in ihren Ohren steckten. Es gab überhaupt keine Möglichkeit, über die normalen Hörkanäle etwas zu registrieren.«[397]

Andere Untersuchungen ergaben, dass selbst blinde oder taube Menschen in der Lage waren, während Zuständen tiefer Bewusstlosigkeit Dinge zu sehen oder zu hören, die sie eigentlich nicht hätten wahrnehmen können.[398] Es wurde auch vielfach beobachtet, dass Menschen mit starker Demenz kurz vor ihrem Tod noch einmal ausgeprägte klare Momente hatten oder dass Todkranke in sogenannten »Sterbebettvisionen« eine vor ihnen liegende neue Wirklichkeit beschrieben. Pim van Lommel berichtete auch von einem Patienten mit akademischem Grad und einem Intelligenzquotienten von 126, bei dem ein gravierender Wasserkopf festgestellt wurde. Sein Schädel bestand zu 95 Prozent aus Hirnflüssigkeit, und die Hirnrinde war nur noch 1 Millimeter dick, was nach herkömmlicher Auffassung seine geistigen Fähigkeiten nicht hätte erklären können.[399]

Auf viele solche Untersuchungen gestützt, kamen daher einige Nahtodforscher zu der Annahme, dass die bisherigen Theorien zur Entstehung von Bewusstsein zu eng gedacht sein könnten. Die Hypothese, dass Bewusstsein ausschließlich in unserem Gehirn erzeugt und gespeichert werde, so Pim van Lommel, sei »immer noch unbewiesen. Ein direkter Nachweis, ob und wie Neuronen im Gehirn den subjektiven Kerngehalt unseres Bewusstseins hervorbringen, steht noch gänzlich aus.«[400]

Van Lommel stimmt zu, dass das Gehirn Bewusstseinserfahrungen ermöglicht, aber er stellt infrage, ob es sie auch restlos hervorbringt. Er weist darauf hin, dass heutige MRT-Verfahren die Durchblutung des Gehirns nur in einer Auflösung darstellen könnten, die der Größe eines Reiskornes entspräche. Daher sei man noch nicht in der Lage, die mit unserem Bewusstsein einhergehenden neuronalen Prozesse exakt zu erforschen. Außerdem könne eine Bewusstseinserfahrung zwar die Folge einer Hirnaktivität sein, aber genauso könnten geistig-seelische Prozesse neuronale Vorgänge beeinflussen. Ein Zusammenhang zwischen mentalen Erfahrungen und messbarer Gehirntätigkeit sage auch nichts über den Inhalt einer subjektiven Erfahrung aus. Immer noch stelle der Unterschied zwischen dem subjektiven Blick aus der Perspektive der ersten Person und dem objektiven Blick aus der Perspektive der dritten Person die Wissenschaft vor unüberwindliche Probleme. Bewusstsein sei also »prinzipiell nicht verifizierbar« und genüge somit nicht den Anforderungen der Naturwissenschaften.[401]

Pim van Lommel hält es aus all diesen Gründen für möglich, dass unser Gehirn Bewusstsein nicht selber erzeugt, sondern an ein höheres, »endloses Bewusstsein« angeschlossen ist. Er vertritt diese Hypothese nicht als Dogma, sondern fordert eine Wissenschaft, die sich auch für neue Perspektiven öffnen sollte. Forscher wie der Quantenphysiker Roger Penrose, der Hirnforscher John Eccles, der Psychologe William James oder die Philosophen Ken Wilber und Erwin Laszlo gingen in eine ähnliche Richtung und sprachen von der Möglichkeit eines »nicht-lokalen« oder »transpersonalen« Bewusstseins.[402] Für van Lommel macht diese Hypothese auch verständlicher, warum neue wissenschaftliche oder künstlerische Ideen manchmal wie »Geistesblitze« erlebt werden, als ein plötzliches Angeschlossensein an die »Quelle eines unbeschreiblichen Wissens«.[403] Ferner hilft die Hypothese vom »endlosen Bewusstsein«, unzählige Erfahrungen von Schamanen, Mystikern und religiösen Visionären besser zu verstehen, ebenso große Teile der spirituellen Weltliteratur, in der oft von Reisen der Seele außerhalb des Körpers oder nach dem Tod erzählt wird. Der Ethnologe Hans-Peter Duerr hat dazu umfangreiche Beispiele zusammengetragen, die von »Jenseitsreisen« in den verschiedensten Kulturen berichten.[404] Pim van Lommel erwähnt diesbezüglich etwa das Ägyptische und Tibetische Totenbuch, Dantes »Göttliche Komödie«, die Upanishaden sowie Texte der jüdischen Kabbala, der Theosophie und Anthroposophie.[405]

Auch der Theologe Enno Edzard Popkes hat in diese Richtung geforscht und die Schriften Platons, der Neuplatoniker und frühen Christen auf Analogien zu Nahtoderfahrungen untersucht. Viele Stellen bei Platon, so Popkes, sprächen von »Seelenwanderung« und der im Dialog »Politeia« beschriebene Soldat Er, aus dessen Körper die Seele zu einem »wundersamen Ort« aufsteigt, lese sich tatsächlich wie eine moderne Nahtoderfahrung.[406] Auch die dramatische Lebenswende des christlichen Missionars Paulus sei möglicherweise einem solchen Erlebnis geschuldet, bei dem dieser eine »Himmelsreise« erlebt habe. Paulus nannte dieses Erlebnis eine »Offenbarung« und stellte fest, dass er bei jener außerkörperlichen Erfahrung »unaussprechliche Worte« vernommen habe. Popkes hat sich mit diesen Thesen auch Widerstand von kirchlicher Seite zugezogen, für die solche Vorstellungen immer noch etwas Ketzerisches haben. Doch er möchte mit seiner Forschung einfach nur »Potenziale« antiker Texte freilegen, die auch für die zeitgenössische religiöse und philosophische Diskussion »von Relevanz« sein könnten.[407]

All diese Untersuchungen zeigen, dass »Jenseitsreisen« und »Seelenwanderungen« nicht nur in indigenen Kontexten eine Rolle spielten, sondern zu allen Zeiten und in allen Weltgegenden. Sollten außereuropäische oder frühere europäische Traditionen hierbei auf Wirklichkeitsebenen gestoßen sein, die unserem heutigen Bewusstsein verschlossen sind? Und könnte etwa die Nahtodforschung bewirken, dass wir uns wieder mehr für solche Erfahrungen öffnen, die bisher eher als »paranormal« oder »esoterisch« abgewertet wurden?

Zumindest bleiben Fragen nach dem Tod und dem, was danach kommt, ein brisantes Thema, das sicherlich nahezu jeden irgendwann beschäftigt. Durch die Beschäftigung mit dem »wilden Denken« wurde mir klar, wie unfair es ist, Berichte über ein Weiterleben der Seele als bloßes Wunschdenken abzutun. Denn damit verfällt man einem Kulturchauvinismus, der unser gegenwärtiges Denken als Maß aller Dinge nimmt und damit – bewusst oder unbewusst – in kolonialistische Verhaltensmuster zurückfällt. In diesem Zusammenhang mutet auch das von Wissenschaftlern vorgebrachte Argument seltsam an, Vorstellungen von Seelenwanderung seien nur aus Angst vor dem Tod entstanden. Sind diese Vorstellungen deshalb verwerflich? Ist nicht in unserer westlichen, säkularen Gesellschaft die Angst vor dem Sterben viel stärker ausgeprägt und ist es nicht diese Angst, die unser Leben so ruhelos macht?

Wir leben in einer Gesellschaft, in der der Tod nach wie vor massiv verdrängt wird. Der Jugend-, Schönheits- und Fitnesswahn unserer Zeit spricht hier eine deutliche Sprache. Wir fürchten den Tod immer noch als letzte düstere Schranke, nach der nichts mehr kommt, und wollen daher in diesem Leben alles mitnehmen. Speisen sich aus dieser Panik auch unheilvolle Energien, die uns die Natur immer mehr zerstören lassen? Hängen die in diesem Buch behandelten Themen Natur und Tod vielleicht enger zusammen als bisher gedacht? Die Angst vor dem Sterben scheint ein Motor hinter unserem »Steigerungszwang« (Hartmut Rosa) zu sein, der auf ständige Optimierung drängt und Gier, Rastlosigkeit und Unzufriedenheit erzeugt, obwohl es uns materiell viel besser geht als Menschen in weniger industrialisierten Ländern. Können wir auch hier etwas vom »wilden Denken« lernen, so wie wir Inspirationen von dessen animistischer Naturbetrachtung erhielten?

Die Ergebnisse der modernen Nahtodforschung können uns jedenfalls in dieser Hinsicht zuversichtlich stimmen. Die meisten Menschen mit Nahtoderfahrungen sind nach diesem Schlüsselerlebnis von starken positiven Energien erfüllt und beginnen ihr Leben komplett umzugestalten. Befreit von der Angst vor dem Tod, orientieren sie sich an einem neuen Wertesystem; sie haben ein stärkeres Bedürfnis, anderen zuzuhören, empfinden mehr Empathie für die Mitmenschen und messen Macht, Geld und Besitz keinen großen Wert mehr bei. Ferner entwickeln diese Menschen ein stärkeres spirituelles Leben sowie eine intensive Liebe zur Natur.[408]

Wenn Nahtoderfahrene berichten, dass sie nach ihrem Erlebnis eine stärkere Verbundenheit mit allem fühlen, erinnert das auch an die animistischen Erfahrungen indigener Kulturen. So beschrieb eine junge Frau, wie sie sich plötzlich »als Teil eines größeren Bewusstseins« sah: »Zum ersten Mal in meinem Leben bin ich mir der Dinge um mich herum wirklich bewusst, meine Augen haben sich geöffnet, um endlich zu sehen: Die einfachsten Dinge, ein Blatt, ein Baum, ein Grashalm, ein Frosch – alles ist für mich ein Wunder der Schöpfung, ich lasse mir Zeit, es zu bewundern, denn ich fühle das Band des Lebens zwischen uns.«[409] Auch solche Erlebnisse sprechen dafür, dass Nahtoderfahrungen nichts mit Halluzinationen oder Psychosen zu tun haben, die wesentlich negativere und vor allem kurzfristigere Wirkungen hervorrufen.

Ausblick

Auf der Suche nach dem »wilden Denken heute« sind wir bei spiritueller Ökologie, Nature Writing und wissenschaftlicher Nahtodforschung gelandet. Ausgehend von der Rehabilitierung des symbolischen Denkens durch Ernst Cassirer, Aby Warburg, Ludwig Wittgenstein und Claude Lévi-Strauss haben wir uns den reichen Ausdrucksformen von Mythen und Ritualen in aller Welt geöffnet. Dabei haben wir auch vernachlässigte spirituelle Aspekte Europas besser kennengelernt, die es bei uns seit Jahrtausenden gibt. Wir haben den von Lévi-Strauss übernommenen Begriff des »wilden Denkens« nicht spekulativ überdehnt, aber ihn auf viele Phänomene angewandt, die im Werk des großen Ethnologen nur angedeutet wurden. Seine wunderbare Wortschöpfung, eigentlich eine Metapher, wurde für mich zu einer Anregung, in ganz andere Horizonte des Denkens, Fühlens und Wahrnehmens einzutauchen und die Welt mit neuen Augen zu sehen. Dabei lernte ich, wie verbreitet und selbstverständlich in anderen Kulturen spirituelle Anschauungen sind, die hierzulande immer noch an den Rand der Gesellschaft geschoben werden.

In diesem vergleichenden Kontext erlebte ich eine Entkrampfung, die auch für andere Menschen in unserem immer noch sehr rationalistisch geprägten Kulturkreis wohltuend sein könnte. Daher war es mir so wichtig, dieses Buch zu schreiben und den dazugehörigen Film zu drehen. Das »wilde Denken« lehrte mich, dass auch Bilder, Mythen und Symbole wertvolle Erkenntnisinstrumente sein können, vor allem um Lebensbereiche aufzuschließen, die bei einer rein rationalen Betrachtung verschlossen bleiben. Während der Arbeit an diesem Projekt hat sich mein Verhältnis zur Natur und zum Tod noch einmal verändert – und auch meine Einstellung zu dem, was von vielen spirituellen Kulturen als »übersinnlich« und »übernatürlich« beschrieben wird. Geister, Götter und Elementarwesen sind für mich keine fiktiven »Märchenfiguren« mehr, sondern ich halte es für durchaus möglich, dass sie auf tiefe Kräfte in der Natur deuten, die sich dem direkten messbaren Zugriff entziehen. Mein Horizont ist durch solche Lernerfahrungen weiter, mein Denken toleranter geworden; ich kann vieles offenlassen und abwarten, bis ich Dinge besser verstehe, die mir heute noch unzugänglich erscheinen.

Eine solche Sicht scheint mir auch für das bessere Zusammenleben und den fruchtbaren Dialog mit außereuropäischen Kulturen gewinnbringend zu sein. Europa ist nur ein kleiner Teil dieser Erde und nicht der »Nabel der Welt«, als den es sich über Jahrhunderte sah. Es tut gut daran, sich an seine eigenen »indigenen« Ursprünge zu erinnern, an spirituelle und mystische Potenziale, die in Zeiten eines übersteigerten Pragmatismus und Ökonomismus verlorengegangen sind. Vielleicht kann Europa dann auch entspannter mit den Herausforderungen einer multikulturellen Zukunft umgehen, die uns in den nächsten Jahrzehnten noch mit vielen »fremden« Kultureinflüssen herausfordern wird.

Der Psychologe Abraham H. Maslow hat diese Art von erweitertem Denken als »umfassende Wissenschaft« bezeichnet, die der gesamten Wirklichkeit, allem, was existiere, einen Platz einräumen sollte, um es vorurteilslos zu beschreiben: »Sie muss selbst das in ihren Zuständigkeitsbereich aufnehmen, was sie nicht zu verstehen oder zu erklären vermag, das, wofür keine Theorie existiert, was man nicht messen, voraussagen, kontrollieren oder einordnen kann. Sie muss selbst das Widersprüchliche und Unlogische, das Mysteriöse, Vage, Zweideutige, Archaische, das Unbewusste und all die anderen Aspekte unseres Lebens akzeptieren, die schwer mitzuteilen sind. In ihrer besten Ausprägung ist sie für alles aufgeschlossen und schließt nichts aus; sie hat keine ›Zulassungsbedingungen‹.«[410]

AUSGEWÄHLTE LITERATUR

Abram, David: *Im Bann der sinnlichen Natur. Die Kunst der Wahrnehmung und die mehr-als-menschliche Welt.* thinkOya, Klein Jasedow 2015

Albers, Irene/ Franke, Anselm (Hrsg.): *Animismus – Revisionen der Moderne.* Diaphanes, Zürich 2012

Behringer, Wolfgang: *Hexen. Glaube – Verfolgung – Vermarktung.* C. H. Beck, München 2000

Bredekamp, Horst: *Aby Warburg, der Indianer. Berliner Erkundungen einer liberalen Ethnologie.* Wagenbach, Berlin 2019

Clottes, Jean/Lewis-Williams, David: *Schamanen. Trance und Magie in der Höhlenkunst der Steinzeit.* Thorbecke, Sigmaringen 1997

Conard, Nicholas J./Kind, Claus-Joachim: *Als der Mensch die Kunst erfand. Eiszeithöhlen in der Schwäbischen Alb.* Wissenschaftliche Buchgesellschaft, Darmstadt 2019

Dalai Lama: *Meine spirituelle Autobiographie.* Diogenes, Zürich 2009

Descola, Philippe: *Jenseits von Natur und Kultur*. Aus dem Französischen von Eva Moldenhauer, mit einem Nachwort von Michael Kauppert. Suhrkamp, Berlin 2011

Duerr, Hans Peter: *Die dunkle Nacht der Seele. Nahtod-Erfahrungen und Jenseitsreisen.* Insel, Berlin 2015

Duerr, Hans Peter: *Traumzeit. Über die Grenze zwischen Wildnis und Zivilisation.* Syndikat, Frankfurt a. M. 1978

Edgerton, Robert B.: *Trügerische Paradiese. Der Mythos von den friedlichen Naturvölkern.* Kabel, Hamburg 1994

Estermann, Josef: *Apu Taytayku. Religion und Theologie im andinen Kontext Lateinamerikas.* Grünewald, Ostfildern 2012

Ginzburg, Carlo: *Hexensabbat. Entzifferung einer nächtlichen Geschichte.* Fischer, Frankfurt a. M. 1993

Harding, Stephan: *Lebendige Erde. GAIA – Vom respektvollen Umgang mit Natur.* Hugendubel, Kreuzlingen/München 2008

Hatoum, Rainer: *Das Medizinbündel des Benet Toehe. Eine Sammlung von Zeremonialobjekten der Navajo auf dem Prüfstand.* Lübecker Beiträge zur Ethnologie. Schmidt-Römhild, Lübeck 2014

Hauschild, Thomas: *Die alten und die neuen Hexen. Die Geschichte der Frauen auf der Grenze*, unter Mitarbeit von Heidi Staschen, Sigrid Gailus-Döring und Armin Prinz. Heyne, München 1987

Hesse, Karl: *A Jos! Die Welt, in der die Chachet-Baininger leben. Sagen, Glaube und Tänze von der Gazelle-Halbinsel Papua-Neuguineas*, hrsg. von Hermann Joseph Hiery. Harrassowitz, Wiesbaden 2007

Höffgen, Thomas: *Goethes Walpurgisnacht-Trilogie. Heidentum, Teufeltum, Dichtertum.* Peter Lang, Frankfurt am Main 2015

Kasten, Erich: *Maskentänze der Kwakiutl. Tradition und Wandel in einem indianischen Dorf. Veröffentlichungen des Museums für Völkerkunde Berlin.* Neue Folge 49, Abteilung Amerikanische Naturvölker VIII. Reimer, Berlin 1990

Kirchhoff, Jochen: *Die Erlösung der Natur. Impulse für ein kosmisches Menschenbild.* Drachen, Klein Jasedow 2004

Klaniczay, Gábor: *Heilige, Hexen. Vampire. Vom Nutzen des Übernatürlichen.* Wagenbach, Berlin 1990

Konrad, Gunter und Ursula (Hrsg.): *Asmat – Mythen und Rituale. Inspiration der Kunst.* Erizzo Editrice, Venezia 1995

Kosack, Godula: *Magie. Die KRAFT zum Schaden oder zum GUTEN.* Hess, Bad Schussenried 2012

Lévi-Strauss, Claude: *Anthropologie in der modernen Welt.* Aus dem Französischen von Eva Moldenhauer. Vorwort von Maurice Olender. Suhrkamp, Berlin 2012

Lévi-Strauss, Claude: *Das wilde Denken.* Suhrkamp, Frankfurt a. M. 1968

Lévi-Strauss, Claude /Eribon, Didier: *Das Nahe und das Ferne. Eine Autobiographie in Gesprächen.* S. Fischer, Frankfurt a. M. 1989

Lewis-Williams, David: *The Mind in the Cave. Consciousness and the Origins of Art.* Thames & Hudson, London 2002

Lewis-Williams, David/Pearce, David: *Inside the Neolithic Mind. Consciousness, Cosmos and the Realm of he Gods.* Thames & Hudson, London 2005

Lommel, Pim van: *Endloses Bewusstsein. Neue medizinische Fakten zur Nahtodforschung.* Knaur, München 2011

Loyer, Emmanuelle: *Lévi-Strauss. Eine Biographie.* Aus dem Französischen von Eva Moldenhauer. Suhrkamp, Berlin 2017

Maier, Bernhard: *Die Religion der Kelten. Götter, Mythen, Weltbild.* C. H. Beck, München 2001

Matthews, John: *Taliesin. The last Celtic Shaman.* Inner Traditions, Rochester 2002

Oppitz, Michael: *Die Morphologie der Schamanentrommel.* Bd.1. Edition Voldemeer, Zürich 2013

Popkes, Enno Edzard: *Erfahrungen göttlicher Liebe. Bd. 1: Nahtoderfahrungen als Zugänge zum Platonismus und zum frühen Christentum.* Vandenhoeck & Ruprecht, Göttingen 2018

Seghezzi, Ursula und David: *WaldZeit. Visionssuche in europäischer Tradition.* edition uma im van Eck Verlag, Triesen 2019

Tenharim, Madarejúwa/Fischermann, Thomas: *Der letzte Herr des Waldes. Ein Indianerkrieger aus dem Amazonas erzählt vom Kampf gegen die Zerstörung seiner Heimat und von den Geistern des Urwalds.* C. H. Beck, München 2018

Peltier, Philippe/Schindlbeck, Markus/Kaufmann, Christian (Hrsg.): *Tanz der Ahnen. Kunst vom Sepik in Papua-Neuguinea.* Hirmer, München 2015

Ustinova, Yulia: *Caves and the Ancient Greek Mind. Descending Underground in the Search for Ultimate Truth.* Oxford University Press 2009

Weber, Andreas: *Indigenialität.* Nicolai, Berlin 2018

ANMERKUNGEN

1 Vgl. Claude Lévi-Strauss: *Das wilde Denken.* Suhrkamp, Frankfurt a. M. 1968, 25.
2 Vgl. Rüdiger Sünner: *Zeige deine Wunde. Kunst und Spiritualität bei Joseph Beuys.* Europa Verlag, München 2015.
3 Vgl. Rüdiger Sünner: *Schwarze Sonne – Die Macht der Mythen und ihr Missbrauch in Nationalsozialismus und rechter Esoterik* (mit gleichnamigem Film als DVD). Drachen Verlag, Klein Jasedow 2009.
4 *»Die Indianer kommen! – Indigene Völker im Berliner Humboldtforum«*, Reportage von ZDF/3sat, Sendetermin: 3. 12. 2015, siehe unter: https://www.youtube.com/watch?v=tYJJWcBIOLQ [Stand: April 2020].
5 Ernst Cassirer: *Versuch über den Menschen. Einführung in eine Philosophie der Kultur.* Meiner, Hamburg 2007, 51.
6 Heinz Paetzold: *Ernst Cassirer – Von Marburg nach New York. Eine philosophische Biographie.* Wissenschaftliche Buchgesellschaft, Darmstadt 1995, 45.
7 Ernst Cassirer: *Philosophie der symbolischen Formen. Zweiter Teil: Das mythische Denken.* Meiner, Hamburg 2010, 5.
8 Ebd. 29.
9 Vgl. Heinz Paetzold: *Ernst Cassirer*, a. a. O. 69.

10 Ernst Cassirer: *Philosophie der symbolischen Formen*, a. a. O. 99.
11 Ebd. 121.
12 Ebd. 103.
13 Ebd. 106f.
14 Ebd. 191.
15 Ebd. 220.
16 Ebd. 209f.
17 Ebd. 215.
18 Ebd. 225.
19 Ebd. 282.
20 Ebd. 286.
21 Vgl. Heinz Paetzold: *Ernst Cassirer*, a. a. O. 104.
22 Karen Michels: *Aby Warburg. Im Bannkreis der Ideen*. C. H. Beck, München 2008, 11.
23 Horst Bredekamp: *Aby Warburg, der Indianer. Berliner Erkundungen einer liberalen Ethnologie*. Wagenbach, Berlin 2019, 30.
24 Ernst H. Gombrich: *Aby Warburg. Eine intellektuelle Biographie*. Philo Fine Arts, Hamburg 2012, 166f.
25 Ulrich Raulff: »Die sieben Häute der Schlange. Oraibi, Kreuzlingen und retour: Stationen einer Reise ins Licht«, in: Benedetta Cestelli Guidi/Nicholas Mann (Hrsg.): *Grenzerweiterungen. Aby Warburg in Amerika 1895-1896*. Dölling und Galitz, Hamburg/München 1999, 64f.
26 Aby Warburg: *Schlangenritual. Ein Reisebericht*, mit einem Nachwort von Ulrich Raulff. Wagenbach, Berlin 1995, 42ff.
27 Vgl. Horst Bredekamp: *Aby Warburg, der Indianer*, a.a.O. 58f.
28 Ebd. 118.
29 Chantal Marazia/Davide Stimilli (Hrsg.): *Ludwig Binswanger – Aby Warburg: Die unendliche Heilung. Aby Warburgs Krankengeschichte*. Diaphanes, Zürich 2007, 60, 53, 71.
30 Ebd. 48.

31 Aby Warburg: *Schlangenritual*, a. a. O. 10, 25.

32 Ebd. 41f.

33 So entdeckte Warburg in einer Kirche Bibelillustrationen, auf denen der von Schlangen getötete Laokoon vom Schlangenstab des Heilgottes Asklepios erlöst wird. Ferner erinnerte der Autor an die Bibelstelle 4. Moses 21, wo Gott den Menschen die Errichtung eines »ehernen« Schlangenbildnisses empfiehlt, um sie von ihrer Schlangenangst zu befreien. Beides sind Rückgriffe auf eigentlich verpönte »heidnische« Götzenbilder, deren Macht aber doch zu therapeutischen Zwecken angerufen wird. Vgl. Aby Warburg: *Schlangenritual*, a. a. O. 48f.

34 Ebd. 53.

35 Ebd. 53.

36 Vgl. Ludwig Wittgenstein: »Bemerkungen über Frazers Golden Bough«, in: Ludwig Wittgenstein: *Vorlesungen über Ethik und andere kleine Schriften*, hrsg. von Joachim Schulte. Suhrkamp, Frankfurt a. M. 1989, 36; siehe auch Marco Brusotti: *Wittgenstein, Frazer und die »ethnologische Betrachtungsweise«*. De Gruyter, Berlin 2014, 68.

37 Marco Brusotti: *Wittgenstein, Frazer und die »ethnologische Betrachtungsweise«*, a. a. O. 7ff., 364.

38 Ebd. 34.

39 Ebd. 35ff.

40 Ebd. 45, 49.

41 Ebd. 83.

42 Wittgenstein: *Bemerkungen über Frazers Golden Bough*, a. a. O. 38.

43 Vgl. Ludwig Wittgenstein: *Philosophische Untersuchungen*. Suhrkamp, Frankfurt a. M. 1977, 28f.: »Das Wort ›Sprachspiel‹ soll hier hervorheben, daß ein Sprechen der Sprache ein Teil ist einer Tätigkeit, oder einer Lebensform (...) Führe dir die Mannigfaltigkeit der Sprachspiele an diesen Beispielen,

und anderen vor Augen: Befehlen, und nach Befehlen handeln (...) Berichten eines Hergangs (...) Eine Geschichte erfinden; und lesen – Theater spielen – Reigen singen – Rätsel raten – Einen Witz machen; erzählen – Ein angewandtes Rechenexempel lösen – Aus einer Sprache in die andere übersetzen – Bitten, Danken, Fluchen, Grüßen, Beten.«

44 Marco Brusotti: *Wittgenstein, Frazer und die »ethnologische Betrachtungsweise«*, a. a. O. 386f.

45 Ebd. 392.

46 Ebd. 393.

47 Ebd. 396.

48 Vgl. Hofmann, Werner: »Meine Wege zu Cassirer. Eine Skizze«, in: *Cassirer Studies*, vol. II: *Theory of Figuration.* Napoli 2009, 55.

49 Emmanuelle Loyer: *Lévi-Strauss. Eine Biographie*. Aus dem Französischen von Eva Moldenhauer. Suhrkamp, Berlin 2017, 884, 948ff.

50 Claude Lévi-Strauss/Didier Eribon: *Das Nahe und das Ferne. Eine Autobiographie in Gesprächen.* S. Fischer, Frankfurt a. M. 1989, 103.

51 Ebd. 192f.

52 Emmanuelle Loyer: *Lévi-Strauss. Eine Biographie*, a. a. O. 745.

53 Ebd. 165, Anm. 5.

54 Claude Lévi-Strauss/Didier Eribon: *Das Nahe und das Ferne*, a. a. O. 160.

55 Claude Lévi-Strauss: *Das wilde Denken*, a. a. O. 25.

56 Ebd. 15.

57 Ebd. 14, 15, 19.

58 Ebd. 29ff.

59 Claude Lévi-Strauss/Didier Eribon: *Das Nahe und das Ferne*, a. a. O. 56f.

60 Claude Lévi-Strauss: *Das wilde Denken*, a. a. O. 52, 29.

61 Ebd. 57.

62 Ebd. 55.

63 Claude Lévi-Strauss: *Mythos und Bedeutung. Fünf Radiovorträge. Gespräche mit Claude Lévi-Strauss*, hrsg. von Adelbert Reif. Suhrkamp, Frankfurt a. M. 1980, 58.

64 Claude Lévi-Strauss: *Anthropologie in der modernen Welt.* Aus dem Französischen von Eva Moldenhauer. Vorwort von Maurice Olender. Suhrkamp, Berlin 2012, 83f.

65 Claude Lévi-Strauss: *Mythos und Bedeutung*, a. a. O. 15.

66 Claude Lévi-Strauss: *Mythos und Bedeutung*, a. a. O. 283.

67 Albert Einstein: *Mein Weltbild*, hrsg. von Carl Seelig. Ullstein, Berlin 2005, 19f.

68 Irene Albers/Anselm Franke (Hrsg.): *Animismus – Revisionen der Moderne.* Diaphanes, Zürich 2012, 14.

69 Ebd. 7f.

70 Ebd. 13.

71 Philippe Descola: *Jenseits von Natur und Kultur.* Aus dem Französischen von Eva Moldenhauer, mit einem Nachwort von Michael Kauppert. Suhrkamp, Berlin 2011, 109.

72 Ebd. 87.

73 Ebd. 12f.

74 Enrique Dussel: *Der Gegendiskurs der Moderne. Kölner Vorlesungen.* Aus dem Spanischen von Christoph Dittrich, Turia + Kant: Wien 2013, 13.

75 Philippe Descola: *Jenseits von Natur und Kultur*, a. a. O. 81f.

76 Ebd. 73.

77 Albers/Franke: *Animismus – Revisionen der Moderne*, a. a. O. 42, 44.

78 Claude Lévi-Strauss/Didier Eribon: *Das Nahe und das Ferne*, a. a. O. 201.

79 Philippe Descola: *Jenseits von Natur und Kultur*, a. a. O. 197, 211.

80 Ebd. 27f., 202, 272.

81 Madarejúwa Tenharim/Thomas Fischermann: *Der letzte Herr des Waldes. Ein Indianerkrieger aus dem Amazonas erzählt vom Kampf gegen die Zerstörung seiner Heimat und von den Geistern des Urwalds.* C. H. Beck, München 2018, 66.

82 Ebd. 63.

83 Ebd. 54.

84 Erich Kasten: *Maskentänze der Kwakiutl. Tradition und Wandel in einem indianischen Dorf.* Veröffentlichungen des Museums für Völkerkunde Berlin, Neue Folge 49, Abteilung Amerikanische Naturvölker VIII. Reimer, Berlin 1990, 166f., 177, 185.

85 Ebd. 101ff.

86 Ebd. 135-147.

87 Robert B. Edgerton: *Trügerische Paradiese – Der Mythos von den glücklichen Naturvölkern.* Kabel, Hamburg 1994.

88 Filme über das Skarifikations-Ritual in Papua-Neuguinea, siehe unter:
https://www.youtube.com/watch?v=lNdC-YRjiVI
https://www.youtube.com/watch?v=Cu9MDMZeXgI
https://www.youtube.com/watch?v=7hQEJIaciRM
https://www.youtube.com/watch?v=sXQWRw11SXI [Stand: April 2020]
Vgl. auch: Philippe Peltier u. a. (Hrsg.): *Tanz der Ahnen. Kunst vom Sepik in Papua-Neuguinea.* Hirmer, München 2015, 66ff., und Jürg Schmid/Christin Kocher-Schmid: *Söhne des Krokodils. Männerhaushalte und Initiation in Yensan, Zentral-Iatmul, East Sepik Province, Papua New Guinea.* Basler Beiträge zur Ethnologie, Bd. 36, hrsg. vom Ethnologischen Seminar der Universität Basel. Wepf & Co., Basel 1992.

89 István Keul: *Hanuman, der Gott in Affengestalt.* De Gruyter, Berlin/New York 2002, 34.f.

90 Ebd. 50f.

91 Ebd. 157, 217, 219.

92 Josef Estermann: *Andine Philosophie. Eine interkulturelle Studie zur autochthonen andinen Weisheit.* IKO-Verlag für Interkulturelle Kommunikation: Frankfurt a. Main, 1999, 161, 163f.

93 Ebd. 55, 181 ff., 199f., 262.

94 Ebd. 89, 90.

95 Josef Estermann: *Apu Taytayku. Religion und Theologie im andinen Kontext Lateinamerikas.* Grünewald, Ostfildern 2012, 29, Anm. 12.

96 Ebd. 30.

97 Ebd. 33, 167, 169.

98 Raúl Fornet-Betancourt (Hrsg.): *Mystik der Erde. Elemente einer indianischen Theologie.* Herder, Freiburg i. Breisgau 1996, 58.

99 Vgl. https://www.katholisch.de/artikel/23342-amazonas-synode-warum-aufsehenerregende-figuren-im-tiber-landeten [Stand: April 2020].

100 Josef Estermann: *Apu Taytayku*, a. a. O. 185.

101 Ebd. 194.

102 David Kinsley: *Die indischen Göttinnen. Weibliche Gottheiten im Hinduismus.* Insel, Frankfurt a. M. 2000, 250ff.

103 Ebd. 257.

104 Robert B. Edgerton: *Trügerische Paradiese*, a. a. O. 180ff.

105 Wikipedia, Artikel »Witwenverbrennung«, siehe unter: https://de.wikipedia.org/wiki/Witwenverbrennung [Stand: April 2020].

106 Tagesspiegel vom 28.11.2018, siehe unter: https://www.tagesspiegel.de/gesellschaft/panorama/indien-mutter-ganges-ist-eine-kloake/23677780.html [Stand: April 2020].

107 Eine anschauliche Schilderung der Khumb Mela gibt etwa Neil MacGregor in ders.: *Leben mit den Göttern.* C. H. Beck, München 2018, 491ff.

108 Rainer Hatoum: *Das Medizinbündel des Benet Toehe. Eine Sammlung von Zeremonialobjekten der Navajo auf dem Prüfstand.* Lübecker Beiträge zur Ethnologie. Schmidt-Römhild, Lübeck 2014, 103.

109 Ebd. 83.

110 Ebd. 41.

111 Ebd. 45f., 84.

112 Ebd. 93f, 114-166.

113 Ebd. 78ff.

114 Karl Hesse: *A Jos! Die Welt, in der die Chachet-Baininger leben. Sagen, Glaube und Tänze von der Gazelle-Halbinsel Papua-Neuguineas*, hrsg. von Hermann Joseph Hiery. Harrassowitz, Wiesbaden 2007, XXXI.

115 Ebd. 100, 118.

116 Ebd. 101.

117 Jane Fajans: *They make themselves. Work and Play among the Baining of Papua New Guinea.* University of Chicago Press Books, 1997, 176f.

118 Karl Hesse: *A Jos!*, a. a. O. 117.

119 Jane Fajans: *They make themselves*, a. a. O. 170, 255ff.

120 Ebd. 259.

121 Godula Kosack: *Magie. Die KRAFT zum Schaden oder zum GUTEN.* Gerhard Hess, Bad Schussenried 2012.

122 Ebd. 49.

123 Ebd. 44.

124 Ebd. 52.

125 Ebd. 70, 81, 135ff.

126 Ebd. 92.

127 Ebd. 92f.

128 Ebd. 95.
129 Ebd. 96.
130 Ebd. 103.
131 Ebd. 329.
132 Ebd. 165.
133 Vgl. Rupert Sheldrake: *The sense of being stared at: And other aspects of the Extended Mind.* Arrow Publishing, London 2004.
134 Godula Kosack: *Magie*, a. a. O. 285.
135 Godula Kosack: *Magie*, a. a. O. 349.
136 Godula Kosack: »Seelenkonzepte in anderen Kulturen«, in: Ulrike Krasberg/Godula Kosack (Hrsg): *»...und was ist mit der Seele?« Seelenvorstellungen im Kulturvergleich.* Otto Lembeck, Frankfurt a. M. 2009, 21.
137 Ebd. 12.
138 Ebd. 28ff.
139 Philippe Descola: *Jenseits von Natur und Kultur*, a. a. O., 332ff.
140 Mark Münzel: »Viele Seelen und Sprachen. Seelenvorstellungen der Tupi-Guaraní-Indianer in Südamerika«, in: Krasberg/Kosack (Hrsg.): *»...und was ist mit der Seele?«*, a. a. O. 100f.
141 Gunter und Ursula Konrad (Hrsg.): *Asmat – Mythen und Rituale. Inspiration der Kunst.* Erizzo Editrice, Venezia 1995, 67f., 70.
142 Ebd. 41f.
143 Ebd. 65ff.
144 Ebd. 240.
145 Ebd. 296.
146 Michael Oppitz: *Die Morphologie der Schamanentrommel*, Bd. 1. Edition Voldemeer, Zürich 2013, 62.
147 Ebd. 62ff.
148 Ebd. 347ff.
149 Thomas Hauschild u. a. (Hrsg.): *Von Vogelmenschen, Piloten*

und Schamanen. Kulturgeschichte und Technologien des Fliegens. Edition Azur, Dresden 2011, 121-124.

150 Ebd. 124f.

151 Michael Oppitz: *Schamanen im blinden Land. Ein Bilderbuch aus dem Himalaya.* Syndikat, Frankfurt a. M: 1981, 110.

152 Ebd. 92.

153 »Was verraten die Trommeln der Schamanen?«, Michael Oppitz im Gespräch mit Uwe Ebbinghaus vom 29. September 2016, FAZ-Interviewreihe »Nerdalarm«, siehe unter: https://blogs.faz.net/blogseminar/was-verraten-die-trommeln-der-schamanen/ [Stand: April 2020].

154 Luana Laxy: *Tibet ohne einen XV. Dalai Lama? Die Zukunft des tibetischen Tulku-Systems aus Sicht von Exiltibetern aus Asien und Europa. Ein historisch-systematischer Vergleich hinsichtlich der Wiedergeburt des XVII. Karmapa und des XV. Dalai Lama und ihrer Nachfolger.* LIT-Verlag, Berlin 2014, 72f.

155 Ebd. 74.

156 Ebd. 76, vgl. auch Dalai Lama: *Meine spirituelle Autobiographie.* Diogenes, Zürich 2009, 60f.

157 Dalai Lama: *Meine spirituelle Autobiographie*, a. a. O. 59.

158 Vgl. das Kapitel »Reinkarnation« auf der Webseite des Dalai Lama, unter: http://de.dalailama.com/the-dalai-lama/biography-and-daily-life/reincarnation [Stand: April 2020].

159 Dalai Lama: *Meine spirituelle Autobiographie*, a. a. O. 62.

160 Thubten Ngodup*: Ich bin das Orakel des Dalai Lama. Autobiographie*, aus dem Französischen von Elisabeth Liebl. Goldmann, München 2010, 157.

161 Ebd. 166.

162 Dalai Lama: *Meine spirituelle Autobiographie*, a. a. O. 83.

163 Interview mit dem Dalai Lama in »The Week« (Juli 2019), siehe unter: https://www.theweek.in/theweek/cover/2019/

07/05/exclusive-interview-reincarnation-isnt-important-says-the-dalai-lama.html [Stand: April 2020].

164 »Vorbild Kirche: So will der Dalai Lama seine Nachfolge regeln« vom 7.11.2018 im Internetportal katholisch.de, siehe unter: https://www.katholisch.de/artikel/19542-vorbild-kirche-so-will-der-dalai-lama-seine-nachfolge-regeln [Stand: April 2020].

165 Vgl. https://www.humboldtforum.org/de.

166 Michael Kauppert/Dorett Funcke: *Zwischen Bild und Begriff. Wildes Denken nach Lévi-Strauss*, in: dies. (Hrsg.): *Wirkungen des wilden Denkens. Zur strukturalen Anthropologie von Claude Lévi-Strauss.* Suhrkamp, Frankfurt a. M. 2008, 18f.

167 Claude Lévi-Strauss/Didier Eribon: *Das Nahe und das Ferne*, a. a. O. 160, vgl. Anm. 54.

168 Yulia Ustinova: *Caves and the Ancient Greek Mind. Descending Underground in the Search for Ultimate Truth.* Oxford University Press, 2009, 5.

169 Ebd. 22.

170 Vgl. etwa John C. Lilly: *The Center oft he Cyclone. An Autobiography of Inner Space.* Bantam Books, New York 1973.

171 Yulia Ustinova, *Caves and the Ancient Greek Mind*, a. a. O. 36, 174, 189, 200f., 210.

172 Ebd. 55ff., 60, vgl. auch Xaver Wassmann: *Der Tod des großen Pan. Zum Untergang des Naturgottes in der Antike.* Verlag Stiftung für Jung'sche Psychologie, Küssnacht 2003.

173 Ebd. 207, 260.

174 David Lewis-Williams: *The Mind in the Cave. Consciousness and the Origins of Art.* Thames & Hudson, London 2002, 122f., 131 f.

175 Jean Clottes/David Lewis-Williams: *Schamanen. Trance und Magie in der Höhlenkunst der Steinzeit.* Thorbecke, Sigmaringen 1997, 13, 17, 34.

176 David Lewis-Williams: *The Mind in the Cave*, a. a. O. 159.

177 Ebd. 216ff.

178 Ebd. 194.

179 Martin Porr: »An den Grenzen der Dinge. Schamanismus in der Steinzeit«, in: AID (Archäologie in Deutschland), 2004, Bd. 6, 9ff. Zu den geometrischen Figuren siehe auch die Abbildungen in: Nicholas J. Conard/Claus-Joachim Kind: *Als der Mensch die Kunst erfand. Eiszeithöhlen in der Schwäbischen Alb.* Wissenschaftliche Buchgesellschaft Darmstadt 2019, 76 f., 79 f., 85, 121, 148 ff.

180 Jean Clottes/David Lewis-Williams: *Schamanen*, a. a. O. 45 f., 69, 95.

181 Martin Porr: »Beyond Animality and Humanity. Landscape, Metaphor and Identity in the Early Upper Paleolithic of Central Europe«, in: *Settlement, Society and Cognition in Human Evolution. Landscapes in Mind*, hrsg. von Fiona Coward u. a. Cambridge University Press, New York 2015, 65.

182 Hans Peter Duerr: *Die dunkle Nacht der Seele. Nahtod-Erfahrungen und Jenseitsreisen.* Insel, Berlin 2015, 385-390, vgl. auch David Lewis-Williams: *The Mind in the Cave*, a. a. O. 264f.

183 Vgl. http://www.starcarr.com/headdresses.html, und Hans Peter Duerr: *Die dunkle Nacht der Seele,* a. a. O. 398.

184 Hans Peter Duerr: *Die dunkle Nacht der Seele*, a. a. O. 395, und Martin Porr: »The Burial of Bad Dürrenberg, Central Germany: Osteopathology and Osteoarchaeology of a Late Mesolithic Shaman's Grave«, in: International Journey of Osteoarchaeology, *Int.J. Osteaoarchael.* 16: 395-406, (2006), published online 24 March 2006 in Wiley Inter-Science (www.interscience.wiley.com). DOI: 10.1002/oa. 839, und Martin Porr: »An den Grenzen der Dinge«, a. a. O. 11.

185 Johannes Müller: *Großsteingräber, Grabenwerke, Langhügel. Frühe Monumentalbauten Mitteleuropas.* wbg Theiss, Darmstadt 2017, 101.

186 Abbildungen dazu finden sich etwa in: *Guide to the passage tombs at BRÚ NA BÓINNE.* Wordwell Ltd., Dublin, o. J., 2, 18, 29 oder Liam Mac Uistin: *Exploring Newgrange.* The O'Brien Press, Dublin 1999, Abbildungsteil.

187 David Lewis-Williams/David Pearce: *Inside the Neolithic Mind. Consciousness, Cosmos and the Realm of he Gods.* Thames & Hudson, London 2005, 194.

188 Ebd. 188, 190ff.

189 Allein im Ganggrab von Knowth, das in der Nähe von Newgrange liegt, findet man über 100 Spiral- und Wirbelornamente, vgl. Lewis-Williams: *Inside the Neolithic Mind,* a. a. O. 46, 186, 193, 210f., 242, 275.

190 Vgl. http://www.worldheritageireland.ie/bru-na-boinne/myth-and-folklore/ [Stand: April 2020], und Bernhard Maier: *Die Religion der Kelten. Götter, Mythen, Weltbild.* C. H. Beck, München 2001, 136f.

191 John Matthews: *Taliesin. The Last Celtic Shaman.* Inner Traditions, Rochester 2002, 47f.

192 Vgl. Bernhard Maier: *Die Religion der Kelten,* 100, 111, 145, sowie Miranda J. Green: *Die Druiden. Die Welt der keltischen Magie.* Econ, Düsseldorf 1998, 53, 64, 81, 109.

193 Vgl. Bernhard Maier: *Die Religion der Kelten. Götter – Mythen – Weltbild.* C. H. Beck, München 2004, 147, 166, sowie Miranda J. Green: *Die Druiden, a. a. O.* 18f., 46, 59, und Leo Verhart: *Den Kelten auf der Spur. Neue archäologische Entdeckungen zwischen Nordsee und Rhein.* Philipp von Zabern, Mainz 2008, 28.

194 Vgl. http://www.keltenwelt-glauberg.de und: *Das Rätsel der Kelten vom Glauberg: Glaube – Mythos – Wirklichkeit. Eine*

Ausstellung des Landes Hessen in der Schirn Kunsthalle Frankfurt 24. Mai bis 1. September 2002. Theiss, Stuttgart 2002.

195 Miranda J. Green: *Die Druiden*, a. a. O. 69.

196 Bernhard Maier: *Die Religion der Kelten*, a. a. O. 142f.

197 John Matthews: *Taliesin*, a. a. O. 101, 106.

198 John Matthews: *Taliesin*, a. a. O. 22: »I have been in many shapes, before I assumed a constant form.«

199 Ebd. 23, 52, 66.

200 Ebd. 96, 110.

201 Ebd. 42.

202 Ebd. 111, vgl. auch https://de.wikipedia.org/wiki/Awen [Stand: April 2020].

203 Ebd. 162.

204 Vgl. den Artikel unter: https://de.wikipedia.org/wiki/Dilgo_Khyentse [Stand: April 2020].

205 Bernhard Meehan: *The Book of Kells. An Illustrated Introduction to the Manuscript in Trinitiy College Dublin.* Thames & Hudson, London 1994, 18, 21, 50, 59, 65, 66, 70.

206 Rudolf Grosse: *Der Silberkessel von Gundestrup. Ein Zeugnis des Läuterungs- und Einweihungsweges bei den Kelten.* Philosophisch-Anthroposophischer Verlag am Goetheanum, Dornach 1983, und *Celtic Art*, hrsg. von Barry Raftery, Unesco Flammarion 1990, 96, 154f.

207 Vgl. auch Roberte N. Hamayon: »Die Geweihkrone der sibirischen Schamanen. Eine neue Sicht auf ein wenig beachtetes Objekt«, in: Erich Kasten (Hrsg.): *Schamanen Sibiriens. Magier, Mittler, Heiler.* Reimer, Berlin 2009, 70ff.

208 Miranda J. Green: *Die Druiden*, a. a. O 22f.

209 John Matthews: *Taliesin*, a. a. O. 23, 66.

210 Catherine Nixey: *Heiliger Zorn. Wie die frühen Christen die Antike zerstörten.* Deutsche Verlags-Anstalt, München 2017, 323.

211 Ebd. 201ff.

212 Ebd. 39f.

213 Ebd. 314f.

214 Troels Myrup Kristensen: *Making and Breaking the Gods. Christian Responses to Pagan Sculpture in Late Antiquity*, Aarhus University Press, Aarhus 2013, 97, 98, 207, 223, 224.

215 Christian Hornung: *Apostasie im antiken Christentum. Studien zum Glaubensabfall in altkirchlicher Theologie, Disziplin und Pastoral (4.–7. Jahrhundert n. Chr.)*. Brill, Leiden/Boston 2016, 349.

216 Ebd. 152ff.

217 Wilfried Hartmann (Hrsg. u. Übers.): *Das Sendhandbuch des Regino von Prüm. Unter Benutzung der Edition von F. W. H. Wasserschleben.* Wiss. Buchgesellschaft Darmstadt 2004, 245.

218 Ebd. 421.

219 Vgl. https://de.wikipedia.org/wiki/Sächsisches_Taufgelöbnis [Stand: April 2020].

220 *Briefe des Bonifatius, Willibalds Leben des Bonifatius, nebst einigen zeitgenössischen Dokumenten. Unter Benützung der Übersetzungen von M. Tangl und Ph. H. Külb*, neu bearbeitet von Reinhold Rau. Wiss. Buchgesellschaft Darmstadt 1968, 175.

221 Ebd. 483.

222 Ebd. 495.

223 Vgl. etwa Bernhard Maier: *Die Religion der Kelten*, a. a. O. 110ff., und Miranda J. Green: *Die Druiden*, a. a. O. 72ff.

224 Vgl. dazu auch meinen Reisefilm: »Magisches Irland«, siehe unter: https://www.youtube.com/watch?v=aR7RQ9avJ-U [Stand: April 2020].

225 Vgl. auch Anna Rackard/Liam O'Callaghan: *Fishstonewater. Holy Wells of Ireland.* Atrium, Cork 2001

226 Vgl. Ralf Busch/Torsten Capelle/Friedrich Laux: *Opferplatz*

und Heiligtum. Kult der Vorzeit in Norddeutschland. Wachholtz, Neumünster 2000, 106f.

227 Michael Kauppert/Dorett Funcke: *Zwischen Bild und Begriff. Wildes Denken nach Lévi-Strauss*, in: dies. (Hrsg.): *Wirkungen des wilden Denkens. Zur strukturalen Anthropologie von Claude Lévi-Strauss.* Suhrkamp, Frankfurt a. M., 2008, 18f.

228 Frank Biller: *Kultische Zentren der Matronenverehrung in der südlichen Germania inferior.* Osnabrücker Forschungen zu Altertum und Antike-Rezeption 13, Leidorf, Rahden/Westfalen, 2010, 281.

229 Sophie Lange: *Wo Göttinnen das Land beschützen. Matronen und ihre Kultplätze zwischen Eifel und Rhein.* edition nebenan, Bad Münstereifel 1995, 10.

230 Ebd. 30-38.

231 Ebd. 64.

232 Hans Lehner: *Römische Steindenkmäler von der Bonner Münsterkirche.* Jahrbuch des Vereins für Altertumsforschung im Rheinland, Bd. 135, 1930, 4ff.

233 Vgl. *Das Heiligtum für Isis und Mater Magna. Texte und Bilder*, Landesamt für Denkmalpflege Rheinland-Pfalz. Archäologische Denkmalpflege, Amt Mainz 2004.

234 Ebd. 32.

235 Ebd. 47.

236 Vgl. Hildegard von Bingen: *Heilsame Schöpfung – Die natürliche Wirkkraft der Dinge. Physica*, vollständig neu übersetzt und eingeleitet von Ortrun Riha, hrsg. von der Abtei St. Hildegard, Rüdesheim/Eibingen, Beuroner Kunstverlag, Beuron 2016.

237 Vgl. Hildegard von Bingen: *Wisse die Wege. Liber Scivias. Eine Schau von Gott und Mensch in Schöpfung und Zeit*, Neuübersetzung von Mechthild Heieck, mit einer Einführung von Sr. Maura Zátony OSB, hrsg. von der Abtei St. Hildegard,

Rüdesheim/Eibingen. Beuroner Kunstverlag, Beuron 2013, 67, 71, 106, 122, 125, 190, 274, 394, 481, 496ff.

238 Ebd. 504, 512.

239 Ebd.

240 Ebd. 34, 250ff.

241 Hildegard von Bingen: *Das Buch vom Wirken Gottes. Liber Divinorum Operum,* Neuübersetzung aus dem Lateinischen von Mechthild Heieck, Einführung von Sr. Caecilia Bonn OSB, hrsg. von der Abtei St. Hildegard, Rüdesheim/Eibingen. Beuroner Kunstverlag, Beuron 2012, 102f, 106, 113ff., 122f., 126.

242 Ebd. 118.

243 Ebd. 121, 158.

244 Vgl. etwa Hildegard von Bingen: *Heilsame Schöpfung – Die natürliche Wirkkraft der Dinge*, a. a. O. 301, 341, 357f.

245 Ebd. 62f.

246 Ebd. 51, 56, 120, 153, 165, 214, 217.

247 Ebd. 258, 266, 272, 276.

248 Ebd. 246.

249 Ebd. 287ff.

250 Ebd. 26, 39-41, 53.

251 *Hildegard von Bingen 1179-1979, Festschrift zum 800. Todestag einer Heiligen*, hrsg. von Anton Ph. Brück. Selbstverlag der Gesellschaft für mittelrheinische Kirchengeschichte, Mainz 1998, 97, 99, und Heike Koschyk: *Hildegard von Bingen. Ein Leben im Licht. Biographie.* Aufbau, Berlin 2014, 143 ff.

252 Ingrid Riedel: *Hildegard von Bingen. Prophetin der kosmischen Weisheit.* Kreuz, Stuttgart 1994, 66.

253 Ebd. 13.

254 Ebd. 12-18.

255 Hildegard von Bingen: *Das Buch vom Wirken Gottes*, a. a. O. 117, 152, 161, 194.

256 Ingrid Riedel: *Hildegard von Bingen*, a. a. O. 14.
257 Heike Koschyk: *Hildegard von Bingen*, a. a. O. 122.
258 Ingrid Riedel: *Hildegard von Bingen*, a. a. O. 60.
259 Ebd. 83, 90-99, siehe auch Farbtafel VI.
260 Ebd. 99, Farbtafel VII.
261 Ebd. Farbtafel XII: das Kosmos-Rad, siehe auch Hildegard von Bingen: *Das Buch vom Wirken Gottes. Liber Divinorum Operum*, a. a. O. 37 ff.
262 Hildegard von Bingen: *Das Buch vom Wirken Gottes. Liber Divinorum Operum*, a. a. O. 50.
263 Ebd. 59, 66.
264 Heike Koschyk: *Hildegard von Bingen*, a. a. O. 52f.
265 Wolfgang Behringer: *Hexen. Glaube – Verfolgung – Vermarktung.* C. H. Beck, München 2000, 65ff.
266 Thomas Hauschild u. a. (Hrsg.): *Von Vogelmenschen, Piloten und Schamanen. Kulturgeschichte und Technologien des Fliegens.* edition Azur, Dresden 2011, 118.
267 Thomas Hauschild: *Die alten und die neuen Hexen. Die Geschichte der Frauen auf der Grenze*, unter Mitarbeit von Heidi Staschen, Sigrid Gailus-Döring und Armin Prinz.Heyne, München 1987, 9, und Hans Peter Duerr: *Traumzeit. Über die Grenze zwischen Wildnis und Zivilisation.* Syndikat, Frankfurt a. M. 1978, 62.
268 Hans Hoffmann: *Hexen im Harz.* Verlag der Buchhandlung Hoffmann, Bad Harzburg 1993, 52, 76, 86, 108, und Birke Grießhammer: *Frauenschicksale in Franken. Hebammen – Hexen –Heilkundige.* Sutton, Erfurt 2016, 28ff., 54.
269 Heidi Staschen/Thomas Hauschild: *Hexen.* Königsfurt, Krummwisch 2001, 46, und Birke Grießhammer: *Frauenschicksale in Franken*, a. a. O. 59f.
270 Heidi Staschen/Thomas Hauschild: *Hexen*, a. a. O. 48f.
271 Thomas Hauschild: »Hexen und Drogen«, in: Gisela Völger

(Hrsg.): *Rausch und Realität*, Bd. 1. Rowohlt, Reinbek 1987, 362ff.

272 Will-Erich Peuckert: »Hexensalben«, in: Medizinischer Monatsspiegel, Heft 8, August 1960, 169ff., und ders.: *Ergänzendes Kapitel über das deutsche Hexenwesen*, in: Julio Caro Baroja: *Die Hexen und ihre Welt.* Klett, Stuttgart 1967, 317.

273 Thomas Hauschild: *Die alten und die neuen Hexen*, a. a. O. 156.

274 Carlo Ginzburg: *Hexensabbat. Entzifferung einer nächtlichen Geschichte.* Fischer, Frankfurt a. M. 1993, 104.

275 Philippe Descola: *Jenseits von Natur und Kultur*, a. a. O. 73ff.

276 Ebd. 82-84.

277 Carlo Ginzburg: *Hexensabbat*, a. a. O. 106-117, 121, 132, 135, 149.

278 Ebd. 133.

279 Hans Peter Duerr: *Traumzeit*, a. a. O. 51.

280 Wolfgang Behringer: *Chonrad Stoeckhlin und die Nachtschar. Eine Geschichte aus der frühen Neuzeit.* Piper, München 1994, 18ff.

281 Gábor Klaniczay: *Heilige, Hexen. Vampire. Vom Nutzen des Übernatürlichen*, Wagenbach, Berlin 1990, 29-72.

282 Ebd. 42.

283 Ebd. 45, 59, 63.

284 Ebd. 48.

285 Godula Kosack: *Magie*, a. a. O. 306ff.

286 Ebd. 354.

287 Ebd. 106.

288 Hans Peter Duerr: *Die dunkle Nacht der Seele. Nahtod-Erfahrungen und Jenseitsreisen.* Insel, Berlin 2015, 9f.

289 Hans Peter Duerr: *Traumzeit*, a. a. O. 115.

290 Ebd. 151f., 128.

291 Albrecht Schöne: *Götterzeichen, Liebeszauber, Satanskult.*

Neue Einblicke in alte Goethetexte. C. H. Beck, München 1993, 44.

292 Ebd. 44, Anm. 66.

293 Johann Wolfgang von Goethe an Jacobi am 6.1.1813, in: *Johann Wolfgang von Goethe: Goethes Briefe*, Hamburger Ausgabe Bd. 3. Wegner, Hamburg 1965, 230.

294 Johann Wolfgang von Goethe: *Zur Farbenlehre*, hrsg. von Karl-Maria Guth, im Kapitel »Farbige Schatten«. Sammlung Hofenberg, Berlin 2016, 52.

295 Thomas Höffgen: *Goethes Walpurgisnacht-Trilogie. Heidentum, Teufeltum, Dichtertum.* Peter Lang, Frankfurt a. M. 2015, 92f.

296 Johann Wolfgang von Goethe an Zelter am 3.12.1812, in: *Goethes Briefe*, a. a. O. 215f.

297 Gloria Flaherty: *Shamanism and the Eighteenth Century.* Princeton University Press, Princeton 1992, 172.

298 Johann Gottlieb Georgi: *Beschreibung aller Nationen des Russischen Reiches, ihrer Lebensart, Religion, Gebräuche, Wohnungen, Kleidungen und übrigen Merkwürdigkeiten. Dritte Ausgabe: Samojedische, Mandschurische und östlichste Sibirische Nationen.* Carl Wilhelm Müller, St. Petersburg 1777, 375ff.

299 Gloria Flaherty: *Shamanism and the Eighteenth Century*, a. a. O. 173, Zitat aus: Gespräche mit Eckermann am 7. Oktober 1827.

300 Ebd. 174, Zitat aus: Gespräche mit Eckermann am 11. März 1828.

301 Franz Biet: *Goethe – Aufklärer oder Esoteriker? Wie modern ist Goethe? Studien zu seiner fortdauernden Aktualität.* Studienverlag, Innsbruck 2018, 22, 24, 25.

302 Ernst Grumach, Renate Grumach (Hrsg.): *Goethe – Begegnungen und Gespräche*, Bd. 2, 1777-85. De Gruyter, Berlin 1966, 156.

303 Hans Hoffmann: *Hexen im Harz*, a. a. O. 50, 52, 66f., 76, 86, 108.

304 Vgl. die von Karl dem Großen gegen die abergläubischen Praktiken der »Heiden« erlassene Verordnung »Capitulatio de partibus Saxoniae«, siehe unter: https://de.wikipedia.org/wiki/Capitulatio_de_partibus_Saxoniae [Stand: April 2020] und Thomas Höffgen: *Goethes Walpurgisnacht-Trilogie*, a. a. O. 76.

305 Thomas Höffgen: *Goethes Walpurgisnacht-Trilogie*, a. a. O. 181.

306 Gloria Flaherty: *Shamanism and the Eighteenth Century*, a. a. O. 183ff.

307 Johann Wolfgang von Goethe an Zelter am 3.12.1812, in: *Goethes Briefe*, a. a. O. 215f.

308 Gloria Flaherty: *Shamanism and the Eighteenth Century*, a. a. O. 188, 191f.

309 Albrecht Schöne: *Götterzeichen, Liebeszauber, Satanskult*, a. a. O. 217ff.

310 Ebd. 173.

311 Ebd. 174f.

312 Ebd. 226.

313 Ebd. 186f.

314 Ebd. 187.

315 Thomas Höffgen: *Goethes Walpurgisnacht-Trilogie*, a. a. O. 205.

316 Ebd. 200ff.

317 Vgl. Friedrich Schillers Gedicht »Die Götter Griechenlands« (1788), unter: https://gutenberg.spiegel.de/buch/gedichte-9097/32 [Stand: April 2020].

318 Christoph Jamme/Helmut Schneider (Hrsg.): *Mythologie der Vernunft. Hegels »ältestes Systemprogramm des deutschen Idealismus«*. Suhrkamp, Frankfurt a. M. 1984, 11-14.

319 Vgl. Friedrich Hölderlin: »Brot und Wein«, unter:

https://www.projekt-gutenberg.org/hoelderl/gedichte/chap115.html [Stand: April 2020].

320 Thomas Höffgen: *Goethes Walpurgisnacht-Trilogie*, a. a. O. 307f.

321 Vgl. Heinrich Heine: »Die Götter Griechenlands«, unter: https://www.staff.uni-mainz.de/pommeren/Gedichte/BdL/Nordsee2-06.html [Stand: April 2020].

322 Vgl. Heinrich Heine: Die Nordsee, unter: https://www.textlog.de/23123.html [Stand: April 2020].

323 Etwa im Gedicht »Verschwiegene Liebe« von Joseph von Eichendorff oder in »Liebesnacht im Haine« von Clemens von Brentano.

324 Vgl. Richard Wagner: *Zukunftsmusik*, in: *Gesammelte Schriften VII*, 3. Auflage Leipzig 1897, 131f.

325 Joseph von Eichendorff: *Das alte nationale Heidenthum*, in: Joseph von Eichendorff: *Sämtliche Werke*, Historisch-kritische Ausgabe, begründet von Wilhelm Kosch und August Sauer, Bd.III Geschichte der poetischen Literatur Deutschlands. Habel, Regensburg 1970, 25ff.

326 Jacob Grimm: *Deutsche Mythologie. Vollständige Ausgabe.* Marix, Wiesbaden 2007, 40, siehe auch Thomas Höffgen: *Volkspoesie. Von grimmschen Märchen, germanischen Mythen und den Gesängen der Naturvölker.* Edition Roter Drache, Remda-Teichel 2019, 174.

327 Albrecht Lehmann: *Von Menschen und Bäumen. Die Deutschen und ihr Wald*, Rowohlt, Reinbek bei Hamburg 1999, 25ff.

328 Wolf-Dieter Storl: *Wir sind Geschöpfe des Waldes. Warum wir untrennbar mit den Bäumen verbunden sind.* Gräfe und Unzer, München 2019, 158, 248f., 251ff., 262ff.

329 Bernd Steiner: *Götterwohnungen. Eine Kulturgeschichte der sakralen Bäume und Haine aus fünf Jahrtausenden.* Johannes Petri, Basel 2014, 60f.

330 Vgl. Bernhard Maier: *Die Religion der Kelten*, a. a. O. 147.

331 Johann Wolfgang von Goethe: *Dichtung und Wahrheit*, in: ders.: *Hamburger Ausgabe in 14 Bänden*, hrsg. von Erich Trunz, Bd. 9, Autobiographische Schriften I, 222.

332 Friedrich Hölderlin: »Die Eichbäume«, unter https://de.wikipedia.org/wiki/Die_Eichbäume_(Hölderlin) [Stand: April 2020].

333 Wilhelm Mühlmann: *Die Metamorphose der Frau. Weiblicher Schamanismus und Dichtung.* Reimer: Berlin 1981, 202, 212.

334 Ebd. 201.

335 Ebd. 205.

336 Ebd. 210.

337 Annette von Droste-Hülshoff: *Westfälische Schilderungen*, in: dies.: *Sämtliche Werke, Gedichte – Epen – Prosa.* Winkler, München 1989, 559 f.

338 Ebd. 546 f.

339 Ebd. 436, 85f.

340 Annette von Droste-Hülshoff: *Sämtliche Werke, Gedichte – Versepik – Prosa – Dramen – Libretti – Übersetzungen. Aus dem Nachlass.* Winkler, München 1989, 65ff.

341 Ebd. 129, 150.

342 Annette von Droste-Hülshoff: *Sämtliche Werke, Gedichte – Epen – Prosa*, a. a. O. 71, 457.

343 Ebd. 470f.

344 Ebd. 41, 56f., 61, 70f., 128f., 258.

345 Ebd. 41.

346 Ebd. 56f.

347 Ebd. 60.

348 Ebd. 45ff.

349 Ebd. 568.

350 Ebd. 36.

351 Jochen Kirchhoff: *Die Erlösung der Natur. Impulse für ein kosmisches Menschenbild.* Drachen, Klein Jasedow 2004, 165f.

352 Annette von Droste-Hülshoff: *Sämtliche Werke, Gedichte – Epen – Prosa*, a. a. O. 19ff.

353 Emmanuelle Loyer: *Lévi-Strauss. Eine Biographie*, a. a. O. 592.

354 Michael Kauppert/Dorett Funcke: »Zwischen Bild und Begriff. Wildes Denken nach Lévi-Strauss«, in: dies. (Hrsg.): *Wirkungen des wilden Denkens. Zur strukturalen Anthropologie von Claude Lévi-Strauss.* Suhrkamp, Frankfurt a. Main 2008, 18f.

355 Vgl. https://de.wikipedia.org/wiki/Proteste_gegen_den_Bau_der_Dakota_Access_Pipeline [Stand: April 2020].

356 *Defend the Sacred. Wenn das Leben siegt, wird es keine Verlierer geben*, hrsg. von der Grace Foundation, Meiga, Bad Belzig 2019, 14.

357 Ebd. 45.

358 Claude Lévi-Strauss: *Anthropologie in der modernen Welt*, a. a. O. 83f.

359 Jochen Kirchhoff: *Die Erlösung der Natur. Impulse für ein kosmisches Menschenbild.* Drachen, Klein Jasedow 2004, 25, und Andreas Weber: *Indigenialität.* Nicolai, Berlin 2018, 18.

360 Jochen Kirchhoff: *Was die Erde will. Mensch-Kosmos-Tiefenökologie.* Lübbe, 1998, 42.

361 David Abram: *Im Bann der sinnlichen Natur. Die Kunst der Wahrnehmung und die mehr-als-menschliche Welt.* thinkOya, Klein Jasedow 2015, 49.

362 Andreas Weber: *Indigenialität*, a. a. O. 22.

363 Stephan Harding: *Lebendige Erde. GAIA – Vom respektvollen Umgang mit Natur*. Hugendubel, Kreuzlingen/München 2008, 36f.

364 David Abram: *Im Bann der sinnlichen Natur*, a. a. O. 113.

365 Ebd. 128f.

366 Andreas Weber: *Indigenialität*, a. a. O., 23, 26.

367 Bruno Latour: *Wir sind nie modern gewesen. Versuch einer symmetrischen Anthropologie.* Suhrkamp, Frankfurt a. M. 2008.
368 Stephan Harding: *Lebendige Erde*, a. a. O. 39.
369 Ebd. 28-35.
370 David Abram: *Im Bann der sinnlichen Natur*, a. a. O. 66.
371 Ebd. 84, 86.
372 Ebd. 73.
373 Andreas Weber: *Indigenialität*, a. a. O. 56-59.
374 Stephan Harding: *Lebendige Erde*, a. a. O. 53.
375 Ebd. 57-59.
376 Jochen Kirchhoff: *Räume, Dimensionen, Weltmodelle. Impulse für eine andere Naturwissenschaft.* Drachen, Klein Jasedow 2007, 79.
377 Jochen Kirchhoff: *Die Erlösung der Natur*, a. a. O. 60.
378 Jochen Kirchhoff: *Die Erlösung der Natur*, a. a. O. 182, 173.
379 Jochen Kirchhoff: *Was die Erde will*, a. a. O. 212-217, und ders.: *Die Erlösung der Natur*, a. a. O. 167-190.
380 Jochen Kirchhoff: *Die Erlösung der Natur*, a. a. O. 183.
381 Ebd. 191, 194.
382 Ebd. 196.
383 Ebd. 198.
384 Ebd. 75.
385 Jochen Kirchhoff: *Was die Erde will*, a. a. O. 211.
386 Thomas Steininger: »Das Heilige. Ein Plädoyer für ein veraltetes und doch immer neues Wort«, in: *evolve* – Magazin für Bewusstsein und Kultur, Ausgabe 18, 2018, 31f.
387 Stephan Harding: Lebendige Erde, a. a. O. 304.
388 Ebd. 305.
389 Ebd. 308.
390 Vgl. unter: https://www.survivalinternational.de/artikel/3542-bolsonaro [Stand: April 2020].
391 Vgl. Rüdiger Sünner: *Geheimes Europa. Reisen zu einem*

verborgenen spirituellen Erbe. Europa, München 2017, 121ff., und Helmut Zander: *Geschichte der Seelenwanderung in Europa. Alternative religiöse Traditionen von der Antike bis heute.* Wissenschaftliche Buchgesellschaft Darmstadt 1999, 343ff.

392 Pim van Lommel: *Endloses Bewusstsein. Neue medizinische Fakten zur Nahtodforschung.* Knaur, München 2011, 382.

393 Hans Peter Duerr: *Die dunkle Nacht der Seele*, a. a. O. 155ff., 163.

394 Ute Ritz-Müller: »Die Seele als Lebensprinzip. Vorstellungen der Mosi von Tenkodogo (Burkina Faso)«, in: Ulrike Krasberg, Godula Kosack (Hrsg.): *»...und was ist mit der Seele?« Seelenvorstellungen im Kulturvergleich.* Lembeck, Frankfurt a. M. 2009, 141ff.

395 Birgit Heller: *Beziehungen zwischen Diesseits und Jenseits – Vom Sozialcharakter des Todes in religiös-kulturellen Traditionen und der Moderne*, unter: https://www.sozialpolitik.ch/fileadmin/user_upload/2017_1_Heller_final.pdf, 3.

396 Pim van Lommel: *Endloses Bewusstsein*, a. a. O. 56f.

397 Ebd. 208-212.

398 Enno Edzard Popkes: *Erfahrungen göttlicher Liebe. Bd. 1: Nahtoderfahrungen als Zugänge zum Platonismus und zum frühen Christentum.* Vandenhoeck & Ruprecht, Göttingen 2018, 76f.

399 Pim van Lommel: *Endloses Bewusstsein*, a. a. O. 235f.

400 Ebd. 215.

401 Ebd. 218, 220, 223.

402 Ebd. 341-343.

403 Ebd. 361.

404 Hans Peter Duerr: *Die dunkle Nacht der Seele, Nahtod-Erfahrungen und Jenseitsreisen.* Insel, Berlin 2015.

405 Pim van Lommel: *Endloses Bewusstsein*, a. a. O. 366ff.

406 Enno Edzard Popkes: *Erfahrungen göttlicher Liebe*, a. a. O. 126.

407 Ebd. 190, 245 (Zur Erforschung dieser Themen wurde auch die Kieler Akademie für Thanatologie gegründet, siehe unter: https://www.kiath.de).
408 Pim van Lommel: *Endloses Bewusstsein*, a. a. O. 91ff., 110.
409 Enno Edzard Popkes: *Erfahrungen göttlicher Liebe*, a. a. O. 44.
410 Abraham H. Maslow, zit. in: Pim van Lommel: *Endloses Bewusstsein*, a. a. O. 21f.

DER NEUE ROMAN VON BESTSELLER-AUTORIN FEDERICA DE CESCO

336 Seiten, gebunden mit Schutzumschlag
ISBN 978-3-95890-192-6

Schon immer spürte die junge Archäologiestudentin Leo, dass sie anders ist. Obwohl sie ein liebenswertes Kind war, das alle in seinen Bann zog, fühlte sie sich immer auf eigentümliche Weise fremd. An ihrem 20. Geburtstag offenbart Leos Großmutter ihr ein wohlgehütetes Familiengeheimnis, das die junge Frau endlich verstehen lässt …

Sie erfährt, dass sie von einem alten Schamanenvolk abstammt, das vor Jahrtausenden im Mittleren Osten lebte. Ihre Ahnen verehrten den Geier als das heiligste aller Wesen, das Seite an Seite mit ihnen kämpfte. Leo macht sich auf die Suche nach ihren Wurzeln und reist nach Anatolien zu einem rätselhaften Steintempel ihrer Ahnen. Die jahrtausendealten Ruinen sprechen eine eindringliche Sprache und lassen Leo die Besonderheit ihrer Herkunft verstehen. Doch dann gerät die Grabungsstätte in höchste Gefahr. In ihrer Verzweiflung besinnt sich die junge Frau auf ihre besonderen Kräfte und ruft die Geier um Hilfe …

Eine mystisch-abenteuerliche Reise zwischen den Welten voller Weisheit, Kraft und Sprachgewalt. Federica de Cesco auf der Höhe ihrer Kunst.

www.europa-verlag.com

EIN WICHTIGES DOKUMENT EUROPÄISCHER ZEITGESCHICHTE

256 Seiten, gebunden mit Schutzumschlag
ISBN 978-3-95890-334-0

In diesem Buch sind Reportagen, Essays und Kommentare des Schweizer Schriftstellers und Publizisten Harry Gmür zusammengestellt, die er in den Jahren des Nationalsozialismus unter seinem Namen und während des Kalten Krieges unter verschiedenen Pseudonymen verfasst hat. So beschrieb er als einer der Ersten die faschistischen Strömungen in der Schweiz und kritisierte mit schonungsloser Schärfe die hitleraffine und Franco-freundliche Politik der helvetischen Landesregierung. In den 1950er-Jahren bis zu seinem Tode berichtete er, vor allem in der ostdeutschen Weltbühne und in Büchern, über seine Afrikareisen und analysierte kenntnisreich die Befreiungskämpfe verschiedener afrikanischen Länder vom Joch des Kolonialismus. Ebenfalls mit kritischem Blick bereiste er die damaligen westlichen Diktaturstaaten wie Spanien und Griechenland.

Mit der gleichen stilistischen Eleganz, die man von seinen Romanen kennt, vereinigt Harry Gmür anschauliche Erlebnisschilderungen und brillante Stimmungsbilder mit kenntnisreichen Analysen der politischen Vorgänge – das politische Vermächtnis eines engagierten Antifaschisten, das auch heute noch aktuell ist.

EUROPAVERLAG